KB050174

금융도둑

STOLEN

GRACE BLAKELEY
그레이스 블레이클리 지음

안세민 옮김

99%는 왜 1%에게 빼앗기고 빚을 지는가

책세상

내게 사회주의자가 된다는 것의 의미를 가르쳐주신 할아버지와
강인하고 지적이고 불굴의 여성들만이 세상을 바꿀 수 있다는 것을
가르쳐주신 할머니를 위해.

스스로 지켜내지 않으면, 굴복하게 될 것이다.

베르톨트 브레히트

차례

2007년 전까지 영국이 경험한 마지막 '뱅크런'은 오스트리아-헝가리제국이 프러시아와의 전쟁을 준비하던, 미국의 37개 주가 막 노예해방을 선언했을 때 발생했다. 바로 1866년, 은행의 은행이라 할 오버렌드 거니 앤드 컴퍼니 Overend, Gurney and Company가 재정적으로 심각한 상태에 빠져든 것이다.[1] 이 은행은 산업혁명으로 행복감에 도취된 나머지, 영국의 철도산업에 너무나도 많은 돈을 빌려주었고 이것이 전국적으로 투기 광풍을 일으켰다. 그러나 버블이 걷히자, 은행에는 빚을 갚지 못하는 채무자들로 넘쳐났다. 오버렌드는 잉글랜드은행에 재정지원을 탄원했지만 결국 무시당했고, 롬바드 거리 Lombard street에 위치한 본사 건물에는 많은 사람이 줄을 서기 시작했다. 그리고 불과 일주일 만에 '1866년의 패닉 Panic of 1866'이 영국 전역을 휩쓸었다.

이후 141년이 지나, 영국에서 가장 규모가 큰 모기지 대부업체 노던 록 Northern Rock이 자금을 조달할 수 없게 되면서 2007년의 패닉이 시작되었다.[2] 노던 록의 사업 모델은 모기지를 자본시장에서 거래할 수 있는 금융증권으로 전환하는 모기지대출의 증권화에 기반을 두었다. 이 은행은 다른 금융기관으로부터 (때로는 하루짜리의) 단기 자금을 차입해, 수십 년 동안 만기가 도래하지 않는 장기 모기지대출을 제공했다. 하지만 2007년 금융시장이 작동을 멈추면서, 은행이 자기들끼리 해주던 대출을 중단했다. 이로 인해, 노던 록은 국제 자본시장에 접근할 수 없게 되었고, 이는 노던 록이 부채를 상환할 수 없게 된 것을 뜻했다. 2007년 9월 13일, 뉴스에는 결국 '노던 록이 잉글랜드은행으로부터 긴급 자금지원을 얻으려고 한다'는 보도가 나왔다. 이것이 오버렌드 이후 영국에서 처음 발생한 뱅크런이다.

두 번의 뱅크런은 (하나는 철도부문, 다른 하나는 주택부문에서의) 자산 버블에서 비롯되었다. 노던 록과 오버렌드는 일상적인 부채 상환을 위해 금융시장에서 자금을 조달하고 있었다. 결과적으로 두 은행 모두 잉글랜드은행에 재정지원을 요청해야 했지만, 서로 간에는 상당히 큰 차이가 있었다. 오버렌드는 오늘날까지 우리가 사용하는 영국의 철도 네트워크를 건설하는 기업에 대출을 제공했다. 그리 현명하지 못한 조건으로 제공했지만, 어쨌든 영국 경제의 생산 능력(그 당시나 미래에 상품을 생산하는 능력)을 신장하는 데 투자했던 것이다. 노던 록은 그렇지가 않았다. 주택금융조합으로 출발했던 이 은행은 소비자에게 이미 존재하고 있는 주택을 구매하도록 대출을 제공했다. 그들은 주택담보대출 비율loan to value ratio이 엄청나게 높은 모기지대출을 승인해 많은 비난을 받았다. 때로는 주택 가치의 125%에 해당하는 모기지대출을 제공하기도 했다.[3] 노던 록은 자산을 창출하기보다는 부채를 창출했고, 이 작업을 지속 불가능한 규모로 진행했다.

이런 차이점이 우리를 혼란스럽게 한다. 노던 록이 이렇게 비생산적인 일을 하는데도, 왜 잉글랜드은행은 노던 록에게는 구제금융을 제공하면서 오버렌드는 파산하게 내버려 뒀을까? 2007년 당시 영국에서는 병든 은행이 사망해서 금융 시스템의 안정을 위협할 경우, 잉글랜드은행이 이들을 지원해야 하는 공식적인 최종대출자lender of last resort라는 것은 맞다. 그러나 이것은 또 다른 질문들을 제기한다. 어떻게 주택금융조합으로 출발한 작은 은행이 자신의 죽음으로 인해 호황을 누리던 영국 금융이 제 기능을 못하게 만들 정도로 중요해졌을까? 영국의 금융부문은 언제부터 단 하나의 은행이 경제 붕괴의 위협을 받고 있는 납세자들에게서 수십억 파운드를 뽑아낼 수 있을 정도로 규모가 커지고 강력해졌을까? 언제부터 우리 사회에서 그처럼 지배적이고도 위협적인 세력이 된 걸까?

영국은 1980년대 이후로 경제사상 새로운 국면에 진입했다. 한때 세계의 공장이던 영국이 지금은 금융 투기의 글로벌센터라 할 시티오브런던City of London(런던 금융가의 중심으로, 잉글랜드은행을 비롯해 골드만 삭스, JP 모건 체이서, 모건 스탠리, 아메리카은행 등 5,000개가 넘는 금융기관이 밀집해 있는 곳—옮긴이)을 통해 세계 경제와 연결되어 있다. 이 변화는 서서히 꾸준하게 전개된 것이 아니라 경제가 위기로 휘청거릴 때마다 각 단계별로 권력자의 영향력 아래 적응하면서 간헐적으로 발생했다. 지금의 경제 모델(금융 주

도 성장)은 전후 사회민주주의 질서의 잔재에서 새로운 시스템이
등장하던 1980년대로 거슬러 올라간다. 이후로 미국을 비롯한 여
러 선진국 경제가 그랬던 것처럼 영국 경제도 '금융화'의 길을 갔
다. 이 사실은 2008년 경제 위기를 맞이할 때까지는 뚜렷하게 드
러나지 않았다.

금융화에 관한 널리 알려진 정의는 '국내와 국제 경제에서 금
융 동기, 금융시장, 금융 행위자, 금융기관의 역할이 증대되는 것'
을 의미한다.[4] 다시 말해, 금융화는 은행, 헤지펀드, 연금펀드와 같
은 금융기관들이 많아지며 비대해지고, 이들이 다른 경제 행위자
들(소비자, 기업, 정부)을 상대로 훨씬 더 커다란 영향력을 행사하
는 것을 의미한다.[5] 금융의 성장은 새로운 경제 모델을 등장시켰는
데, 이는 금융화가 경제가 작동하는 방식에 얼마나 강력하고 구조
적인 변화를 일으키는지를 잘 보여준다.[6]

대체로 경제학자들이 금융화에 대해 이야기할 땐, 절대적 의
미에서 지구상 가장 거대한 금융부문의 본산이라 할 미국을 가리
킨다.[7] 이 책에서는 영국의 관점에서 금융 주도 성장의 역사에 집
중하겠지만, 나오는 교훈의 대부분이 지금 세계의 초강대국에 적
용될 수 있다. 위기에 이르는 과정에서, 비록 미묘하게 다른 방식
이기는 했지만 금융화와 관련된 쟁점들 하나하나(기업, 가계, 국가
의 금융화)가 미국 경제도 괴롭혔다. 실제로 우리는 금융부문의 성
장, 국민소득에서 임금이 차지하는 비중의 감소, 가계와 기업의 부
채 증가, 경상수지 적자의 증가를 특징으로 하는 앵글로아메리카

성장 모델에 관해 이야기할 수도 있다.[8] 2007년 이전에 이 모델을 추구하던 국가는 아이슬란드와 스페인이 있었고, 오늘날에는 아마도 호주와 캐나다가 가장 열렬하게 추구하는 국가일 것이다.

금융화에 대한 가장 명백한 지표는 금융부문 그 자체의 규모가 급격하게 커진 것에서 나타난다. 1970년부터 2007년까지 영국의 금융부문은 매년 전반적인 경제와 비교해 1.5% 더 빠르게 성장했다.[9] 금융기관이 얻은 이익은 훨씬 더 뚜렷한 추세를 보여준다. 1948년부터 1989년까지 그 이익이 경제 전체가 얻은 총이익에서 약 1.5%에 해당된다. 이 수치는 2007년이 되어서 15%로 증가했다.[10] 그러나 총생산에서 금융부문이 차지하는 비중은 영국 은행이 보유한 자산의 증가와 비교하면 초라할 뿐이다. 1990년부터 2007년까지 은행자산은 5배가 증가해, 2007년에는 GDP의 거의 5배에 달했다.[11] 경제 위기 이전에는 영국도 GDP 수준에 비해 규모가 큰 그림자금융 시스템shadow banking system(머니마켓펀드, 주식 딜러, 헤지펀드를 비롯한 비은행 금융기관들이 고수익·고위험 채권을 사고파는 과정에서 유동성을 새롭게 만들어낸다. 전면에 드러나지 않고 대형 은행이나 보험회사의 그늘에 가려져 있다고 해서 '그림자'라는 말을 쓴다—옮긴이)을 보유하고 있었는데, 이 추세는 지금까지도 계속되고 있다.[12] 한편으로는 시티오브런던과 카나리 워프Canary Wharf의 반짝이는 고층건물에는 금융 변호사, 컨설턴트, 다양한 형태의 자문가들이 설립한 소규모기업들이 성장하고 있었다. 1997년부터 2010년까지 영국이 창출한 부가가치에서 금융과 보험서비스가 차지하는 비중은, (금융부문으로부터 조세 수입을 챙기는) 정부부문을 제외하고, 그 밖의 범위가 큰 부문이 차지하는 비중과 비교해 더 많이 증가했다.[13] 전체적으로 보면, 2007년에 영국은 세계 실물경제와 비교해 금융부문의 규모가 가장 큰 국가 중 하나가 되었다.

그러나 금융화를 경제의 작동에서 대형 은행의 중요성이 커지는 것으로만 설명해서는 안 된다.[14] 마치 금융이 자본주의를 접수한 것처럼 봐서도 안 된다. 그 대신에, 경제 전체에서 금융의 중요성이 커짐에 따라 모든 경제활동이 미묘하게, 때로는 극적으로 변모한 것을 봐야 한다. 과거에는 개인의 경제활동이 임금과 임금 교섭을 중심으로 이뤄졌지만, 지금은 부채 관리가 중요해졌다. 과거에는 기업이 주로 경쟁 우위를 갖는 재화와 서비스의 생산에 집중했지만, 지금은 주식 가격, 배당정책, 차입, 환율과 금리에 대한 베팅에 더 많이는 아니더라도 비슷한 정도로 집중하고 있다. 정부 차입이 긴축적인 통화정책으로 제한받던 시절이 있었다. 지금은 정부가 세수(국민에게서 세금을 징수해 얻는 정부의 수입—옮긴이)를 훨씬 더 초과해서 차입할 수 있을 뿐만 아니라, 대신 지출을 담당할 민간기업을 둘 수도 있다.

역사적으로 보면, 자본주의 신봉자들은 자본주의가 모두를 위해 부를 창출함으로써 모두를 부유하게 해준다고 주장한다. 기업은 이윤을 창출하고 이것을 미래의 생산에 투자한다. 이로 인해 일자리가 창출되고, 대다수 국민의 생활 수준이 높아진다. 이런 시스템이 단기적으로는 불평등을 심화시킬 수는 있지만, 기업가가 이윤을 재투자하면서 궁극적으로는 부가 모두에게 트리클 다운trickle down (대기업의 성장을 장려하면 중소기업과 저소득층에게도 그 혜택이 돌아가서 경기가 부흥한다는 이론이다—옮긴이)하게 될 것이다. 이런 주장이 자본주의가 작동하는 방식을 항상 낙관적으로 바라보게 하고, 2차대전 이후에는 적어도 글로벌 노스global North (유럽, 북아메리카 지역의 선진국과 아시아 지역의 선진국—옮긴이)에서 현실을 반영하는 것처럼 보였다. 그러나 금융 주도 성장 모델이 부가 부유한 사람에게서 가난한 사람에게로 트리클 다운하기로 되어 있는 경로를 완전히 뒤집어놓았다. 그것도 아주 분명한 방식으로 말이다. 투자가 위축되고 임금이 하락했지만, 유난히 금융 수익은 증가했다.[15]

자본주의 체제가 자산을 보유한 사람이 성장의 혜택을 독점하는 것을 전제로 하지만, 금융 주도 성장에서는 이런 현상이 더욱 극명해진다. 경제가 호황 시기에 있을 때는 민간부채가 증가해 그 사실을 감출 수도 있다. 그러나 불황에 빠져들면, 금융 주도 성장은 부자들의 혜택이 보통 사람들의 희생에서 나오는 트리클 업trickle up (트리클 다운의 역현상으로, 정부가 성장을 장려하면 그 효과가 아래로 내려가는 것이 아니라 위에서 독식한다는 이론이다-옮긴이) 경제에 기반을 둔다는 사실이 명백하게 드러난다. 금융화는 생산 과정에서 경제적 지대(새로운 것을 전혀 창출하지 않는 기존에 소유한 자산에서 나오는 소득)를 추구하는 것과 관련 있기 때문이다. 예를 들어, 지주가 토지에 아무런 변화를 가하지 않고서 임차인에게서 받는 지대를 인상한다면, 이것은 부가 가지지 못한 자에게서 가진 자에게 단순히 이동만 될 뿐이다. 지주는 지대 인상분을 모두에게 혜택이 되도록 새로운 토지를 '창출하려고' 사용하지는 않는다. 그는 단순히 지대 인상분을 자신을 위해 쓸 것이다. 부채에 대한 이자 지급에서도 같은 이야기를 할 수 있다. 이때도 돈이 자산을 가지지 못한 자에게서 가진 자에게로 흘러간다. 가계부채의 증가, 부동산 가격의 상승, 주주 가치의 극대화, 정부의 금융화는 모두 돈이 자산을 가지지 못한 자에게서 가진 자에게로 흘러가게 하고, 이 과정에서 새로운 것은 아무것도 창출되지 않는다.

금융자본주의는 경제에서 착취를 목적으로 독특하게 기획된 방식이라 할 수 있다. 그러나 이것이 그렇지 않았더라면 건전했을 모델의 왜곡을 의미하는 것은 아니다. 오히려 금융자본주의는 자본주의 그 자체가 갖는 논리에 따라 전개되는 과정이다. 자산을 가진 자들의 경제 모델이 전개되면서 그들은 수익을 극대화하기 위해 더욱 기발한 방식을 찾으려고 했고, 금융 착취가 가장 최근의 방식이 되었다. 여러모로 볼 때, 금융 주도 성장은 자본주의에 대한 가장 완벽한 구현이다. 이것은 이윤이 실제로는 현재에도 미래에도 노동자들을 착취해서 얻은 가치임에도 불구하고 갑자기 허공에서 떨어지는 것처럼 보이게 하는 시스템이다.

인터레그넘,
공위의 시대

   금융 위기는 금융 주도 성장의 종말의 시작이었다. 2007년 이후로 영국은 나폴레옹전쟁 이래 가장 오랫동안 임금정체를 경험했고, 미국 노동자의 구매력은 40년 전 수준으로 돌아갔다.[16] 고용률은 높아졌지만, 일자리는 더 불안정해졌다. 그리고 일하는 사람의 빈곤율도 높아졌다. 고용률 상승과 생산성(근로 시간당 생산된 제품의 양) 정체는 동시에 일어나는데, 경제 위기 이후 영국과 미국에서의 생산성은 계속 정체되었다. 2008년부터 영국과 미국에서 공공과 민간부문의 투자율이 감소해, 위기 이전의 정점 수준을 계속 밑돌았다.[17] 영국에서 무너진 기업 신뢰도와 금융시장의 불안정, 주택 가격의 안정은 불황이 임박했음을 시사했다. 한편, 미국에서는 GDP 대비 기업부채가 어느 때보다도 커졌다. 공공서비스가 붕괴되는 가운데, 부채가 지나칠 정도로 많고 착취를 일삼는, 총생산에서 점점 더 많은 비중을 차지하는 독점기업이 연루된 스캔들이 매주 발생하는 것처럼 보였다. 세계적으로 금리는 최근까지 사상 최저치를 기록했고, 대다수의 국가가 양적완화quantitative easing, QE를 경제 붕괴 이후로 10년이 지난 지금에야 끝내려 하고 있다. 통화정책에 가해지는 또 다른 부담은 다음 위기가 닥쳤을 때 묘책이 별로 없다는 것이다.

   경제학자들은 이렇게 진행 중인 질병을 두고 어떻게 설명해야 할지를 몰랐다. 어떤 이들은 우리가 장기 침체secular stagnation의 시대에 살고 있다고 주장했다. 기술과 인구의 변화는 서구 세계가 과거보다 훨씬 더 낮은 성장률에 적응해야 한다는 것을 의미한다.[18] 또 다른 이들은 경제 침체가 생산적인 경제활동을 어렵게 하고 외국인 투자를 가로막는 정부부채의 증가에서 비롯되었다고 주장했다.[19] 혹자는 이 모든 것들이 정부가 경제학자들의 시대를 초월하는 객관적인 지혜에 귀를 기울이지 않고서, 오직 대중에게 즐거움을 주기 위해 잘못된 경제정책을 추진하게 만드는 '경제적 포퓰리즘economic populism' 때문이라고 주장했다.[20] 금융 위기 후로 잃어버린 10년은, '경제학자 열 명을 한 방에 모으면 열한 개의 의견을 듣게 된다'는 옛말을 그대로 실현했다. 보수주의자들은 사람들에게 도대체 무슨 일이 벌어지고 있는지를 설명할 수가 없었다.

핵심은 경제 붕괴 전에 폭식을 한 오늘날의 자본주의자들이 이제는 가져갈 것을 바닥내고 있다는 것이다. 지금 우리는 금융 주도 성장이 최후의 발악을 하는 시기에 살고 있다. 1970년대에 전후 합의가 그랬듯이, 과거의 모델이 혼돈과 파괴를 남기며 우리의 눈앞에서 무너지고 있다. 금융 주도 성장의 종말은 필연적이며 예측 가능한 것이었다. 마르크스는 온갖 종류의 자본주의 체제는 그 자체가 모순을 가질 수밖에 없다는 것을 보여주었다. 여기서의 모순은 돈을 벌려는 기업부터 표를 얻으려는 정치인, 살아남으려는 사람에 이르기까지 모두가 경제 모델의 정상적인 작동에서 긴장을 느낀다는 것을 의미한다.[21] 이러한 역학은 수백 년에 걸친 자본주의의 발전을 규정했다. 온갖 종류의 자본주의 모델은 위기에서 끝이 나고, 그 순간들은 과거의 잿더미에서 새로운 경제가 탄생하는 적응의 순간이다.

이 순간들은 이탈리아의 이론가인 안토니오 그람시Antonio Gramsci가 지적했듯이, 매우 위험한 때이기도 하다. 자본주의의 위기는 단순히 지배적인 경제 모델의 전복만 위협하는 것이 아니라 정치와 사회를 지배하는 제도의 전복까지도 위협한다. 사람들은 현재의 제도로는 이제 좋아질 수 없다고 생각할 때 그에 대한 지지를 철회한다. 그로 인해 지금의 통치제도를 옹호하는 자들은 그 모델이 국민 대다수를 위해 혜택을 제공하지 않더라도 그것을 옹호하면서 더욱 완강하게 나온다. 양쪽 진영은 참호를 파고 도중 어딘가에서 갑자기 전쟁을 할 수도 있는데, 이때는 하위계급에 있는 사람들이 자기 몫을 빼앗길 가능성이 높다.

영국 사회는 금융 위기 이후로 확실히 그러한 국면에 진입했다. 유럽연합European Union, EU 탈퇴 여부를 묻기 위해 2016년에 실시한 국민투표에서는 한 세대 동안 쌓여 있던 영국 정치에 대한 커다란 불만이 고스란히 드러났다. 영국 전역의 유권자들은 이번 국민투표를 경제 성장의 혜택에서 자신을 배제시키는 현재의 상황에 대한 불만을 나타내는 수단으로 활용했다. 이후로 개최된 2017년 총선에서는 정부가 영국 정치에서 가장 퇴보하는 정당이라 할 민주연합당Democratic Unionist Party, DUP의 조건부 지지가 없이는 국가를 통치할 수 없을 뿐만 아니라, 브렉시트Brexit 합의를 끌어내는 과제도

수행할 수 없다는 사실을 보여주었다. 금융부문이 성장을 멈춘 상태에서 부채가 증가하고 자산 가격 인플레이션이 발생해 불평등이 심화되었고 국민의 생활 수준은 악화되었다. 그리고 과거의 신자유주의 기관들은 국민 대다수의 분노에 관심을 기울이지 않고 오히려 억누르려고 했다. 지금 영국 정계에는 위기의 기운이 감돈다. 과거의 패러다임은 달라진 것이 전혀 없고, 현재의 긴축정책과 저성장은 영국의 정치와 경제 문제를 악화시키기만 할 것이다.

미국에서는 국민들이 도날드 트럼프Donald Trump에게 표를 준 것이 자신들의 반발을 알리는 신호탄이 되었다. 비록 트럼프의 경제 정책이 불평등을 심화시키고 금융자본에 불로소득을 안겨주는 데 기여했더라도 말이다. 민주당인 사회주의자들은 트럼프가 자신에게 표를 준 유권자들의 우려를 불식시키지 못한 것에서 반사이익을 얻으려고 했다. 유럽에서는 외국인 혐오라는 새로운 물결이 대륙 전체를 휩쓸고 있는데, 대중적인 사회주의 대안을 지지하는 사람이 꾸준히 증가하는 것만이 이를 가라앉힐 수 있다. 계속되는 위기는 한때 자유주의자들의 위대한 성공스토리와 자본주의의 발전을 대변하던 경제를 괴롭혔다. 지금 브라질, 남아프리카공화국, 러시아, 아르헨티나, 터키를 포함한 많은 국가들이 정치적, 경제적 혼란을 겪고 있다. 최빈국들은 계속 뒤처지고 있다. 모잠비크와 가나를 포함해 다수의 저소득국가들은 부채로 심각한 어려움에 처해 있다.

그러는 동안, 환경은 심하게 훼손되고 있다. 불과 몇 년이 지나면 지구상에서 많은 지역이 거주할 수 없게 될 정도로 기후 변화는 빠르게 진행되고 있다. 지난 4년이 기온을 기록한 이래 가장 따뜻했다. 숲이 훼손되고 바다가 산성화되면서, 기후 변화의 효과가 갑자기 예상할 수 없을 정도로 빠르게 나타나고 지금은 공상과학 소설에나 볼 수 있는 '온실 지구hothouse Earth'가 조성되는 티핑포인트tipping point(어떤 상황이 처음에는 미미하게 진행되다가 어느 순간 갑자기 급격하게 모든 것이 변하기 시작하는 극적인 순간—옮긴이)에 도달할 날도 머지않은 것 같다. 걱정해야 하는 것은 기후 변화뿐만이 아니다. 우리는 대량멸종의 시대에 살고 있다. 지난 50년 동안 척추동물 개체군의 60%가 사라졌으며, 수분pollination을 하는 식물에게 없어서는 안 되는 곤충들이 이제는 멸종을 눈앞에 두고 있다. 토양은 다시 채워지는 속도보다 더 빨리 침식되고 있다. 다시 말해, 우리는 생태학적 아마겟돈의 직전에 처해 있다.

그러나 위기가 확대되는 바로 그때가 기회의 순간일 수도 있다. 세계 자본주의 경제는 가장 유력한 유권자의 생활 수준을 향상시켜주는 데 실패했을 뿐만 아니라, 자본주의의 생산 양식은 우리에게 가장 소중한 환경 시스템의 붕괴를 앞당기고 있다. 금융 주도 성장은 거대하면서도 지속 불가능한 호황을 일으키고, 그 뒤에는 거대하고 파괴적인 불황이 뒤따르는 상황들을 초래한다. 우리는 더 이상 금융 주도 성장의 논리에 따라 경제를 꾸려갈 수 없다. 우리의 목표가 이것을 새롭지만 모순이 내재된 모델로 대체하는 것이어서도 안 된다. 오히려 위기의 순간을 자본주의를 완전히 뛰어넘기 위한 기회로 활용해야 한다. 그러나 이것은 보통 우리가 답할 수 없는 질문인 "그다음에는 무엇이 등장하는가?"에 대한 답을 의미한다.

대안은
무엇인가

오랫동안 우리는 이윤 극대화 목표, 국가에 의한 사유재산권 제도의 시행, 시장 메커니즘을 통한 자원의 할당과 함께 생산 수단(생산 과정에서 사용되는 주요 요소)의 사유화에 기반을 둔 경제 체제를 의미하는 자본주의의 종말보다는 세상의 종말을 상상하는 것이 더 쉬웠다. 자본주의 체제는 불평등, 실업, 빈번한 위기와 환경오염을 일으키지만, 앞에서 말했다시피 그 대안은 훨씬 더 심각하다. 생산 수단을 공동으로 소유하는 사회주의는 결국 죽음과 파멸에 이르렀다.

사회주의에 반대하는 사람들은 사회와 경제를 구성하는 기본 여건이 역사를 통틀어 매 순간 다르지 않다고 믿는다. 자본주의는 경제활동의 자연스러운 방식이라서 자연스럽게 등장했고 사회주의는 그렇지 않기 때문에 실패했다는 것이다. 그러나 놀랍게도 자본주의가 항상 존재해온 것은 아니다. 인류 역사의 대부분에서, 사회는 자본주의가 아닌 경제와 정치 제도에 기반을 둔 통치를 받아왔다. 봉건제도는 국가가 농촌의 권력 관계를 무너뜨리고 토지를 소유하지 않고 생산 과정에 동원될 수 있는 노동자 계급을 탄생시킬 만큼 강력해졌기 때문에 자본주의에 의해 대체되었다.[22] 이러한 종류의 국가 권력은 복잡한 사회의 존재와 특정 기술의 이용 가능성을 전제로 하며, 이것이 없이는 자본주의 실험이 실패했을 것이다.

마찬가지로 사회주의 사회를 건설하기 위한 기술적, 경제적, 정치적 전제 조건들이 지난 역사에는 전혀 존재하지 않았던 방식으로 오늘날에 존재한다. 세계 경제에서 많은 부분이 시장보다는 합리적 계획에 의해 관리되고 있으며, 민간기업에서 벌어지는 모든 경제활동이 그렇다.[23] 수입 측면에서 근대의 국민국가보다 몇 배나 더 큰 규모를 자랑하는 거대 글로벌 독점기업들은 하향식 체제에 따라 조직을 설계하고, 이렇게 하기 위해 가장 최근의 기술을 사용한다. 신고전파 경제학자들은 기업을 일종의 '블랙박스'로 취급하고, 사내 관계가 경제적 성과와 특별한 관련이 있다고 간주하지 않는다. 대신, 그들은 시장 관계가 지배하는 경제활동 분야만 분석한다고 어떤 이들은 쉽게 말할 수도 있다. 그러나 오늘날 대부분의 기업 경영은 확실히 합리적인 계획이 완벽하게 가능하다. 이를 위한 수단을 가지고 있고, '올바른' 목표를 향해 일하고 있다면 말이다.

수단에 관한 한, 우리는 인류 역사상 유례가 없을 정도로 기술이 발전하는 시대에 살고 있다.[24] 모두가 주머니 속에 인간을 최초로 우주에 보내던 기술보다 더욱 강력한 컴퓨터를 가지고 있다. 우리는 자신의 습관, 행동, 선호에 관해 무한한 양의 데이터를 생산하고, 이것은 모여서 아마존 같은 기업들이 무엇을 얼마나 생산할 것인가를 결정하는 데 이용된다. 그러나 그런 기술이 갖는 혁명적 힘은 이윤을 극대화하기 위해 이것을 사용하는 소수 엘리트의 손에 집중되어 있어서 제한적이다.

이 사실은 우리에게 목적이라는 두 번째 쟁점으로 안내한다. 몇몇은 기업이 이윤 극대화의 논리에 따라 조직된다면 사내에서 어떤 일이 벌어지고 있는가는 중요하지 않다고 말한다. 이윤 극대화는 기업이 '효율적'으로 움직인다면 사회의 한정된 자원을 최적으로 할당하는 것을 보장한다는 것이다. 많은 기업이 효율성 극대화와는 전혀 무관하게 작업하고, 그들에게 효율성을 개선하는 방법을 알려주는 컨설턴트에게 비싼 수임료를 지급할 뿐만 아니라, 불평등과 기후 변화에 이르기까지 사회와 환경에 많은 폐해를 낳는다. 조직의 상위층에 있는 사람들이 가능한 한 많은 것을 착취하려는 동기로 조직한 구조가, 생산을 계획하는 가장 합리적이자 가장 도덕적인 방법이라는 주장은 완전히 잘못되었다. 그리고 다른 목적을 달성하려는 의도를 가진 하향식 체제는 정보와 조정의 문제를 낳을 가능성이 있다.

기업이든 경제 전체이든, 복잡한 시스템은 피드백에 의존한다. 복잡한 영역들을 모두 중앙에서 지휘할 수도 없고, 완전히 분권화할 수도 없기 때문이다. 이것은 혼돈과 질서의 경계에서 작동한다. 시스템은 역동적이고 끊임없이 움직인다. 여건이 항상 변하기 때문에 안정적인 균형을 달성하는 것이 불가능하다. 그 대신, 네트워크의 다양한 부분에서 나오는 피드백이 사람들로 하여금 중앙에서 제공하는 약간의 조정과 지침에 따라 공동으로 결정한 목표를 달성하기 위해 스스로 조직을 구성하도록 도와준다.

반면에, 자본주의는 혼돈과 질서의 양극단에서 작동한다. (신고전파 경제학자들은 관심을 갖지 않지만, 마르크스주의자들은 관심을 갖는) 기업 내부에서는 통제와 착취를 위한 다양한 기술을 지원받아 '퇴출' 위협을 바탕으로 시행되는 명령과 통제를 통해 생산이 체계화된다. 기업 외부에서는 정부가 위력에 기초를 두고 게임의 규정을 정한다. 이 두 기관(정부와 기업)은 힘의 우위에 바탕을 둔 경제 시스템을 만들기 위해 협력하고, 이것이 '자유'처럼 보이게 한다. (그 경계가 이미 권력자에 의해 결정된) 시장 내에서 경제활동이 거의 무정부 상태에 있는 것처럼 보이기 때문이다. 경제는 불황과 호황을, 기업은 흥망을 거듭하고, 개인은 살아남기 위해 끊임없이 경쟁해야 하는 상황에 놓인다. 이처럼 통제되면서도 혼돈스럽고 자유와 강제에 바탕을 둔 시스템이, 조직의 상층부에 있는 사람들을 위한 이윤 극대화라는 오직 하나의 목표에 의해 지배받는다.

금융 주도 성장은 자본주의 논리의 절정을 보여준다. 자본을 가진 자는 가치가 있는 것을 실제로 생산하지 않고도 이윤을 챙겨 갈 수 있다. 그들은 다른 경제 행위자에게 자본을 빌려주고, 그들은 미래 수익의 일부를 금융업자에게 지급해 경제 성장을 제한한다. 이 폐해는 엄청나게 많은 민간부채와 지속 불가능한 속도의 자원 소비 형태로 미래 세대에게 전가된다. 자본주의 논리가 오늘날의 사람과 지구를 상대로 벌이는 착취에 기반을 둔 것이라면, 금융 주도 성장은 미래 그 자체를 도둑맞을 때까지 현재와 미래의 사람과 지구를 착취하는 것에 기반을 둔다.

　기후 변화와 세계적 빈곤, 금융 위기는 모두가 정부와 기업이 이윤을 추구하며 만들어낸 복잡한 시스템을 잘못 관리해서 비롯된 재앙이다. 자본주의가 그런 시스템을 만들었고, 권력자들이 위계에 입각한 하향식 의사결정 과정을 활용해 이것이 갖는 복잡성을 억누르려고 했다. 이런 과정은 복잡한 시스템을 관리하는 데 적합하지 않다. 결과적으로 자본주의는 통제력을 천천히 잃어가고 있다. 마르크스가 말했듯이, 근대 부르주아 사회는 "그처럼 거대한 규모의 생산 수단과 교환 수단을 마법을 써서 감쪽같이 만들어냈지만, 이제는 자신의 마법으로 불러낸 지하세계의 권력자들을 더는 통제할 수가 없는 마법사처럼 되었다."[25]

　이제 더 나은 길이 있다. 봉건제도가 자본주의를 위한 길을 열었듯이, 자본주의의 발전이 사회주의를 위한 길을 열고 있다. 소유권의 국유화는 모두에게 혜택이 돌아가는 경제 성장과 발전을 보장할 것이다. 모두가 경제에서 자기 지분을 갖게 되면, 그것이 성장하면 모두가 부유해질 것이다. 그러나 진정으로 혁명적인 것은 민주사회주의democratic socialism의 민주적 측면이다. 노동자들은 이윤 동기에 기반한 생산을 계획하기 위해서가 아니라 공동의 목표와 그것을 어떻게 하면 가장 잘 달성할 수 있는가를 결정하기 위해 힘을 합칠 것이다. 우리는 이윤을 극대화하기 위해서가 아니라 공동의 번영을 극대화하기 위해 일하게 될 것이다. 그리고 이 번영에는 인류와 지구의 건강과 행복도 포함된다.

미래를 어떻게 만들어가야 하는가

미래에 대한 비전을 보여주는 것들은 상당히 많다. 민주사회주의, 사이버네틱 사회주의, 완전히 자동화된 화려한 공산주의와 같은 유토피아적 공상이 우리의 의식 속으로 서서히 스며들면서, 사적 소유와 시장 논리의 지배를 받지 않는 미래를 그려보게 한다. 그러나 새로운 세상을 그려보는 것만으로는 충분하지 않다. 그곳에 도달하기 위한 전략을 개발해야 한다. 역사는 깔끔하고 분명하게 묘사된 단계에 따라 진행되지 않는다. 우리는 자본주의가 무너지고 사회주의가 이것을 대체하기를 마냥 기다릴 수만은 없다. 하지만 마찬가지로, 사회주의 사회를 뒷받침하는 기술적 여건과 경제적 생산, 가장 중요하게는 권력 관계가 등장하지 않는다면, 사회주의 사회를 향해 억지로 나아갈 수 없다. 이제 우리는 현재 상황에 대한 분석과 이것이 제공하는 전략적 개입 지점에 근거해 사회

주의 사회로 나아가기 위한 계획을 세워야 한다.[26]

그리고 이것은 변화가 실제로 어떻게 일어났는가에 대한 분석을 요구한다. 사회주의자들은 '기술 변화가 갖는 객관적인 힘에 의해 역사가 전진한다(마르크스에 대한 해석에 근거한 견해)'고 주장하는 사람들과, '사건을 조직하고 영향을 미치기 위해 협력하는 사람들에 의해 역사가 전진한다(마르크스에 대한 또 다른 해석에 근거한 견해)'고 주장하는 사람들로 오랫동안 나뉘어져 왔다. 전자는 세상에서 일어나는 사건을 형성하는 정치적, 경제적, 기술적 주요 여건이라 할 '구조'를 중시하고, 후자는 자신의 존재 여건을 형성할 자유가 있는 사람들의 개별적, 집단적 행동을 의미하는 '행위주체성'을 중시한다.

마르크스 자신은 '모순'과 '위기'의 개념을 사용해 이러한 생각들을 한데 묶어놓았다.[27] 자본주의 체제는 어떠한 종류가 되었든, 일정한 시간이 지나면 자본주의 체제가 적절한 작동을 멈추게 된다는 것을 의미하는 내부적인 모순을 가지고 있다. 2008년의 금융 위기는 금융 주도 성장이 갖는 모순인 부채 과다, 금융부문의 성장, 임금 하락, 자본 투자의 위축에서 비롯되었다. 자본주의 체제는 수십년 동안, 그 문제가 점점 더 악화되고 위기의 순간을 맞아 내부적으로 폭발할 때까지 누구도 그것을 알아차리지 못한 채 삐걱거리며 굴러갈 수 있다. (짧은 순간이라기보다는 역사적인 순간으로 이해되는) 이러한 순간은 자본주의의 발전 과정을 이해하는 데 특히 중요하다. 위기의 순간에는 경제적, 기술적 구조가 인간의 행동을 느슨하게 통제한다. 제도들은 제 기능을 하지 못하고, 사람들은 온당한 생각을 하지 못한다. 지배집단 안에서는 분열이 일어나고, 물질적 자원은 파괴되며, 모든 것이 불확실해진다. 하지만 위기의 순간에는 가능성이 확대된다. 개인과 집단의 행동이 훨씬 더 중요해진다.

마르크스의 역사이론은 우리가 사는 시대에 대한 특별한 이해를 제공하고 이 시대를 어떻게 변화시킬 것인가를 알려준다. 사회민주주의 모델의 모순은 1970년대 영국의 정치와 경제에 첨예한 긴장 관계를 낳았다. 그리고 그 결과로서 발생한 위기는 부자들에게 옛 체제가 무너진 데서 새로운 제도적 타협을 이뤄내기 위한 최적의 정치적 기회를 제공했다.[28] 그들은 이것을 사회에서 노동자가 아니라 자본가를 위한 권력 재조정에 활용하며 1980년대부터 2007년까지 새로운 성장 모델을 제도화해 금융 주도 성장의 시대를 열었다.

금융 주도 성장 모델이 등장한 후 한동안 사람들은 유례없이 안정적인 경제 모델을 만난 것처럼 보였다. 정치인들은 1990년대부터 2000년대 초반까지 호황과 불황이 반복되는 문제를 해결했다고 주장하며 보냈고, "역사는 끝났다."고 말했다.[29] 자본주의가 승리했다는 것이다. 실제로 그들의 눈에는 자본주의가 등장하자마자 역사가 종식된 것으로 보였다. 마르크스는 부르주아 경제학자들이 '역사가 존재했다. 그러나 이제는 더 이상 존재하지 않는다'[30]는 믿음을 가지고 영업을 한다고 주장했다. 그들은 자본주에 대한 대안은 없다며 다음과 같이 주장한다. "지금 상황이 안 좋을 수도 있지만, 훨씬 더 나빠질 수도 있습니다. 베네수엘라를 보세요." 이들에 의하면 대중들은 오히려 지배 계급의 자비롭고 현명한 리더십에 감사해야 한다.

금융 위기가 이런 환상을 깨뜨렸다. 그런데도 지배 계급은 아무 일도 없었던 것처럼 자기 자리를 유지하고 있다. 그들은 위기를 예상하지 못했던 사람들의 경제 분석에 기초해 긴축정책을 추진했고, 이에 따르는 피해는 이것을 가장 감당할 수 없는 사람들에게 고스란히 전가되도록 했다. 지난 40년 동안 세계 경제를 지배하던 엘리트 중 대다수가 지금도 여전히 권력을 유지하고 있는데, 이것이 아마도 금융 위기를 일으킨 문제 중 극히 일부만 다뤄진 원인으로 작용했을 것이다. 부채가 엄청나게 증가하고 불평등이 심화되고 환경이 파괴되고 있지만, 정책 입안자들은 그 어느 때보다도 문제에 제대로된 대처를 못하고 있다. 그렇다고 반란이 일어났는가? 금융 위기가 자본주의 체제에 깊이 뿌리내린 논리에 문제를 제기하지 못하는 집단적인 무능함을 보여주는 전형적인 사례가 되는가? 그럴 수도 있고, 아닐 수도 있다. 평생을 두고 형성된 사상, 행동, 신념은 갑자기 무너지지 않는다. 역사의 종말이 유행하던 시절에 자란 사람들은 리먼 브라더스가 파산하던 날에도 자기 생각이 잘못되었음을 깨닫지 못한다. 그리고 좌파 세력은 그늘에서 몽펠르랭 소사이어티Mont Pelerin Society(사회민주주의 세력을 약화시키려고 했던 우파 세력의 네트워크)와 같은 조직을 결성하기는커녕, 신자유주의 체제에서 수십 년 동안 퇴각해 있었다.

사회주의 정당, 운동, 담화는 모두 서서히 사라졌다. 많은 사람이 노동자와 자본가 사이의 수세기 간에 걸친 투쟁은 끝났다고 진심으로 믿었다. 그래서 이번 경제 붕괴가 일시적인 현상이 아니란 점과, 자본주의가 위기를 맞이했고 상황은 더 좋아지지 않고 계속 나빠질 것이라는 사실을 깨닫는 데 시간이 좀 걸렸다. 경제 붕괴 이후로 침체의 기간이 길어지면서 우리는 현재 혁명의 순간에 살고 있다. 더불어 어느 한 세대의 사고를 규정하게 될 엄청난 사건의 그림자 속에서 살고 있다.[31]

그러나 우리가 자본주의 발전의 긴 역사 속에서 이런 순간의 맥락을 이해 못한다면, 이것이 지닌 잠재력을 완전히 활용하지 못할 것이다. 자본주의를 뛰어넘으려면, 이에 맞서기 위한 최선의 방법을 결정하기 위해 자본주의의 구조적 약점을 이해해야 한다. 마르크스는 경제가 작동하는 눈에 보이지 않는 의심의 여지가 없는 법칙을 드러냄으로써, 자본주의 체제에서도 역사는 계속되고 상황이 달라질 수도 있다는 것을 입증했다. 지금 이 순간도 마르크스의 방법을 적용하면, 우리가 자본주의 체제가 실제로는 어떻게 작동하고 이 체제를 변화시키는 작업을 어떻게 시작해야 하는지를 이해할 수 있을 것이다.

10년이 지나면, 인류가 지금까지 직면했던 가장 심각한 문제를 해결하기에는 너무 늦게 되고, 그전에 이미 엘리트들이 과거의 권력을 유지하게끔 해주는 새로운 질서를 슬그머니 가져와서 자신들의 통치권을 다시 주장할 것이다. 지금과 이후 10년의 사이에는 연장된 위기의 순간, 즉 우발적이고도 불확실한 순간이 존재한다. 자본주의의 논리에 대한 의문은 이와 같은 순간에 다시 한번 제기될 것이다.

새로운 경제, 새로운 사회는 '역사는 결코 끝나지 않았다'고 생각하는 사람들의 마음속에서 서서히 잉태되고 있다. 이처럼 새로운 세상을 만들어 내는 것은 우리 자신에게 달려 있다.

1장 자본주의의 황금시대

1944년, 세계의 거물들이 역사상 가장 많은 피를 흘린 전쟁 이후 세계 경제의 재건을 논의하기 위해 뉴햄프셔주 브레턴우즈에서 만났다.¹ 해리 덱스터 화이트Harry Dexter White가 이끄는 미국 대표단은 세계 경제의 주도권이 영국에서 미국으로 질서정연하게 넘어오는 것을 분명히 하려고 했다. 반면, 저명한 경제학자 존 메이너드 케인스J. M. Keynes가 이끄는 영국 대표단은 자신들의 주요 채권국이자 유럽이 파괴된 이후 새로운 패권국으로 등장한 미국의 심기를 건드리지 않고서 최대한 많은 권력을 유지하려고 했다. 화이트는 별로 알려지지 않은 재무부 관료로 "키가 작고 단단한 체형에 (중략) 빈민가 출신의 자수성가한 사람이었다." 그와 함께 왔던 대표단원들은 화이트가 (비록 이런 면이 그가 소련 대표단과 조용히 만나는 데 많은 시간을 보낸 사실과 관련이 있었지만) 내성적이며 조심스러운 사람이라고 기억한다. 몇 년 후 그는 (심장마비로 사망하기 전, 자신은 그 사실을 부인했지만) 소련 스파이 혐의로 기소되었다. 케인스는 화이트와는 아주 대조적인 인물이었다. 그는 키가 컸으며, 자신의 업적을 드러내놓고 자랑하며 본인의 사상을 전파하던 영국 상류층 출신의 지식인이었다. 이 두 사람은 당시 '세계 경제에 등장하던 이상한 커플'이었다.

　누가 보더라도 이번 회의는 소란스러운 행사 그 자체였다. 참석한 거물들에게는 비싼 술과 음식이 제공되었다. 회의가 시작된 지 불과 몇 시간 만에 대표단 중에는 취해서 미국 전역에서 선출된 미녀들과 흥청대는 이들도 있었다. 케인스는 회의가 끝나면 급성 알코올중독자가 많이 나올 것 같단 생각이 들었다. 호텔은 부트 룸boot room과 건 룸gun room, 아내들을 위한 모피 룸과 카드 룸, 자녀들을 위한 볼링장, 저녁 시간을 보낼 당구장, 고급 바와 레스토랑, 아름다운 여인을 포함해 최고의 시설을 자랑했다. 행사가 사치스럽게 진행될수록, 미국의 영광과 우위가 곳곳에서 잘 드러났다.

　브레턴우즈의 타락한 군중들이 두 대전 사이의 도금시대Gilded age의 재현을 저지하게 될 합의안을 제출한 것은 조금은 아이러니한 일이다. 그곳에 모인 사람들은 또 다른 세계 대전의 발발뿐만 아니라 또 다른 월스트리트의 붕괴를 저지하려고 했다. 케인스는 이렇게 하려면 자신이 말하는 '지대추구 계급rentier class'(상품의 생산, 판매, 유통이 아니라 대출, 투기를 통해 돈을 버는 사람들)에 대한 통제가 필요하다고 강력하게 주장했다.[2] 이들은 18세기 후반과

19세기 초반에 산업혁명과 제국주의 열강들의 무역 증대를 통해 수익을 올리면서 강력한 권력을 누렸다. 자본 이동에 대한 통제가 없는 상황에서, 이렇게 얻은 수익은 또 다른 높은 수익을 얻고자 세계 경제를 마구 누비고 다녔다. 이 자본은 주로 미국의 주식시장으로 흘러 들어가 주가를 상승시키고는 1929년에 결국 버블을 일으켰다.

대공황Great Depression을 일으켰던 자본은 수십억 달러의 재산 손실과 함께 전쟁 비용을 조달하기 위한 세금 인상을 초래했던 2차 대전으로 그 활동을 마감했다.[3] 결과적으로 20세기 전반부에 등장했던 금융자본은 수세에 몰렸고, 이것은 기생하던 지대추구 계급에 대한 통제를 용이하게 했다. 브레턴우즈에 모인 사람들이 분명 자국의 은행산업(특히 월스트리트의 떠오르는 세력)의 수익성을 확보하는 데 관심이 있었지만, 이번 회의에 초청받은 미국 대표단 중 은행업자는 단 한 명뿐이었다.[4]

회의에 참석한 대표단은 먹고 마시고 떠드는 사이에 자본주의의 황금시대에 세계 경제를 통치하게 될 기관들을 설립하기로 하는 역사적인 합의를 보았다. 즉, 세계의 통화는 미리 정해진 수준으로 달러화에 고정되고 연방준비제도Federal Reserve System의 감독을 받게 될 것이며 그 가치는 금에 고정될 것이다. 금융업자들이 환율의 급변을 일으킬 수도 있는 외환투기를 하지 못하도록 자본 통제도 시행되었다. 고정환율제와 자본 이동에 대한 통제는 1929년 이전에 세계 경제에 대혼란을 일으켰던 유력한 자본 풀을

꼼짝 못 하게 만들었다. 브레턴우즈에 모인 사람들이 지대추구 계급을 통제하기 위한 의미 있는 조치를 취한 것이다.

그러나 케인스는 자기가 원하던 것을 모두 이룬 것은 아니었다. 세계 금융계를 상대로 전투를 벌이던 그는 미국 제국주의 세력이 총력으로 지원하는 막강한 덱스터 화이트에 의해 좌절할 때가 많았다. 화이트는 미국 달러화가 여전히 국제통화 시스템의 중심이 되기를 기대했지만, 케인스는 이것을 새로운 국제 통화인 방코르bancor로 대체하기를 기대했다. 하지만 최종적으로 화이트가 승리했고, 미국이 세계의 준비통화를 관리하는 엄청난 특권을 얻었다.[5] 다시 말해, 브레턴우즈 회의는 국제 금융을 통제했을 뿐만 아니라 미국의 제국주의를 제도화하였다.[6]

브레튼우즈 회의는 세계 경제의 새로운 시대의 여명을 알렸다. 유럽은 전후 재건과 탈식민지화의 오랜 과정에 접어들었고, 새로운 초강대국의 다국적 기업이 엄청난 이윤을 벌어들이게 되었다.[7] 전쟁 동안의 자급자족 방식의 경제 이후 무역량이 증가했고, 세계화의 새로운 시대가 열렸다. 브레튼우즈 회의가 이처럼 경제 재건을 위한 국제적 기반을 제공한 것은 사실이지만, 전쟁 이전의 자유방임경제로부터의 이행은 국내 경제정책의 수준에서 뚜렷하게 나타났다. 케인스는 다시금 이러한 발전의 중심에 있게 되었다.

두 대전 사이에, 케인스가 고전학파 경제학의 중심 기조인 '공급은 스스로 수요를 창출한다'는 세의 법칙Say's law에 문제를 제기하는 경제수요이론을 개발해 경제학계에 도전해왔다.[8] 나폴레옹

시대의 프랑스 경제학자 장바티스트 세Jean-Baptiste Say에 따르면, 시장 '청산'을 보장하기 위해 자유시장에서의 가격이 오르거나 내릴 것이고, 모든 이에게 입찰할 기회가 주어진다면 어떠한 재화와 서비스도 남아 있지 않을 것이다. 시장이 청산되지 않으면, 즉 기업이 판매하려는 상품을 가지고 있지만 어느 누구도 그것을 구매하지 않으면, 이것은 세금과 규제와 같은 가격 메커니즘을 방해하는 무엇인가가 있기 때문이다. 이 법칙은 상품뿐만 아니라 노동자에게도 적용되고, 이것은 비자발적 실업이 존재할 수 없다는 주장을 뒷받침한다. 어떤 노동자가 일자리를 찾을 수 없다면, 이것은 그가 자신의 임금 기대치를 너무 높게 잡고 있기 때문이라는 것이다.

물론 이런 이데올로기는 대공황 시기를 살았던 사람들의 경험과는 상충된다. 그러나 고전학파 경제학자들은 자기 분야가 하나의 과학이라고 반박하곤 했고, 이것은 노동자들의 감성에 주의를 기울이지 않은 데서 나온 결과였다. 케인스는 그들의 주장이 잘못되었다는 것을 입증할 수 있었다. 그의 위대한 혁신은 경제 모델에 불확실성이라는 아이디어를 도입한 것이다. 사람들이 미래에 대한 확신이 없을 때에는 비합리적으로 행동할 수도 있다(예를 들어, 저축에 대한 수익이 얼마 되지 않을 때 저축할 때도 있고, 자기가 감당할 수 있는 수준보다 훨씬 더 많이 지출할 때도 있다). 미래가 불확실한 상황에서는 사람들이 (쉽게 팔 수 있는) 유동자산을 보유하기를 원하고, 그 중에서도 유동성이 가장 높은 현금을 보유하기를 선호하기 때문이다. 유동성 선호란 불확실성의 수준이 높을수록 지출보다는 저축을 더 많이 하는 것을 의미한다.

이러한 불확실성은 소비자의 행동보다는 기업의 행동에 더 많은 흔적을 남기는데, 실제로 기업의 투자 결정에 영향을 미친다. 미래에 대한 확신이 사라지면 기업은 투자를 중단할 것이고, 기업이 투자를 줄이면 납품업자들의 매출이 줄어들어 직원들을 해고해야 할 것이다. 그 결과, 직원들은 지출을 줄이게 되고 전체적으로는 경제활동이 위축된다. 이처럼 기대가 갖는 자기강화적 순환self-reinforcing cycle이 시간에 걸쳐 나타나는 경제의 호황과 불황을 의미하는 경기순환을 일으키며, 세의 법칙이 왜 단기적으로는 유효하지 않는지도 말해준다. 기업이 미래의 경제 성장에 대한 확신이 없다면, 투자할 여유가 되더라도 하지 않을 것이다. 그리고 케인스가 했던 유명한 말을 인용하자면, "장기적으로 우리는 모두 죽게 되어 있다."

그러나 케인스는 자신의 이론적 혁신에만 멈춰 있지 않았다. 그는 정책 입안자들에게 해결책을 제공했다. 세의 법칙은 '세금과 규제가 시장의 정상적인 작동을 왜곡하고 정부가 경제정책을 최대한 조심스럽게 가려서 추진하면, 모든 이들에게 최선'이라는 의미를 함축한다. 그러나 케인스 경제학은 정부의 기대에 영향을 미치고 수요를 뒷받침하라는 역할을 부여한다. 예를 들어, 기업의 확신이 사라져서 투자가 감소하면, 정부가 지출을 늘리거나 금리 인하로 대출이 용이하게 함으로써 이것이 일으키게 될 승수효과(어떤 경제 요인의 변화가 다른 변화를 유발해 처음보다 몇 배의 효과를 내는 것—옮긴이)를 기대할 수 있다. 다른 한편으로는 기업이 투자를 너무 많이 해서 인플레이션을 일으키면, 정부가 지출을 줄이거나 금리를 인상해서 경기순환의 과열 국면을 진정시킬 수 있다. 경기 순환을 관리하려면, 대출과 투자가 경기순행적(대출과 투자는 호황 시기에 증가하고 불황 시기에 감소)이기 때문에 금융의 영향력을 억제해야 한다. 정부의 역할이 경기순환의 상승과 하락을 완화하는 데 있다면, 상승과 하락을 너무나도 자주 가중시키는 금융부문을 적절히 관리해야 한다.

케인스 방식의 이런 경제 관리는 전후 경제정책에 커다란 영향을 미쳤다. 전쟁으로 인한 파괴, 정부의 역할 증대, 브레턴우즈 체제의 도래가 글로벌 노스 국가에서 자본가와 노동자의 권력 관계를 어느 정도 재조정하기에 이르렀다.[9] 또한 국내 노동운동 세력의 정치적 영향력이 커지면서, 불황과 실업 예방을 목표로 하는 케인스사상을 널리 수용하게 되었다. 때로는 정부와 노동조합이 노동자를 대변하기 위해 새롭게 부상하는 대중 정당을 통해 서로 긴밀한 관계를 형성하기도 했다. 그리고 많은 노동조합들이 중앙에서 지휘하는 단체교섭 프로세스를 가지고 있었다. 부자와 법인에게는 자본 이동에 대한 통제를 바탕으로 높은 세금이 부과되었고, 사회는 훨씬 더 평등해졌다. 이 시기에 케인스주의자들은 지난 수십 년 동안 파괴를 일삼던 자본주의 체제의 무절제를 드디어 길들이는 데 성공했다고 믿었다. 이것이 이 시기가 전쟁 이전의 도금시대에 이은 '자본주의의 황금시대'라고 불리는 이유이다.

영국에서는 이 시기에 '전후 합의' 혹은 '케인지언 합의Keynesian consensus'라고 불리는 새로운 형태의 경제학이 등장했다.[10] 전시 연립정부 이후로 노동당은 1945년 총선에서 보수당에 압도적인 승리를 거두고 클레먼트 애틀리Clement Attlee가 총리 자리에 올랐다. 새로 집권한 노동당 정부는 당시까지 경제정책에 한정된 영향력을 갖고 있던 케인스주의를 채택하였다. 케인스사상은 경제학에서는 혁명을 일으켰지만, 현실에서도 그러려면 권력 관계의 변화를 요구했다. 이후 수십 년 동안에 걸쳐 불평등은 완화되었고, 생산성이 증가함에 따라 임금이 인상되고 국민 대다수의 생활 수준이 개선되었으며, 노동운동 세력과 정부 기구가 자본가에 비해 더욱 강력해졌다. 사회 임금social wage(개인이 국가로부터 받는 복지 혜택을 임금으로 환산한 것—옮긴이)이 인상되고 이에 따라 노동자의 교섭력이 강화될 뿐만 아니라, 경기가 침체될 때 사회안전망을 제공함으로써 복지국가가 건설되었다. 그리고 시티오브런던의 힘이 커지면서 정부에 대해 강력한 영향력을 행사하기도 했지만, 지대추구 계급은 예전보다 훨씬 더 많은 통제를 받았다.

전후 합의는 노동자들이 전쟁에서 벗어나 예전보다 더욱 강력해졌기 때문이고, 또한 케인스 방식의 경제 관리로부터 혜택을 얻고 그들이 이를 실현하기 위해 조직적으로 행동했기 때문에 강화될 수 있었다. 이런 식으로 전쟁 때문에 발생한 자본가에서 노동자에게로의 권력의 재조정은 1940년대에 구축된 전후 사회와 경제 기반 속에서 제도화되었다.

변화는
어떻게 일어나는가

역사의 변화가 권력 관계와 제도, 위기에 의해 추진력을 얻는다는 것은 마르크스의 역사 분석에 대한 한 가지 해석에 근거한다. 여기서 '한 가지 해석'이라고 한 이유는 이것이 마르크스주의자들이 계속 논쟁하는 주제이기 때문이다. 특히, 마르크스가 역사 발전에 대한 분석에서 경제 구조를 중시했다고 생각하는 사람들과 행위주체성을 중시했다고 생각하는 사람들 사이에는 상당한 의견 차이가 있다. 이 두 집단은 "역사 변화에 관한 한 무엇이 가장 중요한가, 즉 경제적, 기술적 여건인가 아니면 이러한 여건에 사람들이 반응하는 방식인가?"라는 질문에 서로 다른 대답을 내놓는다.

첫 번째 견해에 따르면, 기술 변화가 사람들의 노동 여건에 변화를 일으키고, 이것이 사회의 권력 균형에 변화를 일으킴에 따라 사람들의 사상에도 변화를 일으킨다. 예를 들어, 대량생산시대의 도래는 노동조합의 등장을 촉진해 노동자들이 정치사상을 공유하고 착취에 저항하기 위한 조직을 결성하는 것을 용이하게 했다. 이러한 경우에는 기술 변화로부터 정치 변화도 너무나도 당연하게 발생한다. 마르크스가 '경제적 토대economic base'라고 부르는 경제적, 기술적 여건이 자본주의 사회에서 권력 균형을 결정하고, 권력을 가진 자들이 그들의 사상을 강화하기 위해 마르크스가 '상부 구조superstructure(사상, 문화, 제도)'라고 부르는 제도 수립에 착수한다.

권력을 가진 자들은 자신의 담화를 전하기 위해 교육, 언론, 법률에 대한 통제권을 행사하고, 이것이 사람들이 세상을 이해하는 방식을 결정한다. 그렇게 그들이 만들어놓은 시스템이 안정을 유지한다. 그러나 이것은 비대칭적인 물리적 힘에 의해, 즉 군대와 자원에 대한 통제력을 가진 사람들의 권력에 의해 뒷받침된다. 극단으로 흐르면, 역사를 이런 방식으로 바라보는 사람은 인간의 행위 주체성이란 전혀 중요하지 않으며, 역사는 인간의 결정이 아니라 오직 기술 변화에 의해서만 발전한다고 주장할 수 있다.

또 다른 견해에 따르면, 인간은 로봇이 아니라는 것이다. 인간에게는 자유롭게 생각하고 토론하고 세상을 자기만의 방식으로 이해할 능력이 있다. 이런 견해를 가진 사람들은 상부 구조가 그 자체로 영향력을 갖는다고 주장한다. 제도는 자본주의의 발전을 구체화할 수 있고, 자본주의를 가혹하게 혹은 부드럽게, 더 많이 착취하거나 덜 착취하게 만들 수도 있다. 그리고 제도는 사상의 영역에서 벌어지는 전투에 의해서 만들어질 수도 있다. 이 사람들은 때로는 어떤 정책이 충분히 설득력이 있고 우리가 그것을 관철시키기 위해 영향력을 충분히 행사한다면, 그것을 실행하고 자본주의가 작동하는 방식도 변화시킬 수 있다고 주장한다. 그들은 역사를 움직이게 하는 것은 인간의 행위이고 그 반대는 아니라고 주장한다. 예를 들어, 사회민주주의의 발전은 단지 노동자들이 조직을 결성하는 것을 용이하게 해주는 기술 변화에 기반을 둔 것이 아니었다. 주당 근무시간 단축, 질병수당, 심지어는 복지국가의 탄생을 이뤄낸 것은 노동자 자신이었다. 이것들은 그들이 조직을 결성함으로써 얻어낼 수 있었다.

구조주의자들의 결정론은 인간의 행위주체성을 역사의 원동력이라고 보는 유토피아적 이상주의와는 차이가 있고, 이러한 긴장이 여러 세대에 걸쳐 좌파 진영과 함께 넓게는 사회과학의 토론을 지배했다. 이런 문제를 다루는 마르크스 자신의 방법과 이 책에서 사용하는 방법은 처음에는 서로 반대가 되는 힘으로 보이는 것들이 역사 변화의 방향을 결정하기 위해 합쳐지는 '변증법적 사고'에 기반을 둔다. 경제적 토대(생산의 기술적 기반)는 언제 무엇이 발생할 것인가를 결정하기 위해 상부 구조와 상호 작용한다. 이 견해에 따르면, 기술과 경제의 특성이 인간의 행위가 발생하는 주요 여건을 제공한다. 이것들이 특정한 결과가 다른 결과보다 발생할 가능성을 더 높이는 방식으로 인간의 동기와 행위를 형성한다. 그러나 이런 것들이 인간의 행위를 결정하지는 않는다. 인간, 즉 그들 스스로 조직할 수 있는 역량과 사상이 여전히 (경제적 여건만 분석하여 결정할 순 없는 방식으로) 역사를 견인하고 형성할 힘을 가지고 있다. 인간은 자신의 역사를 만들어가지만, 자기가 원하는 대로 만들지는 못한다.

구조와 행위주체성의 관계는 자본주의 체제에 내재되어 있는 모순 때문에 필연적으로 발생하는 구조적 위기의 순간에는 특히 중요하다.[11] 자본주의 체제에는, 자본가들이 생산하는 상품을 노동자들이 구매할 만큼 충분한 소득을 얻지 못해 투자가 과열돼 금융 위기가 발생하고 지구의 희소자원을 무분별하게 채취하고 사용해 환경 위기가 발생하는 것에 이르기까지, 적절한 작동을 멈추게 하는 모순이 내재해 있다. 이것은 권력자들이 자본주의 체제가 안정되도록 설계한 (복지국가 혹은 금융과 환경에 대한 규제와 같은) 정치제도에 의해 억제되어 있다. 그러나 이 제도도 모순의 출현을 중단시킬 수는 없다. 다만 그 영향력을 약화시킬 뿐이다. 자본주의가 발전하면서, 내재된 모순은 위기의 순간에 폭발할 때까지 확대된다. 이렇게 확대된 위기의 순간은 변화가 어떻게 발생할 것인가를 결정하는 데 중요하다. 위기의 순간에는 제도, 규범, 담론이 제 기능을 상실한다. 정치적, 경제적, 사회적 시스템이 제 기능을 하기가 더 어려워지고, 세상은 이해하기 훨씬 더 어려워진다. 권력자들 사이에서 분열이 일어나고, 이로 인해 온갖 종류의 공격에 취약해진다. 대부분의 혁명은 위기의 순간에 발생한다. 자본주의의 구조적 결함은 위기에 이르게 하고, 이때는 행위주체성이 더 중요해진다. 주로 이런 순간에 사상과 이를 지지하는 운동이 역사의 흐름에 영향을 미칠 수 있다.

이런 상황이 2차 대전 이후에 발생했다. 전쟁으로 인한 파괴는 자본가와 노동자의 권력 균형을 변화시켰고, 노동자들이 활용할 수 있는 기회인 제도적 위기를 낳았다. 노동자들은 위기의 순간을 그들에게 이익이 되는 새로운 합의를 끌어내고 제도화하는 데 활용했고 이 합의는 오랫동안 잘 작동했다. 그러나 영원히 지속될 수는 없었다. 20세기가 계속 진행되면서, 자본가들은 그들에게 채

워진 고삐에서 벗어나려 애썼고, 자본가와 노동자, 국가의 합의가
깨지기 시작했다. 자본주의 경제 모델과 마찬가지로 사회민주주
의는 그 자체에 모순이 있었다. 결국 사회민주주의의 붕괴는 완전
히 새로운 시대의 등장을 위한 길을 열었다.

글로벌 금융의
등장

1955년 6월 28일, 미들랜드은행Midland Bank의 외환부문 수석매
니저 G. I. 윌리엄슨G. I. Williamson이 외환시장에서 발생한 이상한 거
래에 대해 논의하기 위해 잉글랜드은행에 소환되었다.[12] 미들랜드
은행은 영국 은행들이 1955년까지는 감히 시도하지 않았던 활동
을 하고 있었는데, 미국 달러화로 거래하는 외화 예금을 유치하고
예금 보유자에게 이자를 지급하고 있었던 것이다. 예전에 연방준
비제도는 미국 은행들을 규제하면서 이와 같은 행위에 일정한 제
한을 가했던 적이 있다. 잉글랜드은행이 당시 규제에 '신사적으로'
접근한 것은 잘 기록되어 있다. 은행업자들은 레든홀 거리Leadenhall
Street에 위치한, 이튼, 옥스퍼드, 케임브리지 출신들이 편안한 기분
을 느낄 수 있는 오래되고 웅장한 건물에서 차를 마시며 담소를 나
누는 자리에 자주 초대되었다. 가끔은 단호한 이야기가 오갔지만,
어떠한 의견 차이도 자본주의의 황금시대에 시티오브런던의 '꿈

과 같은' 상태를 어지럽히지는 않았다.

윌리엄슨과 은행 관료인 시릴 해밀턴Cyril Hamilton의 대화도 이와 다르지 않았다. 해밀턴은 그와의 만남을 메모 한 장으로 요약하고서, 미들랜드은행에서 "정상적이지 않은 일은 전혀 일어나지 않았고" 외환과 관련된 행위는 "정상적인 업무처리 과정"에서 진행된 것이라고 보고하면서 자기 상관을 안심시켰다. 어쨌든 해밀턴은 "윌리엄슨 씨가 가벼운 경고가 주어진 것에 감사하게 생각합니다."라고 보고했다. 메모에는 정상적인 업무처리 절차에 왜 가벼운 경고를 해야 했는지에 대해서는 명확하게 서술되지 않았다. 아마도 해밀턴은 미들랜드은행의 행위가 잉글랜드은행이 관리할 준비가 되어 있지 않은 완전히 새로운 현상을 의미한다는 사실을 어렴풋이 알아차렸을 것이다. 그러나 그는 자신이 20년 안에 글로벌금융을 변모시키게 될 혁신을 방금 막 허가해줬다는 사실을 전혀 깨닫지 못했을 것이다.

미국 밖에서 조성되어 연방준비제도의 관할권 밖에 있는 새로운 달러화시장은 '유러달러시장Eurodollar market'이라고 불린다. 일반적으로 외환을 보유하고 있으면, 그것을 외국에서 지출하거나 외국 은행에 예금하거나 외국 자산에 투자할 수 있다(영국 은행은 대체로 은행 계좌에 유로화로 예금하는 것을 허용하지 않는다). 유러달러시장은 은행이 외화 예금을 유치하고 이에 이자를 지급하는 것을 허용함으로써, 이 모든 것들을 바꿔 놓았다. '유러달러'라는 용어는 미국이 아닌 나라의 달러화 예금 계좌가 영국에서 처음 개설

되었다는 의미로 잘못 지어진 것인데 지금까지 정착되었다. 오늘날 '유러'라는 접두사는 예를 들어, 유러엔Euroyen이 일본을 떠나 있는 일본 엔화를 의미하듯이, 본국을 떠나 있는 모든 통화에 사용된다. 이 시스템이 갖는 의미는 1970년대에 유러달러시장이 조성되기 전에는 제대로 인식되지 않았다. 미국 은행이 아닌 다른 나라 은행에 달러화를 예치하기를 원하는 사회주의 국가와 부유한 산유국은 그들이 보유한 달러화를 런던에 예치할 수 있었고, 결과적으로 런던의 유러달러시장은 엄청나게 커졌다.

유러달러시장은 자본 이동에 대한 통제가 없는 글로벌 금융 시스템을 탄생시킴으로써 브레턴우즈 체제의 근간을 흔들었다.[13] 달러화를 보유한(달러화가 세계의 준비통화로 사용된다는 점에서 많은 사람이 그렇게 한다) 투자자들은 이제는 시티오브런던에 예치할 수 있었다. 그 후 달러화는 당시 연방준비제도가 미국 은행에 부과하던 강력한 규제로부터 방해 받지 않고 마음대로 세계 경제를 휘젓고 다녔다. 1970년대에는 수십억 달러에 달하는 달러화가 규제를 받지 않는 유러달러시장으로 흘러 들어와서, 지대추구 계급이 보유한 핫머니hot money(국제 금융시장에서 높은 수익을 노리고 유동하는 단기 자금—옮긴이)를 억제하려던 케인스의 결단을 서서히 허물었다. 이것은 시티오브런던의 금융업자들이 거의 무한대에 달하는 달러화를 운용할 수 있게 했다. 한때는 세계 최대 제국의 금융센터였던 시티오브런던이 수십 년에 걸쳐서 쇠퇴를 거듭하다가 유러달러시장 덕분에 새로운 활력을 되찾았다.

그러나 1970년대에는 브레턴우즈 체제에 유러달러시장의 확대만 위협이 된 것은 아니었다. 2차 대전 이후로 국제 무역이 증가하면서 이는 일부 국가가 다른 국가보다 더 많은 혜택을 얻는 결과를 낳았다. 세계에서 가장 강력한 국가가 지원하는 미국 기업은 엄청나게 빠른 속도로 성장했다. 미국 정부가 유럽의 재건을 지원하기 위해 많은 기업을 선발했고, 이 과정에서 이들 중 일부는 최초의 현대적 의미의 다국적 기업이 되었다. 1955년부터 1965년 사이, 미국 기업의 유럽 자회사 수는 3배나 증가했다.[14] 재건을 위한 노력이 본격적으로 진행되면서, 미국 기업이 독일과 일본의 다국적 기업과도 협력하기 시작했고, 1970년대에는 이전보다 더 많은 규모가 큰 다국적 기업이 등장했다.

다국적 기업의 성장은 수십억 파운드에 달하는 자본이 기업 내에서 전 세계를 무대로 흘러가고 있다는 것을 의미했다. 토요타, 제너럴 일렉트릭, 폭스바겐은 세계 전역에 흩어져 있는 자회사들을 따로 떼어둘 수는 없었다. 따라서 국제 금융 체제를 손상시키더라도 자금이 이동해야 했다. 기술 변화도 세계의 다양한 지역 간의 자본의 직접적인 이동을 용이하게 했다. 이 모든 것들이 1970년대에는 자본 이동에 대한 통제가 지속적으로 가해졌음에도 그 이동성이 크게 증대되었다는 사실을 의미했다. 이제 유러달러시장과 다국적 기업의 등장으로 브레턴우즈 체제는 커다란 위협을 받기 시작했다.

그러나 브레턴우즈 체제에 결정타를 날린 당사자는 은행이 아니라 이것의 탄생에 기여했던 미국 정부였다. 미국 정부는 달러화가 세계의 준비통화가 된 상황에서, 정부 지출의 재원을 조달하기 위해 달러화를 찍어낼 수 있는 '과도한 특혜'를 누리고 있었다.[15] 모두가 달러화를 원했기 때문에, 미국 정부는 초인플레이션의 위협을 받지 않고도 자기가 원하는 만큼 지출할 수 있었다. 달러화의 가치를 금에 고정시킨 것은 그러한 행위를 통제하기 위한 것이었다. 투자자들이 금이 뒷받침할 수 있는 것보다 더 많은 달러화가 유통되고 있다고 생각하기 시작하면, 포트 녹스Fort Knox(미국 켄터키주의 연방금괴저장소가 있는 곳—옮긴이)에 나타나서 달러화를 금으로 바꿔 달라고 할 것이다. 그러나 이것이 미국 정부가 낭비와 파괴를 일삼았던 베트남의 전쟁 비용을 조달하기 위해 수십억 달러를 찍어내는 행위를 멈추진 못했다. 1970년대에 세계 경제는 미국의 경상수지 적자가 커지면서 달러화의 유출과 함께 그것이 넘쳐나는 상황에 직면했다. 1971년에 닉슨 대통령은 아무런 문제가 없는 척하기에는 달러화가 너무 많이 유통되고 있다는 사실을 깨닫고는 이를 더는 금으로 태환하지 않을 것이라고 선언했다. 이렇게 브레턴우즈 체제는 종말을 맞았다.

이 시점에서 많은 사람들이 달러화의 가치가 크게 떨어질 것으로 예상했지만, 그런 일은 일어나지 않았다. 실제로 달러화는 금과는 아무런 관련이 없는 상황에서도 여전히 강세를 유지하면서 세계의 준비통화로 계속 사용되었다. 결국 브레턴우즈 체제의 본질인 미국 제국주의자들의 권력이 드러났다. 브레턴우즈 체제에 따라 달러화를 금에 고정시킨 것이 달러화가 갖는 가치의 원천은 아니었다. 그것은 당시 영어를 세계 언어의 기본으로 사용하는 것처럼 달러화를 세계 통화의 기본으로 사용하자는 집단적인 합의에 있었다. 미국 재무부의 권력자들은 정부 지출의 증가를 금 보유고의 증가로 감당 가능한 척할 필요가 없게 되면서, 지난 35년 동안 겪어보지 않았던 결과와 함께 마침내 속박에서 풀려났다.

브레턴우즈 체제의 종식은 국제 금융 시스템에서 커다란 변화를 가져왔다. 금이나 다른 상품과는 아무런 관련 없이, 통화는 국가가 공포하는 명령에 의해 이뤄진 약속에 불과하게 되었다. 이제 통화의 가치는 수요와 공급의 힘에 의해 결정된다. 국가는 고정환율제를 유지하기 위해 그들이 창출하는 통화량에 제한을 가하지 않아도 되었고, 통화를 인플레이션의 위협만 고려해서 원하는 만큼 창출할 수 있게 되었다. 지금은 민간은행도 국내 규제만 받으면서 국가를 대신해 신용의 형태로 통화를 창출할 수 있다. 브레턴우즈 체제가 무너진 것은 인류 대부분의 역사에서 표준이 되어온 실물화폐commodity money에서 벗어나, 현재 다른 모든 화폐보다 우위에 있는 명목화폐fiat money와 신용화폐credit money로 가기 위한 최후의 단계를 의미한다. 이러한 변화는 당시 사람들의 생각보다 훨씬 더 깊은 의미가 있었다.[16]

브레턴우즈 체제가 종식되면서, 자본은 드디어 갇힌 곳에서 석방되었다. 많은 국가들이 여전히 자본 이동에 대한 통제와 강력한 금융규제를 유지하고 있었다. 그러나 세계 전역에서 넘쳐나는 달러화는 갈 곳을 찾아야 했다. 한편으로는 브레턴우즈 체제에서 영국과 같은 국가에 축적된 자본은 세계 경제를 향해 달려가기 위해 필사적으로 빠져나오려고 했다. 이 자본들은 기존의 자본 통제에 강력하게 저항하면서, 체제에서 빠져나오기 위한 기발한 방법들을 찾았다. 금융자본은 맹렬히 돌아와서는 지속적으로 성장하는데 방해가 되는 모든 장애물을 제거하려고 했다. 그러나 전후 질서의 잔재들이 완전히 무너지려면 국가적 위기가 도래해야 했다.

사회민주주의의 정치적 결말

브레턴우즈 체제가 무너지면서, 사회민주주의 모델도 긴장의 조짐을 보여주기 시작했다.[17] 브레턴우즈 체제는 글로벌 기업과 공급 사슬, 글로벌 경쟁을 특징으로 하는 글로벌 경제를 열었지만, 결국 체제의 성공이 오히려 해가 되었다. 일부 기업(특히 미국의 다국적 기업)은 번성했지만, 다른 많은 기업이 독일, 중국, 일본의 떠오르는 기업과의 경쟁에 어려움을 겪었다. 특히, 영국 기업은 세계화의 새로운 물결에서 혜택을 얻는 데 어려움을 겪었다. 이것은 어느 정도는 달러화 대비 영국 파운드화의 가치가 너무 높아서, 전 세계 소비자에게 영국의 수출품이 더욱 비싼 가격으로 느껴지기 때문이었다.[18] 그들은 점점 더 심해지는 세계 시장 경쟁에서 살아남기 위해 노력했지만, 1960년대 말까지 심각할 정도로 이윤이 감소했다. 1970년대에 영국은 '유럽의 병자'로 불렸다. 1973년부터 (유럽에서 고정환율제를 포기한 이후로도) 달러화 대비 파운드화 환율은 계속 하락했고, 결국 1976년에는 처음으로 2달러 아래로 떨어졌다.[19]

상황상 브레턴우즈 체제의 종식이 영국 자본가들에게 좋은 일이라고 생각할 수도 있다. 파운드화가 지나칠 정도로 평가절상된 현실에서 벗어나면, 제조업체들은 다시 세계 시장에서 경쟁할 수 있다. 그러나 수십 년에 걸친 침체를 하룻밤 사이에 돌이킬 수는 없는 일이었다. 영국의 제조업체들은 파운드화가 평가절하되더라도 품질에서나 비용에서 새로운 다국적 기업과는 경쟁이 되지 않는다는 것을 알고 있었다. 1973년 제1차 석유파동으로 인플레이션이 발생하여 1970년대에 물가상승률이 20%가 넘는 해가 두 번 있었고, 1975년 8월까지는 연간 27%로 최고점을 찍었다. 강력한 노동조합이 존재하지 않는 상황이라면, 비용 상승으로 인한 인플레이션 증가가 이처럼 시스템 전반에 걸친 문제가 안 될 수도 있었다. 다른 상황에서는 고용주가 비용 절감을 위해 직원을 해고하거나 임금을 인하할 수도 있었다. 그러나 전후 합의가 여전히 굳건하게 자리 잡은 상황에서, 노동조합은 인플레이션과 보조를 맞추기 위해 임금 인상을 압박했다. 정부와 교섭이 가능하고 임금 인상을 요구할 수 있는 상황에서, 노동조합은 물러서지 않으려고 했다.

그럼에도 비용 압력이 커지면서 실업자가 많아졌다. 정부는 실업을 완화하기 위한 지출 증가와 인플레이션을 잡기 위한 지출 감소 사이에서 이러지도 저러지도 못하는 상황에 처했다. 이번 석유파동은 케인스주의에 입각한 정책 입안자들이 대처할 준비가 전혀 안 된 딜레마인 (실업과 인플레이션이 동시에 증가하는) 스태그플레이션을 일으켰다. 이것은 기존의 이론상 일어날 수가 없는 일이었다. 케인스 경제학은 필립스 곡선 Phillips curve에 기초를 둔다. 1960년대의 경제학자들은 인플레이션과 실업은 역의 관계란 것을 주장하려고 윌리엄 필립스 William Phillips의 연구를 인용했다. 그들이 설정한 모델에 따르면, 실업이 증가하면 인플레이션이 감소하고 그 반대의 경우도 마찬가지이다. 따라서 정부는 완전고용을 달성하기 위해 적절한 수준의 인플레이션을 받아들이기만 하면 됐다.[20] 정부는 완전고용에 도달할 때까지 지출을 늘리고 금리를 인하해야 되는데, 완전고용에 도달하면 인플레이션을 잡기 위해 지출을 줄이고 금리를 인상해야 한다. 2차 대전 이후로 인플레이션과 실업 사이에서 균형을 달성하는 것이 경제정책의 주요 목표로 여겨졌다.

그러나 1970년대에는 사회민주주의에 입각한 경제정책이 실업을 줄이거나 인플레이션을 잡는 데 실패하고 있었다. 그중에서 인플레이션을 잡는 데 실패한 것은 이후에 발생했던 정치적 상황에 기인했다. 금리의 인상과 인하는 경제가 양극단인 긴축과 완화를 오가도록 하는 것에 지나지 않았다. 이처럼 미지의 영역에서는 무엇을 해야 하는지 아무도 모른다. 1970년대 초에 실업률이 4%

에 이르자, 정부가 인플레이션을 잡기 위해 완전고용 약속을 암묵적으로 철회하는 것으로 이 문제를 해결하려고 했음이 분명했다. 하지만 이 전략은 영국의 노동조합에 실질적인 위협이 되었다. 노동조합으로서는 정부가 완전고용에 대한 약속을 철회하는 것은 고용주를 상대로 하는 싸움에서 강력한 동맹자를 잃는 것으로 받아들일 수 있다. 노동조합은 (노동조합원들의 생존을 위해 일자리를 요구하고 인플레이션에 따른 임금 인상을 요구하는 것은 두말할 것도 없고) 물러서지 않고 싸우려고 했다. 특히, 노동조합이 강력한 힘을 발휘하는 산업에서 쟁의행위가 확대되었다(특히, 광산 노동조합의 막강한 힘은 광부들이 국가의 에너지 공급을 통제하는 데서 나왔다).

경제적 혼란은 정치적 위기를 낳는다. 한편으로는 1970년대 중반에 보수당 정부는 시위, 에너지 부족, 스태그플레이션의 국면을 선거에 유리하게 활용하는 것에 완전히 실패했다. 에드워드 히스Edward Heath 총리는 국민들에게 다가가서 이렇게 물었다. "누가 이 나라를 통치할까요? 우리가 통치할까요? 아니면 광부들이 통치할까요?" 다른 한편으로는 1974년 총선에서 승리한 노동당 정부도 마찬가지로 이러한 교착상태를 끝낼 능력이 되지 않았다. 해롤드 윌슨Harold Wilson 총리는 더욱 회유적인 조치의 일환으로 광부들의 임금을 인상하고, 정부가 직접 나서서 노동조합과 임금 인상을 협상하는 자발적 소득정책이 포함된, 노동자와 자본가 사이의 일종의 '사회 계약social contract'을 실행하려고 했다. 그러나 1976년에 영국이 국제통화기금 International Monetary Fund, IMF에 구제금융을 신청한 이후로 3년이 지나서 발생한 제2차 석유파동이 이러한 사회 계약에 치명타가 되었다. 1979년에 인플레이션이 또다시 닥치면서 노동조합은 자유로운 단체교섭으로 돌아갈 것을 요구했다.

1979년은 1962년 이후로 가장 추운 겨울이었다. 쟁의행위, 경제 침체, 에너지 부족이 한꺼번에 닥치면서, 그해는 '불만의 겨울 Winter of Discontent'로 회자되었다. 그야말로 위기의 기운이 감돌았다. 1979년 1월에, 제임스 캘러헌 James Callaghan 총리는 과들루프에서 열린 정상회담에서 어느 기자로부터 영국의 날로 심해져 가는 혼란에 관한 질문을 받았다. 그는 다른 사람들이 그 기자가 했던, 영국이 혼란에 빠져 있다는 말에 동의하지 않을 것이라고 답했다. 그다음날, 영국 일간지 〈더 선 the Sun〉에는 다음과 같은 유명한 헤드라인이 떴다. "위기라고요, 무슨 위기?" 1979년에 영국은 갈림길에 서 있었다. 노동조합은 물러서지 않았고, 사회민주주의 정부는 그들에 맞설 여력이 없었다. 자본주의의 황금시대에 도대체 무슨 일이 일어난 걸까?

돌이켜보면 1970년대는 전후 합의의 전환점이었다. 기업은 세계 시장에서의 경쟁이 심화되고 인플레이션이 극심한 상황에서 노동조합의 임금 인상 요구를 계속 들어줄 수가 없었다. 그러나 노동조합은 일자리와 인플레이션에 따른 임금 인상 요구를 철회할 수 없었다. 이러한 문제들은 시스템이 작동하는 방식에 내재되어 있다는 점에서 구조적이다. 이윤 증가를 추구하는 기업이든 임

금 인상을 추구하는 노동자든, 자신의 이익을 추구하는 경제 행위
자들이 궁극적으로는 영국 경제가 붕괴 직전까지 가게 할 수도 있
는 첨예한 긴장을 일으켰다. 사회민주주의 성장 모델에 내재된 모
순은 결국 표면에 드러났고, 이 위기의 해결 방안은 두 가지만 존
재했다. 그것은 노동자의 승리 혹은 자본가의 승리를 말한다. 많은
것들이 정부가 누구의 편을 드는가에 달려 있었다.

　　케인스와 같은 시기에(어떤 이들은 케인스 이전이라고도 말한
다) 수요 관리를 이론적으로 설명했던 폴란드의 경제학자 미하우
칼레츠키Michał Kalecki는 이미 수십 년 전에 이런 문제들을 예견했
다.[21] 그는 정부의 수요관리 능력에 대한 결론에 도달하고 나서는
완전고용정책에는 이것을 본질적으로 불안정하게 만드는 정치적
인 측면이 있기 때문에, 장기에 걸쳐서는 효력을 발휘하지 못할 것
이라고 주장했다. 완전고용을 달성할 것이라는 정부의 약속은 자
본주의가 작동하게 만드는 것, 즉 해고의 위협을 약화시켰다. 이
정책은 값싼 노동의 꾸준한 공급을 보장받기 위해 자본가들이 의
지하는 '산업예비군'을 사라지게 만들 것이다. 결국 착취의 대상이
되는 절박한 노동자들이 없다면, 이윤도 줄어들 것이다.

　　2차 대전 이후로 등장한 강력한 정부는 두 번째 죄도 범했다.
그것은 투자를 철회할 것이라는 자본가의 위협을 더는 두려워하
지 않았다는 것이다. 정부가 투자를 지나칠 정도로 많이 하고, 특
히 특정 산업을 국유화할 경우 기업과 투자자는 정부가 자신들이
원하지 않는 것을 할 때 자본을 거둬들이기가 훨씬 더 어려워진다.

따라서 '자본 파업 capital strike'이라는 선택지가 사라졌다. 장기적으로는 이러한 요인 때문에 완전고용정책이 소비를 진작시켜 자본가들의 이윤 추구에 도움이 되더라도 그들은 정책에 반대하게 된다. 칼레츠키는 사회민주주의 모델이 경제적으로 지속 불가능하다는 것이 아니라 정치적으로 불안정하며, 어느 시점에 가서는 정치적 위기의 순간이 도래할 것이라고 주장했다. 그는 다음과 같이 설명한다.

> 완전고용정책하에서는 '해고'가 제재 조치로서의 역할을 하지 못할 것이다. 고용주의 사회적 지위가 약화될 것이고, 노동자 계급의 자기과신과 계급의식이 강화될 것이다. 또한 임금 인상과 노동 조건 개선을 위한 시위가 정치적 긴장을 조성할 것이다. 그리고 완전고용정책하에서는 자유방임 체제와 비교해 대체로 이윤이 더 높을 것이다. (중략) 그러나 고용주에게는 작업장에서의 규율과 '정치적 안정'이 이윤보다 더 중요하다.

이것이 바로 1960년대와 1970년대가 보여준 모습이었다. 높은 임금, 낮은 실업률, 적당한 수준의 인플레이션과 함께 영국 노동조합의 힘이 강력해졌다. 초기에는 고용주가 노동자 사이에서 이윤의 분배를 둘러싼 갈등이 투자와 미국의 원조, 브레턴우즈 체제에 힘입은 국제 무역의 증가로 완화되었다. 그러나 극심한 인플레이션과 해외 시장에서의 치열한 경쟁으로 이윤이 잠식되고 상황이 악화되기 시작하면서, 이러한 갈등은 전국적으로 폭증했다. 자본가와 노동자의 싸움은 결국 제로섬 게임이 되었고, 바로 이 시점에서 사회민주주의의 정치적 모순이 분명하게 드러났다.

이윤이 압박을 받게 되면, 오직 한 가지 사실만이 성장의 혜택을 누가 가져갈 것인가를 결정한다. 바로 '누가 권력을 쥐고 있는가?'란 사실이다. 1970년대에는 자본의 이동성 증대와 브레턴우즈 체제의 종식으로 자본가와 노동자 사이의 힘의 균형이 변했다. 자본가들은 사업 환경이 마음에 들지 않으면 불쑥 일어나서 떠나겠다는 협박을 할 수가 있었다. 그들은 자본 이동에 대한 통제가 여전히 시행되고 있었지만, 그럼에도 자본을 이동하기 위한 기발한 방법을 계속 찾았다. 한편으로는 노동운동에 대한 정부 지원이 감소되면서, 노동자는 정치적으로 강력한 동맹자가 없는 상태에서 고용주에 맞서야 했다.

이러한 압박이 전후 합의를 서서히 약화시키다 1970년대 위기의 시기에 마침내 터질 것이 터지고 말았다. 그러나 과거의 모델은 새로운 모델이 등장해 그 자리를 대신할 때까지 완전히 무너지지는 않았다. 영국의 사회민주주의 체제가 흔들리면서 발생한 정치적 혼란으로 글로벌 노스에서는 (사회민주주의 세력이 약화됨에 따라) 전후 호황 시기 동안 주변부에 있는 사람들에게 (오랫동안 기다려왔던) 앞으로의 일을 도모하기 위한 기회가 찾아왔다. 좌파진영은 답을 내놓지 못했고, 우파진영은 드디어 그들이 바라던 때가 무르익은 것으로 생각했다.

심각한 위기를 그냥
흘려보내서는 안 된다

유권자들에게 "누가 이 나라를 통치할까요?"라고 물었다가 "당신은 아닙니다."라는 대답을 들어 망신을 당했던 에드워드 히스 전 총리는 1975년에 보수당 대표를 뽑는 선거에 출마했다. 비록 1974년 두 차례에 걸친 총선에서 보수당이 패배했지만, 보수당 기득권층과 언론은 히스 전 총리를 계속 지지했다. 그는 선거에서 승리할 것으로 예상됐지만, 이후에 신자유주의로 알려지게 된 급진적이고도 새로운 경제 프로그램을 표방하면서 갑자기 부상한 젊은 여성 후보자에 의해 축출되고 말았다. 여기서 신자유주의는 강력한 정부가 지원하는 자유시장, 사유재산권, 자유무역을 통해 기업가정신을 해방시켜줄 때 인간의 행복이 최선에 이르게 된다는 사상이다.[22] 그녀의 이름은 바로 마가렛 대처 Margaret Thatcher 였다.

대처의 급진적인 신자유주의에 입각한 경제정책은 수십 년 전에 스위스의 몽펠르랭이라는 마을에서 만들어졌다.[23] 1947년 세계 각지에 흩어져 있던 일단의 경제학자들이 세계를 휩쓸고 있던 마르크스주의자와 케인스주의자에게 반격을 가하게 될 새로운 프로그램을 개발하기 위해 모임을 가졌다. 이것은 3년 전에 대서양 건너편에서 개최된 퇴폐적인 회의와는 크게 대조를 이루는 검소하고도 지적인 행사였다. 몽펠르랭 소사이어티 (혹은 그들이 스스로를 지칭하는 말인 MPS) 회원들은 정치적으로나 지적으로 고립

되어 있다는 사실을 알고 있었다. 전쟁 이전의 자유방임적 자유주의는 1929년에 월스트리트 대폭락과 함께 신뢰를 잃었다. 이 사건 이후로 일어난 전쟁은 국가에 사상 초유의 수준으로 권한을 부여했고, 이들은 이번 행사를 후원했던 세계의 금융업자들의 행위를 통제하기 위해 자신들에게 부여된 권한을 행사했다.

몽펠르랭 소사이어티 회원들은 자유시장에 방해가 되는 국가는 모두 개입을 반대했다. 그들은 국가가 국민보건서비스National Health Service, NHS(영국의 국민건강보험제도로서 비용은 대부분 세금으로 충당됨―옮긴이)와 사회안전망을 도입한 것에 몹시 마음이 상했다. 노동조합의 영향력이 커지고 국가가 단체교섭을 지원하는 것도 마찬가지로 신자유주의 이데올로기와 정면으로 대립했다. 그러나 전후 합의에서 그들을 가장 불편하게 하는 것은 자본 이동에 대한 정부의 지속적인 통제였다. 개인이 자신의 돈을 어디에 둘 것인가를 국가가 결정하는 것이 어떤 사람에게는 단순히 수익 추구에 대한 장벽으로만 여겨졌지만, 또 다른 사람에게는 인간의 자유에 대한 협박으로 여겨졌다. 자유 기업이 번창하는 전체주의로부터 자유로운 세상을 꿈꾸는 신자유주의 이데올로기 신봉자들과 자기가 돈을 버는 데 방해가 되는 시스템을 약화시키기를 바라는 기회주의자들 간의 동맹이 처음부터 몽펠르랭 소사이어티의 성격을 규정했다.

이러한 양면성은 신자유주의가 어떻게 마침내 두각을 나타내게 되었는지를 이해하는 데 중요하다. 이것은 내부적으로 일관성을 갖는 지적인 체계이면서도 일반적으로는 자본을 가진 자, 특히 금융자본을 가진 자의 권력을 강화하기 위해 사용되는 이데올로기이기도 하다.[24] 하이에크, 폰 미제스를 비롯한 경제학자들의 저작은 특정한 가치(자신의 재산에 대한 통제권으로 정의되는 인간의 자유에 대한 헌신)에 근거한 진지한 지적 활동에 해당되었다.[25] 이것이 정부의 규모 축소, 자본의 자유로운 이동, 감세정책을 정당화하는 논리를 제공했고, 이로 하여금 세계의 주요 금융업자들이 첫번째 회의 비용의 상당 부분을 지원하게 만들었다. 우리는 케인스주의가 발전한 것과 노동당이 이러한 이데올로기를 채택한 것도 이와 비슷한 맥락에서 이해할 수 있다.

한편 케인스는 자체가 갖는 모순으로부터 자본주의를 구원하려고 했고, 다른 한편으로는 노동당이 노동자, 자본가, 국가 간의 합의를 유지하기 위한 이데올로기와 정책을 구하려고 했다. 이런 맥락에서 보면, 신자유주의는 케인스주의가 그랬던 것처럼 단순히 세계 경제를 장악하기 위한 음모만은 아니었다. 지식인들은 항상 그들의 사상을 후원하는 권력자를 찾고 권력자는 항상 자신의 이해관계를 정당화해주는 사상을 찾을 것이다.

몽펠르랭에 모인 지식인들은 바로 그 자리에서 그들이 전체주의로 가는 길을 열었다고 간주하는 국가자본주의 체제를 타도하기 위한 노력에 시간, 자금, 지적 자원을 총동원하기로 결의했다. 그들의 '정강 Statement of Aims'에는 자유시장의 원리를 널리 알리고, 사유재산권 침해에 반대하고, 이러한 목표를 뒷받침할 국가와 국제기구를 설립하기 위해 헌신한다는 내용이 포함되어 있다. 또한 '몽펠르랭 소사이어티가 정치적 선전을 하지는 않을 것'이라고 주장하는 내용도 나온다. 그럼에도 그들은 이 원칙들을 세계 전역에서 사회민주주의적 합의를 깨뜨리기 위한 경제정책 과제로 옮기기 위한 계획을 세웠다. 그들의 사상은 이처럼 경제학을 바라보는 새롭고도 더 나은 방식을 퍼뜨릴 수 있는 학계와 정계, 싱크 탱크를 통해 주류 속으로 침투해 들어갔다. 그들은 힘겹게 싸우고 있었다. 케인스주의에 입각한 정치적 합의는 생활 수준을 개선하고, 불평등을 완화하고, 조직력을 갖춘 노동자와 국민국가 사이의 굳센 협약을 하게 만들었다. 사람들은 복지국가의 폐지를 주장하는 신자유주의자들을 진지하게 대하기보다는 위험한 급진주의자로 치부했다. 수십 년 동안 하이에크와 그의 추종자들은 주변에서 외치고만 있을 뿐이었고, 학계와 정계 사람들은 이런 그들을 보며 비웃기만 했다.

그러나 사회민주주의 세력은 지나칠 정도로 자기만족에 빠져 있었다. 역사상 유례가 없을 것으로 보이던 안정이 세계 자본주의의 역동적이고도 통제되지 않는 힘을 받아서 금방이라도 무너질 수도 있었다. 1970년대의 위기는 사회민주주의가 다른 어떠한 자본주의 체제와도 다르지 않다는 것을 보여주었다. 사회민주주의에는 그 자체에 모순이 내재되어 있고, 바로 이것이 이 체제를 파멸에 이르게 할 것이다. 몽펠르랭 소사이어티의 결의를 따르던 신자유주의자들은 전후 합의가 무너진 것에 대해 다른 사람들과 마찬가지로 충격을 받았다. 그들은 브레턴우즈 체제를 떠받치던 각종 규제들을 철폐하기 위해 세계를 무대로 수십 년에 걸쳐서 활동했다. 그러나 국내를 무대로 하면, 사회민주주의에 입각한 합의가 비교적 안정적으로 보였다. 1970년대는 모든 것을 바꿔놓았다. 미국 정부가 브레턴우즈 체제에 최후의 일격을 가하면서, 신자유주의자들이 힘을 얻은 것이다. 그들은 이것이 자본통제 종식의 시작을 알리는 것으로 생각했다. 그들에게 자본 이동성 증대는 국민국가와의 싸움에서 크게 도움이 되었다. 결국 자본 이동성은 자본을 가진 사람에게 거부권을 부여한다. "세금을 내고 싶지 않다고요? 그러면 돈을 외국으로 옮겨놓으면 됩니다."라는 식으로 말이다.

신자유주의자들은 글로벌 금융의 역사적 중심지이면서, 사회민주주의의 첨예한 위기와 함께 자본주의의 황금시대가 이미 종료된 것으로 보이는 영국에 그들이 가진 역량을 집중했다. 몽펠르랭 회의 이후로 그들이 설립한 경제문제연구소Institute for Economic Affairs, IEA, 애덤스미스연구소Adam Smith Institute와 같은 싱크 탱크들은 신자유주의를 선전하는 책자들을 엄청나게 빠른 속도로 대량으로 찍어내기 시작했다. 그들은 자신에게 다가오는 모든 정치인들과도 교류했고, 그들 중 일부는 다른 누구보다도 훨씬 더 개방적이었다. 신자유주의 경제학자들과 로비스트들은 당장 보수당 대표를 뽑는 선거에서 대처의 선거운동을 지원하기 시작했다.[26] 대처가 승리하자, 그들은 또다시 당장 영국 역사를 바꾸게 될 선거 의제를 만드는 데 협력했다.

대처의 선거운동본부는 세 가지 공약을 내세웠다. 그것은 노동조합을 약화시키고, 정부의 규모를 줄이고, 국민 대다수가 집을 소유하는 것이었다. 이 공약들은 다음과 같이 포퓰리즘 방식으로 표현되었다. "보수당은 경제적으로나 사회적으로 건전한 삶을 회복하며, 힘든 일에 더 많은 보상이 따르도록 인센티브를 회복하고, 국민 대다수가 집을 소유하도록 지원해 가정생활을 뒷받침할 것입니다." 대처는 이렇게 회복이라는 표현을 자주 쓰면서, 국민들이 가졌던 전후 합의에 대한 좋았던 기억을 이용해 급진적인 경제정책을 전통적인 보수주의의 언어의 틀 속에 짜 맞추려고 했다. 그녀는 노동당을 상습적으로 빌어먹는 사람들의 정당, 힘들게 일하는 다른 사람들에 의지해서 살아가는 사람들의 정당, 이 나라를 쥐고서 돈을 요구하는 악당들의 정당으로 묘사하면서 공격했다. 그녀는 자신의 경제정책이 완전고용을 회복할 것이라고 주장하면서 기존에 노동당에게 표를 주던 사람들에게 호소했다. 또한 메시지를 대중적인 언어로 표현하기 위해 '노동당은 일을 하지 않는다 Labour isn't working'라는 슬로건의 유명한 포스터를 이용했다. 그녀는 노동당은 영국의 민주주의를 무너뜨리고 이것을 소련식 전체주의로 대체하기를 원하는 비주류 극단주의자들의 정당이라고 주장했다. 보수당만이 노동자를 생각하는 진정한 정당이며, 사람들에게 일자리와 집을 보장하면서 세금을 낮추고 인플레이션을 잡을 것이란 내용이었다. 이것은 강력한 메시지였다. 결국 여론조사는 저소득 유권자들이 마음을 바꾼 데 힘을 입어, 대처가 승리할 것으로 나타났다.

물론 이런 포퓰리즘 방식의 표현은 신자유주의자들이 앞으로 도모하게 될 일의 작은 시작에 불과했다. 대처는 신자유주의정책의 가장 중요한 요소들은 대중의 지지를 얻지 못하고 있는 것을 알고 있었다. 따라서 그녀는 민영화와 규제 철폐에 관한 공약은 눈에 보이지 않도록 작은 글씨로 인쇄했다. 실제로 1979년에는 노동조합과의 전투에서 정부 규모의 축소에 이르기까지 그녀가 선전하는 정책조차도 1974년과 비교해 유권자들에게서 더 많은 인기를 얻지는 못했다.²⁷ 대처의 야당 시절이 주는 교훈은 현재의 상황에 대한 지지가 약화되려면 위기가 길어져야 한다는 것이다. 비록 사람들이 민영화에 특별히 민감하지는 않았더라도, 노동쟁의, 높은 수준의 인플레이션과 실업, 이러한 문제를 제대로 다루지 못하는 정부의 무능으로 발생하는 끊임없는 혼란에 아주 싫증이 나 있었다. 1979년 총선에서 많은 사람이 대처에게 표를 주었다. 오직 그녀만이 지금 무슨 일이 벌어지고 있는가를 이해할 수 있고 실현 가능한 해결책을 제시할 수 있는 정치인이라고 생각했기 때문이었다. 대처의 의제를 좋아하지 않더라도, 불만의 겨울 이후로는 그것을 한 번 시도해볼 만한 가치가 있는 것으로 생각할 수도 있다. 몽펠르랭 소사이어티의 창립멤버 중 한 사람인 밀턴 프리드먼Milton Friedman은 누구보다도 그 사실을 잘 알고 있었다. 그는 1980년대의 신자유주의의 승리를 뒤돌아보면서 이렇게 적었다.

실제로 발생하는 것이든 감지되는 것이든, 오직 위기만이 실질적인 변화를 일으킨다. 위기가 발생하면, 이에 대응해서 취하게 되는 조치는 그동안에 잠자코 있던 사상에 달려 있다. 우리가 기본적으로 해야 할 역할은 다음과 같다. 기존 정책에 대한 대안을 개발하고, 이것을 정치적으로 불가능했던 것이 정치적으로 불가피한 것이 될 때까지 계속 살리면서 유효하게 가져가는 것이다.

신자유주의자들의 목표는 단순히 대처를 당선시키는 것만이 아니었다. 영국 경제를 위한 새로운 모델을 제도화하기 위해, 전후 합의가 무너지면서 발생한 위기의 순간을 활용하는 것이었다. 그것은 케인스주의자들의 합의가 노동자의 권력을 제도화했던 것처럼, 자본가의 권력을 강화하는 것이었다. 이러한 의미에서, 신자유주의자들은 마르크스주의자들과 마찬가지로 변화를 변증법적 시각에서 바라보았다. 사회민주주의의 모순은 경제를 마비시키게 될 위기를 통해 드러난다. 위기 동안에는 사람들과 정치인들이 그들에게 해결 방안을 제공할 만한 사상을 찾는다. 신자유주의자들은 담화를 만들고 선거연합을 형성해 정권을 장악함으로써, 위기의 순간을 그들과 그들을 지지하는 세력이 오랫동안 권력을 유지할 수 있게 해주는 (사회민주주의가 거부했던) 새로운 제도를 도입하는 데 활용할 수 있었다.

이것이 바로 대처의 의제에서 가장 중요한 부분이다. 신자유주의를 표방하는 경제학자, 싱크 탱크, 금융업자들은 우선 많은 설득이 필요 없던 대처에게 자유시장은 강력한 정부를 요구한다고 설득했다.[28] 국내에서나 해외에서 공산주의자들의 위협에 대처하는 유일한 방안은 노동운동 세력에 공격적으로 맞서고, 효율성과 수익성을 증진하고, 사회정의를 실현할 뿐만 아니라 자본가들이 사회에서 가장 강력한 집단으로서 정당하고도 확고한 지위를 회복하게 해주는 시장 경쟁의 동력을 발산하는 것이었다. 대처와 그녀의 추종자들은 이러한 모델을 실현하는 데 5년이 걸리겠지만, 일단 모델이 실현되면 국민보건서비스처럼 돌이킬 수 없는 것이 된다는 사실을 잘 알고 있었다.

그들이 처음으로 했던 작업은 자신들의 헤게모니에 도전할 수 있는 힘을 가진 유일한 집단인 노동조합을 처리하는 것이었다. 대처는 영국의 노동운동 세력과 여러 해에 걸친 전쟁을 하느라고 정치적 자원을 총동원했다. 다음에 한 작업은 자본가들에게 원래대로 권한을 부여하는 것이었다. 대처는 이 작업이 광산과 제조업에 몰려 있는 병약한 국내 자본가 계급과의 동맹을 추구하는 것보다는 급성장하는 국제 자본가 계급의 이해관계를 대변해야 한다는 것을 알고 있었다. 이처럼 같은 이해관계를 가진 사람끼리 집단을 형성하는 과정에서 자연스럽게 맺어지는 동맹 관계를 바로 의회의사당이 있는 웨스트민스터Westminster와 금융기관들이 밀집한 시티오브런던에서 찾아볼 수 있었다.

노동자에 대한 자본가의 승리가 그 자체로는 아주 오래갈 것 같지 않았다. 신자유주의자들에게 필요한 것은 그들의 새로운 체제를 구조적으로 안정시켜줄 선거동맹이었다. 이것을 탄생시키기 위한 단서는 1979년 보수당 정부의 선거의제, 즉 작은 정부와 사유재산권에서 찾아볼 수 있다. 대처는 전후 합의의 근간이었던 국내 자본가 계급과 노동운동 세력과의 동맹을 대신해, 시티오브런던에 모여 있던 국제 자본가 계급과 영국 남부의 중산층과의 동맹을 결성시켰다. 그녀는 사유재산권과 연금펀드의 민영화를 통해 중산층을 소규모 자본가로 변모시켜 그들의 지지를 얻었다. 이 결과, 대처는 영국 정계에 변화의 바람을 일으켰고, 1929년 이후 가장 규모가 컸던 금융 위기로 붕괴되기 전까지 35년 동안이나 지속된 새로운 성장 모델을 펼쳐놓았다.

2장 약탈적 자본주의: 기업의 금융화

우리는 공동체, 국가, 세계를 무대로 활동하는 기업 시민으로서의 우리의 역할을 인정합니다. 우리가 공익에 봉사할 때, 스스로 최대의 이익을 얻을 수 있습니다. (중략) 우리가 속한 사회를 더 좋은 곳으로 만드는 데 기여해야 하는 사업기관으로서의 의무를 인정합니다. 우리는 세상을 더 나은 곳으로 만드는 데 앞장서는 기업이 되고 싶습니다.

-전 IBM CEO 토머스 윗슨 주니어Thomas Watson Jr., 1969년

토머스 윗슨 주니어가 이런 말을 한 것은 당시의 시대 분위기를 반영한 것이었다. 이 말은 IBM의 장기적인 수익성을 확보하기 위한 최선의 방법은 노동자, 관리자, 주주, 국가, 사회 전체를 포함해 IBM의 모든 이해관계자의 이익을 고려하는 것이라고 믿는 윗슨

의 생각을 잘 보여주었다.[1] 그는 IBM의 성공을 보장하는 것은 노동자를 가장 중요하게 생각하는 것이라고 끊임없이 주장했다. 윗슨 시절에 IBM은 머신러닝, 연산 속도가 빠른 최신 컴퓨터 프로세서의 개발, 심지어는 나사NASA에 우주 프로그램을 지원하는 의미 있는 발전을 이뤄내고 있었다. IBM이 가장 잘나가던 시절, 본사가 있는 인구 13,000명의 뉴욕주 엔디콧Endicott에는 이 회사 직원만 11,000명이 거주했다고 한다.[2]

그러나 2012년이 되면서 IBM의 사업 모델은 이전과는 상당히 다른 목표를 따라 만들어졌다. 2015년 로드맵에 나오는 주요 공약은 '총발행주식수를 줄임으로써, 주주에게 가치를 돌려주기 위해 강력한 현금 창출 능력을 최대한 활용한다'는 것이었다. 성공의 지표는 2015년까지 IBM 주식 한 주당 가격이 200달러로 상승하는 것이었다. IBM은 이 목표를 혁신이 아니라 인수와 합병을 통해 달성하려고 했다.[3] 윗슨이 퇴임한 이후로 지금까지, 엔디콧에서 근무하는 직원 수가 10,000명에서 겨우 700명으로 감소했다. 이와는 대조적으로 1980년에 16,000달러를 가지고 IBM 주식 1,000주를 구매한 투자자라면, 현재(2021년 3월 기준) 그 가치는 8배 증가해 그것을 계속 보유했다면 가격이 거의 13만 달러에 달할 것이다.

윗슨 주니어는 오늘날 IBM의 이런 모습을 인정하지 않을 것이다. 이해관계자나 심지어는 노동자에 대한 관심은 사라지고 말았다. 그 대신에 세계에서 가장 규모가 큰 기술기업의 문화가 주주 가치 극대화라는 오직 하나의 명령에 따라 다시 만들어졌다. IBM의 변화를 이런 식으로 설명한다고 해서, 이것이 토머스 윗슨 주니어가 특별히 성자와도 같은 사람이라거나 오늘날의 CEO가 특별히 나쁘다거나 예전의 IBM 모델이 완벽하다는 것을 의미하지는 않는다. 분명히, '국가의 이익'에 집착하는 것은 다국적 기업과 미국 정부의 관계가 점진적 발달progressive development(개체가 단순한 것에서 복잡한 것으로 진화하는 것—옮긴이)이 아닌 공생관계에 있다는 사실을 시사한다. 그러나 기업 담론이 노동자를 중심에 두는 이해관계자의 가치를 강조하던 것에서 노동자가 맨 마지막에 나오는 주주 가치를 강조하는 것으로 바뀐 것은 기업을 경영하는 방식에서 커다란 변화를 보여준다.

오늘날의 기업은 철저하게 금융화되면서, 일부는 제품을 생산하는 곳이 아니라 은행처럼 보일 때가 많다. 비금융기관의 금융화는 사회의 자원을 노동자에서 주주에게로 이전하는 결과를 낳는다. 이런 권력의 이동은 세계 경제의 정치적, 경제적 기반의 변화와 함께 기업의 유일한 목표가 주주 수익의 증대를 통한 수익성 극대화가 되어야 한다고 주장하는 새로운 이데올로기의 등장에서 비롯되었다. 지속적인 경제 변화를 창출하려면, 사상과 권력 관계 모두가 변해야 한다. 그리고 1980년대는 이 두 가지 모두가 변화하는 시기였다.

첫째, 자본 이동성이 증대되고 전후 합의가 무너지면서 대형 기관 투자자들의 영향력이 증대되었다. 그들은 헤지펀드와 연금펀드와 같은 자금 풀money pool을 관리하고, 엄청난 금액의 자금을 투자하거나 투자한 것을 회수할 수 있다.[4] 이러한 자금의 대부분은 기업에 투자되고, 이에 따라 투자자는 기업 경영에 개입할 목적으로 영향력을 행사할 수 있게 된다. 기업 경영자의 유일한 목표가 주주를 위해 돈을 최대한 많이 벌어주는 것이 되고, 그들은 이를 위해 구조조정을 추진한다. 그리고 주주에게 가는 돈은 노동자에게 가는 것도 아니고, 미래의 생산을 위해 투자되지도 않는다.

둘째, 1980년대에 신자유주의가 세계를 휩쓸면서, 무자비한 이윤 추구가 기업의 유일한 책무라는 사상이 만연했다.[5] 이것은 기업 경영자에게 주주 가치를 극대화하라는 단순한 명령을 전한다.[6] 기업 경영자의 임금이 주식의 가격과 연관되었고, 이는 그들로 하여금 주주의 이익을 충실히 추구하도록 함으로써 이윤의 가치 증식을 강화하는 결과를 낳았다. 신자유주의자들이 여러 정당을 장악하면서, 정부는 이를 적극적으로 권장하기 시작했다. 주주 가치 이데올로기는 기업의 역할이 이윤 극대화라는 사상을 강화하는 기업 규정에서 제도화되었고, 그 결과는 재앙과도 같았다.

기관 투자자와 주주 가치 이데올로기의 등장은 미국과 영국에서 기업 권력에 지속적으로 영향을 미쳤다.[7] 지금은 많은 기업이 주주의 이해관계에 따라 조직을 구성하고, 노동자의 이해관계는 맨 나중에 나온다.[8] 이러한 과정이 전개되면서, 특정한 유형의 주주와 이와는 다른 유형의 주주 간의 싸움이 벌어졌다. 헤지펀드와 같은 유동주주short-term shareholder는 연금펀드와 같은 장기 주주와 비교해 훨씬 더 많은 혜택을 누렸다.[9] 민간기업의 경영자들은 기업의 규모와 권력을 유지하려고, 적대적 인수와 행동주의 투자자activist investor(특정 기업에 변화를 일으키려는 목적으로, 주식을 대량으로 매입해 경영에 적극적으로 참여하고 압박을 가하려는 개인 혹은 단체―옮긴이)의 공격으로부터 기업을 보호하려고 했다. 이에 성공한 기업들은 인류 역사상 가장 강력한 독점기업이 되었다. 한편으로는 이런 모델의 등장에 어떠한 형태로든 저항을 하다가는 엄청난 대가를 치러야 했다. 노동조합이 주주의 이해관계에 따라 움직이는 기업 경영자에 맞서서 노동자의 이해관계를 대변하려고 하면, 기업이 최대한 많은 돈을 벌 수 있도록 보장하려는 정부로부터 철퇴를 맞게 된다. 1950년대의 CEO들은 이러한 변화에서 비롯되는 기업 문화를 상상할 수 없었을 것이다.

어떤 사람은 주주 가치 극대화에 집중하는 것이 그렇지 않았더라면 온화했을 자본주의 체제의 왜곡을 의미하고, '제조업maker'에 대한 '금융업taker'의 승리는 우리가 어떻게든 반전시켜야 하는 현상이라고 주장한다.[10] 그러나 국가 정책이 이러한 이데올로기가 어떻게 전개되는가를 결정하는 데 중요하더라도, 변화는 이에 따라 일어나는 것이 아니라 세계 경제가 움직이는 방식에서의 훨씬 더 강렬한 변화에 의해 일어난다. 주주들이 그들의 권력을 강화하기 위해 브레턴우즈 체제의 종식과 금융의 세계화 현상을 활용하지는 않을 것이라고 생각하기는 어렵다. 여러 국가에서 벌어지는 정치 투쟁이 다른 행위자들과 비교해 그들의 상대적인 권력을 얼마나 강화시킬 것인가를 결정하더라도 말이다. 자본주의가 1980년대의 변화에 의해 왜곡된 것은 아니었다. 그것은 오히려 가장 강한 자의 이해관계 속에서 적응했을 뿐이다.

영국에서는 사회적 세력의 균형이 금융화된 특별한 기업 문화가 조성되도록 했다. 대처 총리는 시티오브런던이 권력을 갖게 함으로써, 자신에게 방해가 되는 것은 모두 탄압했다. 그로 인해 영국에서 착취와 불평등이 만연하고 지금까지도 지속되는 경제 모델을 실현하는 데 기여했다.

빅뱅 이후의 세상

옛날 옛적, 시티오브런던에는 '스톡 익스체인지stock exchange (증권거래소)'라고 불리는 커다란 성에 당당하고도 예의 바른 기사들이 살고 있었다.[11] 이것은 1984년에 영국 총리 직속 정책자문기구인 10번가 정책자문위원회Number 10 Policy Unit의 위원장인 존 레드우드John Redwood가 들려준 〈성에서의 기울어진 삶Tilting at Castles〉이란 제목의 이야기다. 여기서 시티오브런던은 당시 존재하던 기사, 남작, 왕, 농부로 이뤄진 정교한 체제로 묘사되었다. 기사들은 런던증권거래소에서 일하는 브로커로서 정직하고 열심히 일하며 '서로 신나게 경쟁한다'. 남작들은 연금펀드와 같은 기관 투자자로서 스톡 익스체인지의 기사만큼 일을 즐겁게 하지는 않으며, 그들이 가진 돈을 모두 진정한 돈벌이를 하는 스톡 익스체인지 성에 보내야 한 다. 맨 밑바닥에는 자기가 저축한 돈을 기관 투자자인 남작들에게 머리를 숙이면서 보내는 농부들이 있고, 남작들은 그들을 대신해 그 돈을 투자한다. 이 시스템은 기사들을 위해서는 잘 작동하지만, 그 밖의 사람들을 위해서는 그다지 잘 작동하지 않는다. 레드우드 의 이야기에 따르면, 왕이 성을 찾아와서는 아주 현명하게도 기사 들에게 도개교(올리고 내리는 것이 가능한 다리—옮긴이)를 낮춰서 몇 사람이 더 들어올 수 있게 하라는 지시를 내렸다고 한다.

이처럼 오웰적(조지 오웰의 소설 〈1984〉에 묘사된 전체주의적, 관리주의적 측면을 의미—옮긴이)이면서 이중적인 화법에서 훌 륭하다고 생각되는 부분은 1980년대 초반에 런던증권거래소에 서 벌어졌던 정부와 트레이더 사이의 치열한 전투를 묘사한 것에 있었다. 이 전투는 시티오브런던에 대한 규제 철폐로 끝이 났다. 1986년 이전에는 수십 년에 걸친 규제가 다양한 경제 행위자와 기 관이 할 수 있는 행위의 종류를 제한했다. 특정 종류의 거래에는 최저 수수료가 부과되어 이 비용이 더 많이 소요되도록 했다. 거 래는 천천히 혼잡하게 돌아가는, 자동화가 안 된 거래장에서 이뤄 졌고, 다양한 유형의 투자자들이 서로 분리되어 시티오브런던에 서 엄격한 위계질서가 생기도록 했다. 이처럼 난해한 규제와 행위 자 간의 엄격한 분리가 교우회와 같이 작동하는 시스템을 낳았다. 영국의 작가 니콜라스 샥슨Nicholas Shaxson은 이처럼 빅뱅Big Bang(원래는 우주의 행성대폭발을 뜻하는 말이지만, 통상 금융 규제완화 또는 금융 혁신을 지칭한다. 1986년 10월 런던증권거래소가 증권 매매와 위탁 수수료를 자유화하고 증권업자들이 재편성되는 등 큰 변화를 보이면서 빅뱅이란 용어를 쓰게 됐다—옮긴이) 이전의 세상에서는 은행업자들이 악수를 할 때 손을 얼마나 꽉 잡는가에 따라 신용도를 결정할 수 있다고 기록했다.[12]

정부와 트레이더 간의 법정 투쟁 이후로, 빅뱅이 마치 공성 망치(성문이나 성벽을 부수기 위해 고안된 나무 기둥처럼 생긴 무기—옮긴이)처럼 런던증권거래소의 문을 강타했다. 단 하루 만에 시티오브런던의 위계질서를 지탱하던 규제 대부분이 철폐되었다. 최저 수수료가 폐지되었고, 주식을 거래하던 사람과 투자자에게 조언하던 사람 사이의 구분이 사라졌다. 또한 거래장 밖에서 신속하게 거래가 이뤄졌으며, 시티오브런던에 외국 기업들이 들어왔다. 이러한 변화는 주식시장에 더 많은 기관이 들어오게 했고, 주로 외국 은행에 의한 인수와 합병의 물결을 일으켰다. 1987년에는 런던 증권거래소의 300개에 달하는 회원사 중 75개사가 외국 경쟁사에 인수되었다.[13] 거래장 밖에서 거래가 이뤄지면서, 트레이더들이 증권을 순식간에 매매할 수 있도록 해주는 기술이 발전했다. 불과 1년 만에 거래시간이 평균 10분에서 10초로 단축되었다. 이것은 엄청난 단축이지만, 순식간에 이뤄지는 오늘날의 거래 시간과 비교하면 크게 차이가 난다.[14] 거래량도 급등해 빅뱅 이후 불과 한 주만에 45억 달러에서 74억 달러로 증가했다.[15] 이전까지 시티오브런던의 교우회 네트워크에서 중심에 있던 기업 파트너들 중 상당수가 많은 돈을 챙겼다. 빅뱅은 하룻밤 사이에 1,500명의 백만장자를 탄생시켰다.[16]

1980년대의 민영화 추진이 빅뱅에 크게 기여했다. 같은 해에 영국 정부는 사람들이 민영화를 앞둔 브리티시가스British Gas의 주식 구매를 독려하기 위해 '텔 시드Tell Sid'라는 유명한 광고를 내보냈다. 이 광고는 사람들이 술집이나 가게, 혹은 거리에서 너무 늦기 전에 시류에 편승하라고 서로 독려하는 것에 초점을 맞추었다. 이렇게 주고받는 대화는 항상 지금까지도 유명해진 "시드를 보면 말해줘!"라는 문장으로 끝이 났다. 어떤 시사문제 해설자가 말했듯이, "광고판을 지나가든, 라디오를 틀든, 광고 우편물을 힐끗만 봐도 항상 그 말을 볼 정도였다."[17] 1981년 브리티시에어로스페이스British Aerospace에서 시작해 1983년 어소시에이트브리티시포트Associated British Ports와 1984년 시링크Sealink에 이어서, 대처 총리가 브리티시가스를 민영화한 것은 지금까지 가장 야심 차게 추진했던 민영화 조치였고, 문제가 있는 광고에 기반을 둔 것이었다. 3,200만 파운드를 쏟아부었던 이 광고는 효과가 있었다. 그리고 수백만 명의 영국인이 자기 나라의 소중했던 자산에서 자기 몫을 갖기 위해 서명했다.[18] 당시 이것은 런던증권거래소에서 진행된 사상 최대 규모의 민영화였다.[19]

전체적으로 보면, 대처 총리는 40개가 넘는 국영 기업을 민영화했다. 이것은 전후 합의에 대한 중대한 도전을 의미했다.

1979년 국영 제조업부문은 총생산의 10%, 자본 투자의 거의 16%를 차지했다.[20] 그녀가 총리 자리에서 내려올 때까지, 600억 파운드의 가치를 지닌 영국 자산이 때로는 아주 싼 가격에 매각되었다.[21] 국영 제조업부문이 총생산과 자본 투자에서 차지하는 비중은 각각 3%와 5%로 하락했다.[22] 총고용에서 국영 제조업부문의 고용이 차지하는 비중은 거의 10%에서 2%로 하락했다.[23] 이와 관련해 어느 정부 각료가 다음과 같은 말을 했다. "우리가 공직에 들어왔을 때에는 영국에서 주식을 보유한 사람이 약 300만 명이었습니다. 대처 총리 시절이 끝날 무렵에는 1,200~1,500만 명에 달했습니다."[24] 정부가 국가의 자산을 싼 가격에 매각할 때 수백만 명의 영국인이 사실상 공짜돈을 받은 셈이었다. 놀랍게도 그들 중 대다수가 보수당에 표를 주었다.

더욱 장기적인 관점에서 보면, 개인의 주식 소유를 장려하려는 대처 총리의 꿈은 지나치게 낙관적인 것으로 드러났다. 그녀와 레드우드는 금융 자유화가 보통의 저축자들인 농부들이 주식시장에서 돈을 벌 수 있게 해, 파이에서 많은 부분을 차지하게 해줄 것이라고 주장했다. 그러나 농부들은 자기가 저축한 돈을 다른 사람의 돈을 관리해주는 대가로 거액의 수수료를 챙겨갈 수 있게 된 남작, 즉 이전에는 거래에 직접 참여할 수 없었던 기관 투자자에게 넘겨주고 말았다.[25] 어떤 사람은 기관 투자자들을 가득 쌓아놓은 돈더미에 앉아 있는 금융기관으로 생각할 수도 있다. 그들은 최대한 많은 수익을 올리기 위해 이 돈을 투자한다. 돈더미는 연금펀드나 부자들의 저축, 헤지펀드처럼 평범한 사람의 저축에서 나올 수도 있고, 심지어는 국부펀드처럼 국가에서 나올 수도 있다. 기관 투자자는 채권에서부터 주식, 파생상품에 이르기까지 온갖 종류의 증권뿐만 아니라 부동산과 같은 실물자산도 구매할 수 있다.

1963년에는 개인이 상장 주식의 55%를 보유했지만, 연금펀드와 보험펀드가 각각 6%와 10%를 보유했다.[26] 1997년에는 이 비율이 개인의 경우 17%로 하락했지만, 연금펀드와 보험펀드의 경우에는 각각 22%와 23%로 상승했다. 다수의 해외 기관 투자자들도 영국 주식을 매입했는데, 이것은 영국 기업에 대한 외국인 소유권이 확대된 것을 의미했다. 개인 투자자들의 경우에는 부자들을 향해 편향된 분포를 보였다. 그들 중 일부는 자기 자신, 가까운 친구와 가족의 자금을 관리하기 위한 헤지펀드도 설립했다.

이 모든 것들이 '연금펀드자본주의pension fund capitalism'를 향한 보수당의 계획에서 나온 것이다.[27] 1988년에 대처 총리는 개인이 기업의 퇴직연금펀드에 가입하지 않고도 저축할 수 있도록 개인연금제도를 도입했다. 이것은 이미 이전의 개혁으로 방대한 자금 풀을 조성해놓은 상태였다. 초기에는 이 제도가 연금 자문가들이 위험한 금융 상품을 판매하기 위해 저축자들의 무지를 이용했기 때문에 난항을 겪었다. 그러나 결국에는 개인연금 상품과 그 밖의 저축 상품이 영국 금융계에서 중요한 부분이 되었다. 개인연금 상품의 도입은 보수당 정부에 서로 연관된 두 가지 측면에서 바람직한 효과를 가져왔다. 한편으로는 이것이 금융시장에서의 수익 증대를 위한 조치를 지지하려는 동기를 가진 소규모 자본가 계급의 등장에 기여했다. 그리고 경제학을 확실히 이해하고 있던 대처 총리가 자신의 정책을 지지하는 데 강력한 물질적 이해관계를 가진 사람들과의 선거연합을 결성하려고 했다. 다른 한편으로는 연금펀드자본주의로 가기 위한 조치는 금융기관들로 하여금 고수익을 제공하는 투자 대상이라면 그게 무엇이든 그것에 투자하기 위한 저축 풀을 증대시켰다.

개인연금 상품과 기업의 규모가 큰 퇴직연금펀드의 조합은 민간투자자들이 엄청나게 많은 자금을 굴릴 수 있도록 했다. 자기 마음대로 굴릴 수 있는 자금이 많을수록 수익이 많아진다는 것은 널리 인정받는 투자법칙이다. 한 사람의 투자자가 어떤 증권에 충분히 많은 자금을 투자하면, 이 증권의 가격을 상승시킬 수 있기 때문이다. 자산관리자들은 노동자들의 연금펀드를 손에 쥐고 이 자금을 국제 금융시장에 투자해 엄청나게 많은 돈을 벌었다. 어떤 시사문제 해설자가 말했듯이, "이제는 '사회보장기금'이 다른 자금만큼이나 중요해졌고 (중략) 이것이 금융시장의 확대를 촉진하는 주요 요소가 되었다."[28] 어느 기관이 추정한 바에 따르면, 1995년 세계 연금펀드는 거의 12조 달러에 달하고, 최소한 6,000억 파운드가 영국인이 저축한 데서 나온 것이라고 한다. 따라서 영국은 유럽연합에서 가장 규모가 큰 연금 풀이 되었다.[29]

세계의 기관 투자자들이 시티오브런던에서 가장 강력한 행위자로 등장할 때 주주 가치 극대화라는 논리에 근거한 기업 지배가 시작된 것은 우연의 일치가 아니다. 이 자금 풀이 역사적으로 중요한 의미를 갖게 되었다. 이것이 커지면, 이를 관리하는 사람이 누가 무엇을 얻는가를 결정함으로써 막강한 권력을 행사할 수 있기 때문이다.[30] 1980년대에 브레턴우즈 체제가 종식되고 금융규제가 철폐된 이후 사람들이 저축한 돈이 연금펀드와 보험펀드를 통해 대규모로 주식시장에 몰려들던 때, 전 세계 기관 투자자들과 부자들의 자금이 이제는 자본 통제나 외국인 거래에 대한 제한이 없는 영국의 주식시장으로 몰려들었다. 따라서 하이먼 민스키 Hyman Minsky는 '우리는 경제활동을 결정하는 데 이러한 자금 풀이 가장 중요한 실체가 되는 자금관리자자본주의 money manager capitalism의 시대에 살고 있다'고 주장했다.[31]

자금관리자자본주의가 금융시장에만 영향을 미친 것은 아니다. 이는 경제 전반에 걸친 자금의 할당에 영향을 미침으로써 거의 모든 경제 행위자들의 활동에 영향을 미쳤는데, 가장 분명하게는 비금융기관의 본질을 바꿨다.[32] 기관 투자자들의 주요 목표는 투자 수익을 극대화하는 것으로 이를 통해 그들은 보수와 수수료를 받는다. 이러한 압박은 주식시장을 통해 기업에 전가된다. 다시 말해, 자금관리자가 보유한 자산 중 주식이 많은 부분을 차지하는 상황에서, 기업은 당장의 수익을 요구하는 주주들을 만족시켜야 하는 압박을 심하게 받는다는 것이다.[33] 때로는 기업이 이사회나 조직을 갖추지 않은 몇몇 주주들에 대한 책임을 지기보다는 자신의 자금을 볼모로 삼아 이것을 최대한 효율적으로 사용할 것을 요구하는 행동주의 투자자들의 압박에도 시달려야 한다. 기업 지배 구조corporate governance에서 이러한 변화는 주주 가치라는 새로운 이데올로기의 등장으로 강화되고 깊이 뿌리내리게 된다.

전체적으로 보면, 투자자의 권력이 커지고 이를 뒷받침하는 이데올로기가 등장해 비금융기관의 금융화에 이르게 되었다. 기업은 부유한 주주들을 위한 돼지저금통이 되어 갔다. 제너럴 일렉트릭의 CEO인 잭 웰치에 따르면, 이것이 주주 가치가 "세상에서 가장 멍청한 아이디어"가 되도록 했다는 것이다.[34] 그러나 힘 있는 자를 부유하게 해주는 다른 수많은 멍청한 아이디어와 마찬가지로, 주주 가치는 1980년대에 급격히 인기를 얻었고 특히 시티오브런던에서 가장 그랬다.

기업사냥꾼과 적대적 인수, 행동주의 투자자

일명 '로드 머니백스Lord Moneybags'라고도 불리는 핸슨 경 Lord Hanson은 여러 가지로 유명세를 떨쳤다.[35] 그는 오드리 헵번Audrey Hepburn과 약혼한 사이였고, 조안 콜린스Joan Collins와도 불륜관계에 있었다. 그리고 영국에서 가장 악명 높은 기업사냥꾼 중 한 명이기도 하다. 그가 새로운 경제에서 돈을 벌기는 했지만, 정확하게 말해서 미천한 집안 출신은 아니었다. 산업혁명기에 부를 축적한 집안에서 태어난 그는 1964년에 고든 화이트 경 Lord Gordon White과 함께 핸슨 트러스트 Hanson Trust를 설립하기 전까지, 부모에게서 자금을 지원받아 시작한 여러 차례의 벤처 사업에서 성공을 거두었다. 가장 잘나가던 시절, 핸슨 트러스트의 기업 가치는 110억 파운드에 달했다. 1980년대가 되면서, 핸슨 트러스트의 주식 가격은 FTSE100(런던 증권거래소에 상장된 주식 중 시가총액 순서대로 100개 기업의 주가를 지수화한 종합주가지수―옮긴이)의 나머지 주식과 비교해 370%나 뛰어난 실적을 기록했다. 마가렛 대처는 제임스 핸슨에게 영국 최고의 기업인이라면서 찬사를 보냈고, 이와는 전혀 상관없이 그는 기업가로 활동하면서 보수당 정치인들에게 수백만 파운드를 기부했다. 제임스 핸슨이 성공하게 된 계기는 그가 주주 가치라는 종교에 헌신했기 때문이었다. 대처 총리가 핸슨을 높이 평가한 것은 단순히 그가 보수당에 정치자금을 기부해서가 아니라 핸슨 트러스트를 새로운 경제의 미래라고 생각했기 때문이었다. 이 두 사람이 가깝게 지낸 사실은 대처 총리가 시티오브런던의 규제를 철폐했을 때 무엇을 하려고 했는지에 대해 많은 것을 시사한다.

핸슨 트러스트가 뛰어난 기업가의 새로운 아이디어나 해당 산업에 영구적으로 큰 변혁을 가할 새로운 혁신을 바탕으로 설립된 것은 아니었다. 그들의 유일한 목표는 '실적이 나쁜 자산'을 발굴하고 사드려 수익성이 높은 자산으로 만드는 것이었다. 1970년대 전반에 걸쳐서 이 거대기업은 실적이 나쁜 자산으로 보이는 몇몇 대기업의 주식을 매수하느라고 부채가 쌓이고 있었다. 채권자들에게 빚을 갚고 주주들에게 수익을 제공하는 데 사용할 현금을 확보하기 위해 자산을 매각하고 직원 수를 줄이기 전까지는 말이다. 핸슨 트러스트는 자산 수탈자asset stripper라는 용어가 널리 사용되기 전에도 이미 나쁜 평판을 얻고 있었다.

그러나 핸슨은 빅뱅이 발생하던 해에 제대로된 평판을 얻었다. 1986년 핸슨 트러스트가 임페리얼 토바코Imperial Tobacco를 25억 파운드에 매수했는데, 이것은 그해에만 진행했던 인수합병 활동의 총가치에서 15%에 해당하는 금액이었다. 그들은 당장 임페리얼 토바코의 자산 중 23억 파운드어치를 매각하고, 그 돈을 채권자와 주주에게 분배했다. 핸슨은 이 회사의 연금펀드로도 자산을 빼내려고 했지만, 신탁회사들이 용케도 인수가 완료되기 전날에 펀드를 폐쇄했다. 그래서 결국 그는 식품회사에서 양조회사, 여러 담배회사에 이르기까지 임페리얼 토바코의 자회사들을 대부분 매각했다. 핸슨은 50%의 이윤을 챙기고서 회사에서 손을 뗐다. 이는 인수를 바라보는 그의 태도를 가장 극단적으로 보여준다. 1980년 대와 1990년대에 핸슨 트러스트는 수십 개의 저평가된 기업을 인수하고는 항상 주주를 맨 앞에, 그다음에는 고객을 내세웠다. 노동자는 맨 마지막에 나왔다. 제임스 핸슨이 고용주가 되어 나타나면, 다음에 어떤 일이 일어날지 금방 알 수 있었다.

처음에는 핸슨 방식의 약탈이 생산적인 경제활동에 빌붙어 사는 기생충처럼 조롱의 대상이었다. 영국 언론은 그를 두고 '폐품 덩어리를 사서 화려하게 꾸민 다음 골동품이라고 속여 파는 사람'

에 비유하면서 맹비난했다. 〈더 이코노미스트The Economist〉는 핸슨을 '기업사냥꾼들의 제왕'이라고 부르면서 조금은 모호한 평가를 내렸다. 1991년 그가 영국의 유명 기업인 ICIImperial Chemical Industries를 인수하려고 했을 때, 어느 보수당 내각 각료가 비서와 잠자리를 한 것에 영국인들이 가질 만한 도덕적 분노에 직면했다.[36] 당시 ICI는 특히 연구개발부문에 투자를 많이 하는 세계적인 화학기업이었다. 핸슨이 ICI를 인수하면, 현재의 현금 흐름을 늘리고 그것을 기업의 장기적인 미래를 위해 투자하기보다는 주주에게 분배하는 것에 집중하는 식으로 이 회사를 철저히 약탈할 거라는 우려가 널리 퍼져 있었다. ICI 인수 계획은 정치적으로 극심한 반대에 부딪혀서 실패하고 말았다. 그러나 핸슨의 접근 방식은 이제는 일상적인 사업 관행이 되었다. 1990년대에는 기업이 그들의 이윤을 극대화할 때 경제가 모든 사람을 위해 더 잘 돌아간다는 주장이 더는 논쟁거리가 되지 않았다.

이러한 주장은 기업이 노동자와 소비자, 정부와 같은 다양한 이해관계자에 대한 책무를 갖는다는 경영이론 상식과는 어긋난다. 그러나 신자유주의의 등장으로 "기업의 사회적 책무는 이윤 증대에 있다."는 밀턴 프리드먼의 주장이 힘을 얻었다.[37] 이 주장은 자원의 희소성을 가정한다. 따라서 기업이 그들의 자원을 비생산적인 방식으로 사용하면 다른 사람들에게 돌아갈 자원의 양이 줄어들므로, 이윤을 극대화하지 않고 다른 방식으로 행동하면 낭비와 비효율성을 낳는다는 것이다.

여기서 주식 가격을 수익성의 대리변수로 사용하여, 기업의 유일한 목표가 주주 가치를 극대화하는 것이 되어야 한다는 주장으로 짧은 도약을 한다. 신고전파 경제이론에서는 주식시장의 효율성을 가정하기 때문에, 현재의 주식 가격이 기업의 장기적인 수익성을 정확하게 반영한다고 본다. 투자자들은 기업이 미래에 이윤을 얼마만큼 벌어들일 것인지, 또 그중 얼마만큼을 주주들에게 배당할 것인가를 예상하고서 투자 결정을 한다. 따라서 주주 가치에 대한 주장은 '기업의 유일한 목표는 이윤을 극대화하는 것'에서 출발해 '현재의 주식 가격을 끌어올리는 것이 이윤을 극대화하기 위한 최선의 방법'으로 나아간다.

그러나 이처럼 근사하고도 깔끔한 이야기는 인간의 행동에 대한 문제가 되는 가정은 두말할 것도 없고, 금융시장이 작동하는 방식에 관한 몇 가지 근본적인 오해에 근거한다. 우선, 기업의 현재 주식 가격이 항상 기업의 진정한 장기적 가치를 반영하는 것은 아니다. 케인스는 주식시장에서 다양한 주식의 가격이 주로 '미인대회'의 방식으로 결정된다고 처음 지적했던 사람 중 한 명이다. 다시 말해, 투자자들은 기업의 내부 사정에 관한 완전한 정보와 미래의 수익성에 관한 확실한 지식이 없는 상태에서 가장 아름답게 보이는 주식에 자금을 투자한다.[38] 우리는 아름다운 주식을 연봉을 많이 받는 축구선수처럼 생각할 수도 있다. 프로축구 구단이 새로운 선수를 영입할 때, 그 선수가 그만한 값어치를 할 것인가에 대해서는 확실히 알 수가 없다. 다만 구단은 선수가 과거에 보여준

실적과 시장 추세에 근거해 그 가격을 판단할 것이다.

마찬가지로 투자자가 시장이 호황기일 때 들어가면, 예를 들어 카릴리언Carillion PLC처럼 실적이 좋았던 주식을 보고는 사업 모델에 특별한 강점이 있는 것이 아닌데도 그 가치가 계속 상승할 것으로 기대하고 구매할 수도 있다. 이것은 가장 '아름다운' 주식이 투자를 더 많이 끌어들이고, 그 결과 가격이 상승해 이것을 먼저 구매하려는 투자자의 결정을 정당화하는 자기강화적 순환을 낳는다. 이것은 버블을 일으킬 수 있다. 다시 말해, 다른 사람이 특정 주식으로 많은 돈을 버는 것처럼 보이면, 그 주식의 가격은 이윤 그 자체가 아닌 이윤에 대한 사람들의 기대를 반영하기 때문에 모두가 그것을 구매하기 위해 몰려들게 된다.

그러나 신자유주의자들의 주장을 액면 그대로 받아들이면 중요한 사실을 놓치게 된다. 1980년대에 발생했던 경제의 구조조정은 경제가 더 잘 작동하게 만드는 것과는 거의 관련이 없었고, 모두 경제가 누구를 위해 작동하게 만드는 것과 관련 있었다. 주주 가치는 정확히 말해 권력을 가진 자에게 혜택이 되기 때문에, 대세가 되었다. 결과적으로 주주 가치는 순식간에 경영이론과 실제를 장악하고서, 경영자로 하여금 자본을 가진 자들을 위한 신뢰할 만한 직원으로 행동하도록 동기를 변화시킴으로써, 기업 지배 구조corporate governance를 변화시켰다.

주류 경제학의 주장과는 다르게, 기업의 정치적 구조조정은 사회의 희소자원을 사용하는 것에 관한 한 기업의 효율성을 저해

한다. 1970년대 후반에 젠센Jensen 교수와 매클링Meckling 교수는 기업을 소유한 사람과 경영하는 사람 사이에는 주인-대리인principal-agent problem 문제가 발생한다는 논문을 발표했다.[39] 여기서 대리인에 해당하는 경영자는 연봉을 최대한 많이 받으려는 동기를 갖고서, 장기적으로는 기업을 소유한 사람인 주주이자 주인의 이해관계에 부합하지 않더라도 자신의 권력을 강화하기 위해 세력 확대에 나선다. 이것은 주주들에 의해서 기업을 성공적으로 경영해 수익을 확대해야 하는 임무를 가지고 기술적으로 고용되지만, 젠센과 매클링에 따르면 자신의 부와 권력을 극대화하기 위해 자신의 지위를 활용할 가능성이 있는 경영자에게 이해관계의 상충을 낳는다. 이 세계관에 따르면, 부패하고 관료적인 경영자는 기업의 이윤을 감소시켜, 결국 모두를 위한 경제적 파이의 규모를 축소시킴으로써 자금을 낭비한다.

　　젠센은 나중에 가서 이 문제를 해결하는 방법은 경영자와 주주, 각각의 이해관계를 일치시키는 데 있다고 주장했다. 두 사람의 널리 알려진 논문인 〈CEO 인센티브: 그것은 당신이 얼마나 많이 지급하는가가 아니라 어떻게 지급하는가에 달려 있다CEO Incentives: It's Not How Much You Pay, But How〉에서는 CEO들에게 그들이 회사의 주식 가격에 미치는 영향을 반영하지 않은 임금을 지급하는 것은 이사회 이사들이 그들에게 관료처럼 행동하라고 장려하는 셈이라고 주장했다. 대신에 CEO들에게 주식 가격을 기준으로 보수를 지급하면 그들은 주주들에게 최선의 이익을 제공하고자 행동하려는 동기를 갖게 되고, 따라서 사회 전체를 위해서도 최선의 이익을 제공하게 된다는 것이다. 이들에 따르면 경영자는 기업의 소유자처럼 행동해야 한다. 다시 말해, 언제나 이윤을 무자비하게 추구해야 한다.

주주 가치라는 결함이 있는 이데올로기에 집착하면서, 영국 자본주의에는 몇 가지 문제가 깊이 뿌리내리게 되었다.[40] 예상하는 대로, 주주 가치 이데올로기는 기업에 이윤을 내부적으로 분배하지도 투자를 위해 사용하지도 말고, 주주들에게 분배하도록 장려한다. 이것은 장기적으로 수익성을 포기하고 단기적으로는 주식 가격의 상승을 촉진한다. 노동자에게 고용을 보장하지도 않고 적절한 임금을 지급하지도 않는다면, 고용주와 노동자 사이의 신뢰는 사라지고 생산성에 부정적인 영향을 미칠 수 있다.

윌리엄 라조닉William Lazonick은 주주 가치 이데올로기의 등장으로 기업을 경영하는 방식이라 할 기업 지배 구조의 철학에서 고용을 '보장하고 투자하는 것'에서 '인원을 축소하고 분배하는 것'으로의 변화가 일어났다고 주장한다. 다시 말해, 주주 가치 이데올로기는 기업의 이윤을 노동자에게서 기업 경영자와 주주에게로 재분배하는 메커니즘이 되었다. 어느 시사문제 해설자에 따르면, 이것이 "투자를 소홀히 하면서 눈앞의 일만 생각하는 태도의 만연과 자사주 매입의 유행, 경영진의 임금 급등, 자원을 부적당하게 할당하는 결과를 낳았다."[41] 또한 최근 〈더 이코노미스트〉는 "주주 가치 이데올로기가 투자 기피, 터무니없는 임금, 차입 경영의 만연, 무분별한 인수, 회계 부정, 자사주 매입의 대유행을 포함해 나쁜

행위를 허가해주는 면허가 되었다."고 주장했다.[42]

영국에서는 이러한 추세가 분명하게 나타난다. 재량적 현금 흐름discretionary cash flow으로 측정되는 기업이윤 중에서 주주에게 돌아가는 비율이 1987년에는 25%를 겨우 넘겼지만, 2014년에는 거의 50%에 달했다.[43] 기업은 이윤을 주주에게 분배할 뿐만 아니라 자사주를 매입해 주식 가격을 끌어올릴 수 있다. 잉글랜드은행이 보유한 2003년부터 2015년까지의 자사주 매입 데이터는 기업들이 거의 매년에 걸쳐 그들이 새롭게 발행하는 주식 수보다 더 많은 자사주를 매입한다는 것을 보여준다.[44] 기업이 자사의 주식 가격을 단기간에 끌어올리기 위한 또 다른 방법은 다른 회사를 매수해 기업을 단기간에 확장하는 것이다. 이것은 핸슨 경처럼 기업 사냥꾼들이 즐겨 쓰는 전략이다. 1998년부터 2005년까지 영국에서 진행된 인수합병 활동의 총가치는 GDP의 약 22%에 달했는데, 이 비율은 미국의 2배이며 독일과 프랑스와 비교하면 2배가 넘는다.[45] 주주들이 기업의 의사결정의 중심에서 굳건하게 자리를 잡고 주식 가격에 근거해 경영자에게 보수가 지급되면서 장기적인 투자는 감소했다. 영국 기업의 고정자산에 대한 투자는 1987년 기업 가처분소득의 약 70%에서 2008년 40%로 감소했다.[46]

인원을 축소하고 분배하는 모델을 추구하던 기업들은 때로는 이를 위해 자금을 차입하기도 했다.[47] 행동주의 투자자들은 기업의 규모가 큰 부문을 매각하고 여기서 나온 자금을 가지고 채권 소유자들에게 부채를 상환하기 전에, '차입 매수'라고 알려진 방법을 동원해 기존 주주들의 주식을 매수하기 위해 '정크 본드junk bond(수익률이 아주 높지만 위험률도 큰 채권—옮긴이)'를 발행한다. 이것은 금융자본주의의 위계질서가 선명하게 드러나게 한다. 가장 높은 곳에는 채권자가 있고, 그다음에는 주주, 가장 아래에는 노동자가 있다. 기업은 금융 주도 성장의 논리에 따라 영업한다. 다시 말하자면, 주주에게 수익을 분배하고 투자와 새로운 인수를 위한 자금을 차입해 조달한다. 기업 전체로 보면, 미지급 부채총액이 1979년 GDP의 25%였던 것이 2008년에는 101%로 증가했다.[48] 이윤에 대한 비율로 보면, 이것은 영국 기업이 매년 벌어들이는 이윤보다 6.5배가 더 많은 부채를 지고 있고 글로벌 노스 중 부채를 가장 많이 지고 있다는 뜻이다.[49]

기업은 투자가 감소하고 부채가 증가할 뿐만 아니라 직원에게 지급하는 임금을 줄이고 고용 조건도 불안정하게 했다. 1980년대에 CEO가 받는 임금은 일반 직원이 받는 임금보다 20배가 더 많았지만, 2014년에는 149배가 더 많았다.[50] 이것은 소득불평등을 낳았다. 영국의 지니계수GINI coefficient(소득불평등에 관한 지표로서 0에 가까울수록 평등하고, 1에 가까울수록 불평등함)는 1980년대 초에 0.26에서 1990년대 초에 0.34로 증가했다. 실제로 노동자가 생산하는 생산물의 가치를 의미하는 생산성과 노동자가 받는 임금이 다년간에 걸쳐 따로 움직이는 경향이 있었다. 우리는 경제의 총소득을 노동자가 임금의 형태로 받는 소득과 고용주가 이윤의 형태로 받는 소득으로 나눠볼 수 있다. 노동조합회의Trades Union

Congress, TUC(영국의 여러 산업별 노동조합들이 소속되어 있는 단체—옮긴이)가 집계한 바에 따르면, 국민소득에서 임금이 차지하는 비중이 1970년대 중반에 64%로 최고점을 찍었다가 2007년에는 54%로 하락한 것으로 나타났다.[51]

국민소득 중 이윤이 차지하는 몫에서 이자 지급액의 증가는 '지대추구자의 몫'을 증가시켰다. 경제적 지대는 희소자원과 여기에 더해 이것을 재생산하는 데 필요한 자원을 소유한 것에서 나오는 소득이다. 건물주가 건물을 개선하지도 않고서 세입자가 납부하는 임차료를 인상하면, 새로운 것을 전혀 생산하지 않고도 세입자에게서 더 많은 소득을 뽑아내는 것이다. 이런 의미에서, 경제적 지대는 비대칭적인 권력에 바탕을 두고서 어느 한 집단에서 다른 집단으로 소득이 옮겨가는 비생산적인 이전이라 할 수 있다. 경제적 지대를 뽑아내기 위한 권력은 대체로 특정 생산요소의 독점적 소유권에 근거한다. 건물주에게 납부하는 건물 임차료와 여기에 더해 건물을 유지하는 데 필요한 금액은 특정 위치에 있는 건물에 대한 건물주의 독점적 소유권에서 나오는 경제적 지대이다. 은행은 자금대출에 대한 독점적, 더욱 흔하게는 과점적 통제권을 가지고 있기 때문에, 이자를 부과하고 여기에 더해 대출에 따르는 위험을 감수하는 것에 대한 보상을 요구할 수 있다. 독점기업은 소비자에게 비싼 가격을 부과해 독점지대를 뽑아낼 수 있다. 그리고 기업은 원유나 다이아몬드와 같은 특정 자원에 대한 통제권으로부터 상품지대를 창출할 수 있다. 아마도 금융화된 경제에서 경제적 지대의 가장 흔한 원천은 건물임차료와 금융지대일 것이다. 경제적 지대를 받는 쪽에 있는 사람을 '지대추구자'라고 한다. 케인스는 지대추구자를 '소득을 창출하기 위해 자본의 희소가치를 이용하는 것 외에는 아무런 역할을 하지 않는 투자자'라고 규정하면서, "그들을 안락사시켜야 한다."고 주장했다.

2005년에 제럴드 엡스타인Gerald Epstein이 OECD 국가를 대상으로 국민소득 중 지대추구자가 가져가는 몫이 얼마나 되는지를 처음으로 측정했다. 엡스타인은 금융지대를 상당히 좁은 의미로 해석해 '금융기업의 소유자가 받아가는 소득'에 더해 금융자산 보유자의 수익으로 정의했다. 그는 금융업자가 대출과 투자에 대한 통제권에서 창출할 수 있는 수익을 포착하는 금융지대에 대한 칼레츠키의 정의를 기반으로 했다. 엡스타인은 영국에서 지대추구자의 몫이 1970년 GDP의 5%에서 1990년에는 거의 15%로 증가한 것을 보여주었다. 미국에서도 비슷한 추세가 나타났는데, 지대추구자의 몫이 1970년 GDP의 약 20%에서 1990년에는 40%를 상회했다. 그리고 대부분의 다른 선진국들도 비슷한 추세를 보여주었다. 따라서 이윤이 차지하는 몫이 전체적으로 증가했지만, 그 안에서 지대추구자의 몫도 증가했다. 이것은 주로 1980년대에 기업과 가계의 부채가 급격하게 증가한 이후 이자 지급액이 증가한 것에서 기인한다. 케인스가 지대추구자를 안락사시켜야 한다고 주장하게 된 이유는 자본 소유자에게 흘러 들어가는 지대가 수요를 위축시키는 작용을 하기 때문이다. 기업이 지급하는 이자는 투자에 사용되지 않는 자금에 해당한다. 또한 경제적 지대는 남아도는 소득을 소비하지 않는 부자의 호주머니 속으로 들어간다. 이것은 불평등과 두 대전 사이에 생생하게 드러났던 금융 불안정을 심화시키는 한 가지 주요 원인으로도 작용했다. 1980년대 이후로 지대추구자의 몫이 증가한 것이 또다시 생산적인 경제활동을 위축시키는 작용을 하기 시작했다.

1980년대에 이러한 문제들이 명백하게 드러났지만, 영국에서는 주주 가치 이데올로기에 제약을 가하려는 시도는 없었다. 아마도 이것이 사회에서 가장 부유하고 힘 있는 사람들에게 혜택이 되기 때문이었을 것이다. 미국의 규제기관들은 그들이 뜻하지 않은 재앙을 초래하게 될 판도라의 상자를 열었다는 사실을 깨닫고는 기업사냥을 불법화하는 것으로 이 상자를 다시 닫으려고 했다. 한편, 미국에서는 기업이 적대적 인수로부터 자신을 지키기 위한 독창적이고도 새로운 방법을 개발하고 있었다. 기업은 기존 주주들이 적대적 입찰자가 다수의 지분을 차지하지 못하도록 자신이 보유한 주식의 가치를 저하시키는 '포이즌 필poison pill(적대적 인수 시도가 있을 때 이사회의 의결만으로 신주를 발행해, 적대적 인수를 시도하는 세력 외의 모든 주주에게 시가의 절반 이하 가격에 인수권을 부여함으로써 적대적 인수를 저지하는 방어장치—옮긴이)' 전략을 취할 수 있다. 예를 들어, 그들은 다른 의결권을 가진 주식을 발행하거나 적대적 입찰자가 목표로 하는 주식을 매입해줄 백기사White Knight(기업 매수의 위기에 있는 회사를 구제하기 위해 나선 개인이나 조직―옮긴이)와 같은 비적대적 입찰자를 찾아나설 수도 있다. 그러나 영국에서는 주식시장의 붕괴가 기업사냥 문화를 꺾는 데 아무런 역할을 하지 않았다. 실제로 대처 총리와 같은 정치인들은 주주 가치 이데올로기를 적극적으로 장려했다. 악명이 높았던 시티 코드 City Code(City Code on Takeovers and Mergers의 줄임말로 영국의 기업 인수 및 합병 규정을 의미한다―옮긴이)는 세계에서 기업 인수에 가장 관대한 체제를 탄생시켰다.[52] 이것은 앞에서 설명했던 방어 수단들을 사용하지 못하게 함으로써, 모든 주주들을 동등하게 대우하고 경영진이 주주들이 결의하는 기업 인수를 방해하지 못하게 하는 것이었다. 즉, 시티 코드는 기업사냥꾼과 행동주의 투자자, 그 외 주주 가치 이데올로기의 집행자 역할을 하는 유동주주의 권력을 제도화하였다.

대처 총리와 그녀의 동지라 할 몽펠르랭 소사이어티 회원의 입장에서 보면, 핸슨처럼 기업의 요새 속으로 쳐들어가 기업자금을 주주의 이익을 위해 투자하지 않고 자신을 위해 쌓아둔 경영자의 기득권에 도전하는 기업사냥꾼들이 영웅이라 할 수 있다. 대처 총리시대의 빅뱅과 시티 코드의 개발은 기업사냥꾼들이 임페리얼토바코와 같은 기존의 대기업을 대대적으로 '개편'할 수 있게 했다. 이러한 개편이 끝나면, 핸슨 같은 기업사냥꾼이 이제는 더 필요하지 않게 된다. 한편 〈더 이코노미스트〉는 핸슨의 사망 기사에서 그의 회사가 주주 가치 극대화에 집중한 것이 '표준적인 사업 관행'이 되었다고 썼다.

인원 축소와 분배에서
합병과 독점으로

주주 가치의 추구는 많은 기업을 단기적으로는 이윤을 얻게 했지만, 장기적으로는 낮은 투자율과 높은 부채율, 그리고 임금이 차지하는 비중의 감소가 이윤을 감소시킬 것이다. 기업이 공장 혹은 기술과 같은 새로운 자산에 투자하지 않는다면, 그들이 생산하는 제품들에 대해 증가하는 수요를 제대로 활용할 수는 없을 것이다. 지금 빌린 자금을 생산적인 투자에 사용하지 않으면, 미래의 이윤을 희생시키는 결과를 낳는다. 그리고 노동자에게 일률적으로 예전보다 낮은 임금을 지급하면, 제품과 서비스에 대한 전체적인 수요가 감소한다. 불평등이 심화되면서, 소득이 낮은 사람은 자신의 소득에서 제품과 서비스에 지출하는 비중이 더 높아지고 부자는 저축이 차지하는 비중이 더 높아지기 때문에, 결국 수요 부족이 심화된다. 그다음에는 수요 부족이 기업의 투자 부족을 낳아 미래의 이윤이 감소하고, 결과적으로 임금과 고용이 감소한다. 그러나 우리는 이러한 낮은 투자, 낮은 임금, 낮은 수요라는 파멸의 고리 대신, 기업 이윤이 평균적으로 증가하는 것을 보게 된다. 도대체 무슨 일이 일어나는 걸까?

잭 웰치가 지적했듯이, 1980년대의 기업사냥꾼들이 해석하는 주주 가치는 세상에서 가장 멍청한 아이디어였다. 투자를 줄이고 부채가 쌓이고 주주에게 자금을 분배하는 기업은 대다수가 오래가지 못했다. 이들은 1980년대 이후에 일어난 인수합병의 물결 속에서 자기보다 더 큰 기업에 매수되었다. 주주 가치를 옹호하면서 가장 성공한 기업들은 인원 축소나 분배에 적극적인 기업은 아니었다. 그들은 소수의 합병을 전문으로 하는 규모가 큰 기업과 독점기업이었다. 기업은 경쟁, 행동주의 투자자, 심지어는 세금과 규제의 압박으로부터 자유로운 독점기업을 설립하는 식으로 금융 주도 성장이 주는 압박에 적응하는 법을 배웠다. 실제로 이러한 기업 중 상당수가 규모가 크고 많은 자금을 보유하고 있어서, 부채가 쌓이기보다는 다른 기업에 자금을 빌려주면서 사실상 은행처럼 행동할 수 있었다.[53] 아마도 이처럼 독점기업과 과점기업의 수가 크게 증가하는 것은 주주 가치 이데올로기와 여기서 비롯되는 기업사냥 문화가 남긴 가장 큰 후유증일 것이다.[54]

소수의 대기업이 세계 경제를 지배하고 독점기업으로 행동하면서 세금은 납부하지 않고 수익성을 극대화하기 때문에, 투자와 이윤의 거시경제적 연관성이 단절되었다. 분명히 이런 기업들은 인원 '축소와 분배'의 성장 모델을 채택하지 않았고, 오히려 '합병과 독점'의 모델을 채택했다. 독점기업은 독점지대로부터 혜택을 얻을 수 있어서 수익성이 상당히 높다. 즉, 그들은 소비자와 다른 기업에 경쟁시장에서 부과할 수 있는 것보다 더 많은 금액을 부과할 수 있다. 결과적으로 소비자와 다른 기업을 희생해 독점기업의 이윤이 증가한다. 게다가 이런 거대기업은 이윤을 생산적인 투자를 위해 재활용하지 않으면서 다음과 같은 두 개의 서로 연관된 전략을 채택하는데, 그 어느 것도 경제 성장에 도움이 되지 않는다. 첫째, 그들은 자신의 독점적 지위를 강화하기 위해 다른 기업을 매수하고 이 기업이 과거에 투자했던 것에서 혜택을 얻는다. 둘째, 그들은 주요 시장의 독점으로 얻은 이윤을 금융시장에 투자한다. 다시 말해, 그들 스스로 금융업자처럼 행동한다.

지난 수십 년에 걸친 기업 인수합병 활동을 살펴봄으로써 첫번째 추세를 확인할 수 있다. 세계 인수합병 활동은 2018년 전반기 거래량이 이전 해에 비해 65% 증가해 기록을 작성한 이래 최고치를 남겼다.[55] 이것은 인수합병 활동이 지난 40년에 걸쳐 계속 증가함으로써 나온 결과이다. 어느 업계의 단체에 따르면, 1985년부터 1989년 사이에 인수합병 활동의 금전적 가치가 2배 증가했고, 1989년부터 1999년 사이에는 5배가 증가했다. 인수합병과 독점 행위가 더 많이 발생할수록, 독점기업은 예전보다 더욱 강력한 힘을 갖게 된다. 시장 점유율이 높아지면, 수익성이 증가하고 이것은 훨씬 더 큰 규모의 인수합병 활동을 용이하게 해줘 역사상 가장 큰 규모의 글로벌 독점기업이 등장하게 하는 자기강화적 순환을 낳는다.

두 번째 추세는 이 기업들이 금융시장에 투자한다는 것이다. 기업은 생산을 제한하고 수익을 금융시장에 투자하는 것이 수익성이 더 높다는 사실을 알기 때문에, 독점은 고정자본 투자에 영향을 미친다.[56] 그들은 많은 자금을 주주에게 분배하지만, 그렇게 하더라도 쌓아둔 현금이 바닥나지는 않는다. 그 대신에, 그들은 수익을 다른 자산에 재투자하는데, 그렇게 하는 기업은 금융화의 전개에 중요한 역할을 했던 기관 투자자와 비슷한 역할을 하게 된다.[57] 1980년대 이후로 기업의 금융자산 보유고가 얼마나 증가했는지를 살펴보면 그 추세를 확인할 수 있다. 금융자산에는 대여금, 주식, 채권과 같은 자산뿐만 아니라 은행 예금과 내부에 쌓아둔 현금도 포함된다. 오늘날 영국의 비금융기관이 보유한 금융자산은 GDP의 1.2배에 달한다(2018년 기준).[58] 글로벌 독점기업의 본사가 주로 있는 미국의 경우에는 이러한 추세가 훨씬 더 극명하게 드러난다.

이것은 OECD 국가들에서도 나타나지만, 영국의 경우에는 기업이 채무증권debt security(채무상의 권리가 부여된 채권으로, 회사에서 발행한 사채를 보유하는 것을 의미한다. 채무증권은 회사의 부채에 투자한다는 점이 특징이라 이자수익이 발생한다—옮긴이)과 은행 예금을 유럽의 다른 기업보다 더 많이 보유한다는 점에서 독특하다.[59] 이러한 의미에서 영국에 본사가 있는 상당수의 기업이 헤지펀드 혹은 투자은행과 아주 흡사하게 행동한다. 그들은 이윤을 증가하려는 목적으로 회사자금을 다른 기업이나 은행에 빌려준다. 2002년 이후로 영국 기업들은 실제로는 순저축자들이다(저축을 지출하지 않는 것이라고 생각해보라. 그러면 금융 투자와 은행 예금 모두가 '저축'으로 집계된다). 지금은 엄청나게 많이 쌓아둔 기업자금이 규모가 큰 기관 투자자의 현금이 되어 사회의 자원 할당을 결정하는 데 중요한 역할을 하고 있다.

'인원 축소와 분배' 모델과 '합병과 독점' 모델의 결과는 서로 다르지 않다. 부자에게 더 많은 돈이 흘러 들어간다. 오늘날 기업 구조와 기업 지배 구조는 노동자에게 보수를 지급하거나 장기적인 생산에 투자하는 것보다 주주에게 지급하는 것을 우선시함으로써 부와 소득의 불평등을 심화시키는 데 일조했다. 글로벌 독점 기업은 현금을 비축해 금융시장에 투자하고, 세금을 납부하지 않고, 소비자에게 제품과 서비스에 대해 비싼 가격을 부과하고, 노동자를 부당하게 대우함으로써 사회에 전면 공격을 시작했다. 이런 기업들은 그 규모가 커지면서 이들을 규제해야 할 국민국가보다 더욱 강력해지고 있다.

그러나 이러한 변화가 단순히 대처 총리가 시티오브런던에 대한 규제를 철폐했기 때문에 혹은 기업이 주주 가치 극대화가 그들에게 이익이 될 것이라는 집단적 의사결정을 갑자기 했기 때문에 발생한 것은 아니었다. 영국에서 기업 문화의 변화는 세계 경제에서 나타나는 더욱 광범위한 변화를 반영한다. 이런 의미에서, 변화가 경제가 돌아가는 데 여러 가지 심각한 문제를 발생시키기는 했지만, 주주 가치 이데올로기의 등장을 자본주의적 축적의 순수한 형태를 변질시키는 것으로 생각하는 것은 전혀 타당하지 않다. 지금 기업이 노동자가 아니라 주주의 이해관계를 위해 움직이는 것은 1980년대에 주주의 권력이 노동자와 비교해 급격하게 증대되었고, 그 권력이 새로운 제도와 이데올로기 속으로 깊이 스며들면서 자리를 굳혔기 때문이다.

그러나 주주 권력의 강화 그 자체는 전체 스토리의 절반만 설명할 뿐이다. 주주는 기업 지배 구조에서 지금보다는 예전에 훨씬 더 중심에 있었던 노동자의 희생을 바탕으로 권력을 획득했다. 강력한 노동조합이 주주에서 노동자에게로 권력을 재분배하려고 한다면 격렬한 저항에 부딪힐 것이다. 주주의 이해관계를 증진하려면 노동자를 대상으로 공격을 가해야 한다. 그리고 1970년대와 1980년대에 노동자를 대상으로 공격을 가하기 위한 가장 좋은 방법은 노동조합을 분쇄하는 것이었다.

3장

집을
사 먹으면 된다:

가계의 금융화

원서에 쓰인 이 장의 제목은 'Let them eat houses'로 이 표현은 프랑스의 한 공주가 백성들에게 했던 말인 "Qu'ils mangent de la brioche!(브리오슈를 먹게 하세요!)"의 영어 번역인 "Let them eat cake!(케이크를 먹게 하세요!)"에서 나온 말이다. '브리오슈'는 프랑스의 고급 빵으로, 백성들이 먹을 빵이 없단 소식을 들은 공주가 그들의 가난과 굶주림을 전혀 이해하지 못하고, 단순히 물자 공급의 부족으로 여기는 어리석은 모습을 보여주고 있다.

노동자가 집을 가지면, 재산권을 지키려고 하는 보수적인 사람으로 변한다.

−전 브라질 국영 주택은행 총재 산드라 카발칸티Sandra Cavalcanti

제롬 로저스Jerome Rogers가 시티스프린트에서 배달원으로 일하기 시작한 것은 19살 때의 일이다. 그는 이 일을 처음 시작할 때, 매달 1,500파운드까지 벌 수 있다는 말을 들었다. 여기서 '까지'라는 말은 그가 정직원이 아니기 때문에 나온 것이다. 그는 아르바이트로 그 일을 시작했고, 자기가 직접 배달을 예약하고 건당으로 보수를 받기로 되어 있었다. 심지어 시티스프린트의 유니폼값까지 지불해야 했다. 몇 주일을 근무하고 나서 제롬은 오토바이가 고장 나면서 어려움에 처했다. 중고 오토바이를 사려고 가게에 들른 가게에서 그는 신형 오토바이를 무이자 할부로 구매할 수 있다는 판매원의 말을 들었다. 제롬에게는 더 이상의 설득이 필요 없었다. 그는 오토바이값을 분할상환하고 각종 경비를 제하면 그럭저럭 살아가는 데 필요한 생활비를 겨우 맞출 수 있겠다고 생각했다.

그러나 몇 주가 지나 또다시 나쁜 소식을 접하게 된다. 버스차선에서 오토바이를 타고 가다가 캠던 의회 Camden Council로부터 65파운드의 과태료를 부과받았던 것이다. 그는 돈을 긁어모아 과태료를 겨우 납부할 수 있었지만, 일주일이 지나서 또다시 과태료를 부과받았다. 이제 그는 어찌할 방법이 없었다. 결국 대다수가 그렇듯, 그 주에 과태료를 납부할 돈을 벌 수 있을 것이라 생각하고 통지서를 잠시 묵혀두었다. 그만한 돈을 거의 모아갈 때 즈음, 의회 집행관에게서 독촉장을 받았다. 그들은 제롬에게 과태료가 연체되면 두 배를 납부해야 하고, 안 내면 계속 두 배씩 증액될 것이라고 통지했다. 제롬이 캠던 의회에 1,000파운드에 달하는 빚을 지기까지 그리 오랜 시간이 걸리지 않았다. 이제 절망의 늪에 빠져든 그는 빚을 갚으려고 금리가 매우 높은 단기 대출을 받았다. 이렇게 되면서, 그는 매주 시티스프린트에서 버는 돈보다 각종 경비와 부채 상환에 더 많은 돈을 써야 했다. 며칠이 지나서 집행관이 다시 와서는 제롬의 400파운드짜리 오토바이에 쇠사슬을 채웠다. 다음 날, 제롬의 형은 어린 시절 둘이서 자주 놀던 숲속에서 그의 시신을 발견한다. 19살이던 제롬은 정신병력이 없는데도 불구하고 빚에 시달린 나머지 스스로 생을 마감하기로 결정한 것이다.

최근 BBC에서 방송한 〈부채로 생을 마감하다Killed By My Debt〉라는 제목의 다큐멘터리에 나오는 제롬의 스토리는 그리 특별하지 않다. 최근 통계 조사에 따르면, 2018년 2월까지 12개월 이상 긱경제gig economy(그때그때 임시직을 섭외해 일을 맡기는 경제 형태. 1920년대 미국 재즈공연장에서 필요에 따라 연주자를 단기로 섭외하던 방식을 의미하는 gig에서 유래했다—옮긴이)에서 활동한 사람이 약 300만 명에 달하고, 이들 중 대다수가 18~37세 사이다.[1] 같은 조사에서는 긱경제에서 일하는 사람 중 25%가 시간당 7.5파운드 이하를 버는 것으로 나타났다(이 조사에는 각종 경비가 집계되어 있지 않았다). 또한 조사 대상자 중 많은 사람이 생계를 겨우 꾸려가기 위해 여러 곳에서 일을 하는 것으로 나타났다. 제롬처럼 다양한 형태의 무담보부채에 의존하는 것은 현대 경제의 특징이라 할 수 있다. 1979년부터 2007년 사이에 가계부채가 엄청나게 증가해, 2007년에는 가계 가처분소득의 145%에 달했다.[2] 경제 붕괴 이후로 상황은 개선되지 않았다. 그리고 (주택과 같은 자산이 담보가 되지 않는) 무담보 가계부채가 지금은 사상 최고 수준에 이르렀다.[3] 이것은 나폴레옹전쟁 이후로 가장 오랫동안 지속된 임금 정체와 함께 일어났다.[4]

기업의 금융화는 대처 총리가 이에 가장 심하게 저항하는 노동조합을 탄압하지 않았더라면 진행될 수 없었을 것이다. 그녀가 노동조합을 신속하고 맹렬하게 탄압해 영국 노동조합에 지워지지 않는 상처를 남겼고, 이에 따라 기업은 이윤을 주주에게 분배하고 그 과정에서 경쟁기업을 인수하고 합병하면서 임금을 인하할 수 있었다. 임금 인하와 이윤 증가, 독점기업의 성장은 1930년대에 케인스가 확인했던 것과 똑같은 문제인 부자에게 너무 많은 돈이 흘러 들어가는 문제를 일으킬 것으로 보였다. 금융 주도 성장의 설계자들은 고용주가 보기에는 노동자에게 너무 많은 권력이 주어지는 케인스의 접근 방식을 채택하지 않고서, 이와는 다른 모델이라 할 사유화된 케인스주의privatized Keynsianism를 채택했다.[5] 정부 지출 대신 부채가 수요를 뒷받침했고, 따라서 강력한 노동자 계급을 대신해 부채에 허덕이는 개별화된 소비자 계급이 등장했다.

부채를 기반으로 하는 성장은 세계적인 수준에서 전개되었다. 브레턴우즈 체제의 종말은 국가가 이제는 더는 통화량을 조절하는 방식으로 환율을 조정할 수 없다는 것을 의미했다.[6] 이것은 통화의 특징에서 발생하는 근본적인 변화를 보여주었다. 이제 통화는 금이나 그 밖의 상품과 연동되지 않고 오로지 국가의 권력에 바탕을 두었다. 강력한 국가는 은행 시스템에 대한 규제를 마음대로 철폐할 수 있고, 신용의 형태로 넓은 의미의 통화 공급량을 증가시킬 수 있다.[7] 또한 자본 이동에 대한 통제가 철폐된 것은 새로운 통화가 모두 세계를 무대로 자유롭게 이동할 수 있고, 투자자가 원하는 어디에서든지 자산을 구매할 수 있다는 것을 의미했다.

영국에서의 가계부채 대부분은 공공주택의 사유화정책이 추진된 이후 가계가 이러한 주택을 구매한 데서 비롯되었다. 이때 공공주택이 매각되고 나서 신규 공급으로 대체되지는 않았다. 주택 시장으로 몰려드는 자금이 주택 공급의 증가보다 더 빠른 속도로 증가했고, 이에 따라 주택 가격이 급등하기 시작했다.[8] 새롭게 등장한 자산소유자들은 자본 이득 capital gain의 형태로 횡재한 사람들이었다. 새롭게 등장한 주택 소유자들은, 생활 수준을 유지하게 해주는 임금 인상이 아니라 주택 가격 상승에 힘입어, 자신의 물질적 이해관계를 임금 소득자가 아니라 자산 소유자의 것에 일치시키고 현재의 상황이 계속 유지되기를 바랐다.

　이 시스템은 비록 영국에서 시작되지는 않았지만 앵글로아메리카에서 열렬히 추구하던 금융 주도 성장에서 비롯된 위기인 2008년 금융 위기로 붕괴되었다.[9] 경제 붕괴 이전으로 되돌아갈 수는 없었다. 위기 이전의 경제는 개인부채가 반복되지만 지속이 불가능했고, 운이 좋게도 게임에 뛰어들어 자산을 매입한 사람이 큰 부자가 되게 했던 버블경제였다. 호황으로 수익이 창출되었고, 국가는 이에 대해 세금을 부과해 금융 주도 성장 모델이 낳은 불평등 완화에 돈을 썼다. 그러나 버블이 걷히면서 축적된 부의 대부분이 사라졌고 국가와 가계는 상환 불가능한 부채를 떠맡아야 했다. 이제 경제 성장이 둔화되고 임금이 정체되면서 개인부채가 계속 증가할 수는 없다. 이러한 수렁에서 빠져나오는 유일한 방법은 과거의 부채를 탕감하는 것이다. 그러나 정치권이 채무자가 아니라 채권자의 편을 드는 한, 그런 일은 일어나지 않을 것이다.

내부의 적

1984년 6월 18일, 파업을 벌이던 광부 5,000명이 브리티시철
강회사British Steel Corporation 코우크스 공장으로 가는 석탄 배달을 중단
시키기 위해 사우스요크셔 지역의 오그리브를 향해 달려가고 있
었다.[10] 그들 앞에는 6,000명의 경찰이 대치하고 있었고, 이들 중
다수가 말을 타고 있었다. 이후로 벌어진 전투는 영국 역사상 가장
폭력적인 산업분쟁으로 기록되었다. 이전까지는 시위대를 당해내
지 못했던 경찰이 이번에는 시위를 완전히 끝장내기 위한 전쟁을
치른다는 기분으로 오그리브로 왔다. 경찰서장은 시위대를 근처
의 들판으로 유인하고는 그들을 향한 기병돌격을 지시했다. 이후
로도 돌격은 계속되었다. 최후의 맹공을 가할 때에는 경찰관들이
기병 뒤에서 돌격하면서 광부들을 곤봉으로 두들겨 패기 시작했
다. 몇 시간이 지나서, 얼마 남지 않은 광부들을 향해 또다시 돌격
했다. 이번에는 들판을 벗어난 곳에서 진행되었다. 이제는 이성을
잃은 경찰관들이 테라스식 주택이 늘어서 있는 거리에서 피켓시
위대와 구경꾼들을 똑같이 취급하고서 이들을 향해 돌격했다.

경찰 측에서 과잉진압을 한 것이 분명했지만, 거의 100명에
달하는 광부들이 이번 시위와 관련해 다양한 범죄 혐의로 기소되
었다. 이들 중 71명은 무기징역에 처해졌다. 이들은 독립경찰민원
위원회Independent Police Complaints Commission가 '경찰이 시위대의 폭력행
위를 과장했고, 기소를 목적으로 위증죄를 범했을 뿐만 아니라 공

권력을 지나치게 행사했다'는 결론을 내린 이후로 석방되었다. 힐즈버러 참사Hillsborough disaster(1989년 4월 15일 잉글랜드 셰필드에 있는 힐즈버러 스타디움에서 리버풀 FC와 노팅엄 포리스트 FC 간의 FA컵 준결승전이 열렸는데, 좁은 공간에 너무 많은 팬이 몰려들면서 96명이 압사한 사건이다. 참사의 원인이 팬들을 한 곳으로 무리하게 입장시킨 경찰에게 과실에 있는가의 여부를 두고서 오랜 세월에 걸친 법정 공방이 이어졌는데, 당시 언론은 철저하게 경찰 편을 들면서 참사의 원인이 질서를 지키지 않은 축구 팬들에게 있는 것으로 보도했다—옮긴이)의 기분 나쁜 전조가 되기라도 하듯이, 광부들은 언론의 심판에도 직면했다. 언론은 그들을 법질서를 허무는 폭력배로 묘사했다. 광부 측 변호인 중 한 사람은 이렇게 주장했다. "이런 언론의 탈선행위는 이번 세기에 영국 언론이 저질렀던 조작질 중 최악의 사례에 해당합니다!" 우리에게 오그리브 전투라고 알려진 이번 사건은 지금까지도 영국 경찰에 커다란 오점으로 남아 있다.

오그리브 전투는 1984년부터 1985년 사이에 대처 총리의 탄광폐쇄 계획에 반대하기 위해 모여든 광부들의 시위 과정에서 일어난 가장 심한 유혈사태였다. 당시에 광부들은 비록 몰랐지만, 대처 총리가 탄광을 폐쇄하기로 한 결정은 광부와 정부 사이의 충돌을 일으키려고 의도적으로 계획된 것이었다. 사실 그녀는 총리에 취임할 때부터 충돌을 준비하고 있었다. 리들리 플랜Ridley Plan은 이 계획의 창시자인 보수당 우파 하원의원 니콜라스 리들리Nicholas Ridley의 이름을 딴 것으로 (1977년에 작성되어 1978년에 언론에 누설되었는데) '차기 보수당 정부의 적들'이 가해오는 '정치적 위협'에 대처하기 위한 전략을 설계한 것이다.[11] 이것은 보수당이 전국적인 파업이 일어날 경우, 주요 노동조합에 완전한 패배를 안기기 위한 방안을 자세하게 서술한, 철저하게 준비된 전투 계획이었다. 우선 보수당 정부는 탄광 폐쇄를 선언하기 전에 몇 개월에 걸쳐서 석탄을 비축하고 수입할 계획을 수립했다. 이 계획에 따르면, 파업의 시작과 함께 세력 크기순으로 노동조합의 명단을 작성하고, 가장 호전적인 노동조합 순으로 하나씩 공격한다. 여기에는 파업에 참가한 자들의 뒤를 쫓아서 실업수당을 받지 못하게 하는 것까지도 포함되어 있었다. 리들리는 이러한 조치가 분명히 여러 차례에 걸친 분쟁을 촉발할 것으로 예상하고는 보수당 정부가 여기에 대비해 경찰의 전투 능력을 크게 신장시키고 최신 시위진압용 장비를 갖춰 군사훈련 급으로 트레이닝시켜야 한다고 주장했다.

리들리 플랜은 거의 정확하게 추진되었다. 대처 총리는 1983년부터 석탄 생산을 급격하게 확대해 6개월분의 석탄을 비축했다. 어떤 광부는 그 시절을 회상하면서 정부가 파업이 일어나기 전에 광부들이 스스로 '자기 무덤을 파게 하는 작업'을 얼마나 효율적으로 진행했는지를 설명했다.[12] 정부는 탄광 폐쇄라는 잔인한 계획을 선언하면서, 영국 석탄산업의 효율성 증진을 위해 전국광산노동조합National Union of Mineworkers 위원장 아서 스카길Arthur Scargill이 '양키철강도살자Yankee steel butcher'라고 불렀던 미국의 억만장자 기업인 이언 맥그리거Ian Macgregor를 데려왔다. 영국 전역의 탄광에서 파업이 개별적으로 일어나기 시작했고, 1984년 3월에는 스카길이 전국의 광부들에게 파업에 동참할 것을 요구했다. 이제부터 리들리 플랜이 진가를 발휘하기 시작한다. 대처 총리가 보강한 새로운 기동경찰대는 무자비하기 이를 데가 없었다. 아마도 오그리브가 가장 유명한 격전지였지만, 영국 전역에서 수많은 소규모 충돌이 일어나 수백 명이 부상을 당하고 수천 명이 연행되었다. 광부들은 승산이 없었다. 10년 동안 대처 정부는 영국의 거의 모든 탄광을 폐쇄했고 광부들을 거의 궤멸시켰다.

돌이켜보면, 이 전개 과정은 필연적이라는 생각이 든다. 광부들은 신재생 에너지원의 등장과 해외의 값싼 노동력에 맞서서 힘든 싸움을 하고 있었다. 더럽고, 위험하고, 환경을 오염시키는 탄광을 폐쇄하는 것이 영국이 전통적인 제조업경제에서 서비스산업경제로 이행하기 위한 현대화로 묘사되었다. 결국 영국에서 탄광산업은 오래갈 것 같지 않았다. 그러나 광부들을 진압할 때의 잔인한 모습, 파업이 끝날 무렵에 가동이 가능한 석탄선을 폐선시킬 때의 신속한 모습, 1980년대와 1990년대에 수많은 탄광지역이 침체하도록 내버려 두던 때의 모습이 꼭 필요했을까. 대처 총리는 마치 개인적인 복수라도 하듯이, 보수당 총리가 된 것과 거의 동시에 자신이 말하는 '내부의 적'과의 싸움에 정치인생을 걸기로 결심했다. 그녀는 유권자들에게 그처럼 커다란 고통을 안긴 데서 무엇을 얻으려고 했을까? 사우스 웨일즈의 탄광촌은 자신이 바라던 주식시장에 대한 규제 철폐 혹은 민영화 의제에 아무런 위협이 되지도 않았다.

그러나 이런 생각은 대처 총리가 품고 있는 비전의 본질에 대해 기본적으로 잘못 판단해서 나온 것이다. 몽펠르랭에 모인 우파 행동주의자들의 이론에 바탕을 둔 새로운 경제 모델을 정립하기 위해서는 과거의 것들 중 마지막으로 남아 있는 것을 무너뜨려야 했다. 영국 노동운동 세력이 계속 남아서 저항하는 한, 대처 총리는 신자유주의를 결코 제도화할 수 없었을 것이다. 파업에 참가한 어느 광부는 이렇게 말한다.

"대처의 눈에는 우리가 가시와도 같은 존재라는 사실을 첫날부터 알았습니다. 누가 민영화에 방해가 됩니까? 누가 이윤을 거침없이 챙겨가는 데 방해가 됩니까? 누가 그들의 자유시장 경제철학에 방해가 됩니까? 바로 우리들입니다."

대처 총리는 광부들과의 싸움에서 단지 영국 광산업을 끝장 내려고만 한 게 아니라 노동조합과의 전쟁을 치르려고 했다. 그녀는 가장 강력하고 조직이 잘 된 노동조합을 먼저 제거하고 나면, 나머지 노동조합과의 싸움에서는 그들이 저항해도 소용이 없을 것으로 생각했다. 국영 기업의 노동자들은 민영화가 거스를 수 없는 대세라는 사실을 깨달았고, 그것은 혼란 없이 신속하게 진행되었다. 남아 있는 노동조합은 생산성에 비해 임금이 서서히 하락하고 노동 조건은 악화되면서 유연 근무가 확대되는 현실에 저항하기가 훨씬 더 어려워졌다는 것을 깨달았다. 1980년대에는 인구가 증가했는데도 노동조합의 조합원 수가 절반 이상으로 감소했다.[13]

이번 계획은 처음부터 '효율성', '현대화' 그리고 가장 나쁘게 는 '경제적 자유'라는 언어로 포장되어 있었다.[14] 대처 총리를 따르 는 사람들은 노동조합이 자유시장의 작동에 방해가 되는 기득권 세력이라고 주장했다. 임금 결정에 관한 신고전파 경제이론에서 는 노동자가 노동의 '한계생산물'에 해당하는 임금을 받는다고 주 장한다.[15] 기본적으로 기업은 노동자에게 그들이 생산한 생산물의 가치에 해당하는 임금을 지급한다. 어떤 기업이 노동자에게 임금 을 그 이상으로 지급하면, 다른 기업이 임금을 이보다 덜 지급하고 도 여전히 이윤을 낼 수 있다. 그리고 이 기업이 노동자에게 임금 을 덜 지급하면, 또 다른 기업이 임금을 더 많이 주는 조건으로 그 들을 데려올 수 있고, 그래도 여전히 이윤을 낼 수 있다. 이와 같이 경제학자들이 서식하는 균형이 존재하는 완벽한 세상에서는 경제 가 원활하게 작동하는 기계처럼 움직인다. 모두가 자신의 역할을 충실히 이행하고, 사회자원은 최적의 방식으로 이용된다. 더 나아 가서는 자신의 한계생산성 이상의 임금을 요구하는 노동자는 자 기가 일하는 회사의 수익성을 악화시키고, 경제 전체로 보면 결국 효율성을 떨어뜨린다. 이런 세상에서 노동조합은 자유시장의 작 동을 방해하는 큰 죄를 범하고 있었다. 정부로서는 파업에 개입하 는 것 외에는 다른 선택의 여지가 없었다.

그러나 2차 대전 이후로 분배에 관한 한계생산성이론은 대체 로 유효했다. 영국의 사례를 보면, 노동자를 대표해 임금 인상을 주장할 수 있는 강력한 노동조합이 있었을 때에는 총 임금과 생산성이 함께 증가했다. 노동자에게는 기업이 지급할 여유가 되는 만큼의 임금이 지급되었다. 그 이상도 이하도 아니었다. 실제로 강력한 노동조합이 생산성을 증진하고 기업의 성과를 개선한다는 것을 보여주는 증거는 지금도 상당히 많다.[16] 그러나 대처 총리와 노동조합의 충돌이 있고 나서는 생산성에 따라 임금이 인상되지는 않았다. 기업에 노동의 한계생산물에 해당하는 임금을 지급할 것을 요구하는 노동조합이 존재하지 않는다면, 고용주는 그렇게 할 동기를 갖지 않는다. 대신에 내부적으로 자원을 노동자에게서 주주에게로 재분배하기 시작하고, 이 과정에서 엄청나게 많은 이익을 챙길 것이다.[17]

보수당 정부의 거시경제정책은 노동자의 임금에 대한 하방압력을 강화시켰다. 이론적으로는 생산물에 대한 자신의 공정한 몫보다 적게 받는 사람은 다니던 회사를 떠나서 다른 일을 찾을 수가 있다. 그러나 신자유주의자들은 노동자들이 회사가 싫어도 떠나지 못하게 하는 계획을 가지고 있었다. 대처 총리는 노동조합과의 전쟁을 시작하기 전에, 총리에 취임하던 해에 13%에 달하던 인플레이션과의 전쟁을 선포했다. 그녀가 갖고 있는 주요 무기는 '통화주의'라는 새로운 경제 이데올로기였다. 이것은 정부가 통화 공급량을 통제함으로써, 인플레이션을 통제할 수 있다는 이론이었다. 케인스주의가 1970년대에 인플레이션과 실업이 동시에 상승하는 것을 설명하지 못하자, 통화주의가 세상 사람들의 주목을 받게 되었다.[18]

필립스 곡선에 따르면, 이 두 변수 간에는 트레이드오프trade-off(어느 한편을 추적하면 다른 편이 소홀해진다는 의미인데, 경제용어로서는 인플레이션과 실업의 상관관계를 말할 때 쓰는 경우가 많다—옮긴이) 관계가 존재해야 한다. 이 관계는 2차 대전 이후에 대체로 유지되었지만, 1970년대에 단절되었다. 정부 지출 증가가 실업 증가에 대한 해법이 될 수 있지만, 지출 감소가 인플레이션에 대한 해법이 될 수도 있다. 실업과 인플레이션이 동시에 발생하면서, 케인스주의자들은 이러지도 저러지도 못하는 상황에 빠져들었다. 통화주의자들은 인플레이션의 원인을 저금리와 정부의 과도한 지출로 설명했다. 스태그플레이션을 해결하기 위한 유일한 방법은 인플레이션을 잡기 위해 정부 지출을 줄이고 금리를 올리는 것이다. 그들은 이러한 조치를 취하는 과정에서 대량 실업 혹은 불황이 발생할 수도 있지만, 이것은 통화 공급량을 통제하기 위해 반드시 치러야 할 대가라고 주장했다.

그리고 경제는 바로 그렇게 전개되었다. 대처 총리는 취임하자마자 금리를 17%로 인상했다.[19] 높은 수준의 인플레이션이 주로 수요의 증가가 아니라 비용의 증가에서 비롯된 것을 감안하면, 이런 조치는 당연히 경제활동을 위축시키는 결과를 초래했다. 1980년에 영국 경제는 마이너스 2% 성장했고, 1981년에는 마이너스 1% 더 성장했다. 기업은 노동자들을 해고했고, 산업예비군의 대열은 길게 늘어만 갔다. 1980년대부터 실업자가 증가하기 시작해 1983년부터 1986년 사이에는 그 수가 1979년의 2배인

300만 명 아래로 떨어지지 않았다. 실업자 수가 이처럼 많으면, 해고당한 노동자가 다른 직장을 찾기란 거의 불가능해진다. 노동자들은 임금과 고용 조건을 결정하는 데 아무런 발언권이 없었다. 그리고 다른 직장을 찾기 위해 지금 다니고 있는 직장을 떠날 수도 없는 상황에서, 고용주가 제시하는 임금을 받아들일 수밖에 없는 처지에 놓였다. 물론 고용주는 이런 사실을 잘 알고 있었기에 노동자의 임금을 삭감했다. 그들은 임금을 적극적으로 삭감하거나 인플레이션으로 그 가치가 떨어지도록 내버려 두었다.

이런 의미에서 대처 총리에게 인플레이션과의 전쟁은 노동조합과의 전쟁에서 두 번째 전선의 역할을 했다. 당시 대처 총리의 경제 고문이었던 앨런 버드Alan Budd는 1980년대 통화주의자들의 정책을 토론하면서 우려를 나타냈다. "마르크스주의자들의 용어는 자본주의의 위기를 획책합니다. 이 위기는 노동자로 이뤄진 산업예비군을 재현하고, 자본가들이 이후로 계속 높은 이윤을 가져가게 한다는 것입니다."[20] 노동조합이 영향력을 잃고 실업이 증가하면, 임금이 감소하고 노동자의 단체교섭력이 영원히 약화된다. 이것은 노동자가 아니라 고용주의 호주머니 속으로 더 많은 돈이 흘러 들어간다는 뜻이다. 통화주의자들은 통화주의가 중립적인 경제 분석에 기초한다고 주장하지만, 실제로는 바로 이런 방식으로 통화정책에 명백하게 정치적으로 접근한다.

물론 신자유주의자들의 담화 자체가 중립적인 태도를 취하지만, 실제로는 중립적인 경제 분석이라는 것이 존재하지 않는다. 통화주의가 인플레이션 예방의 관점에서 정당화될 때, 노동조합과의 전쟁은 효율성의 관점에서 정당화되었다. 그러나 노동조합의 종말은 자본수익률이 신고전파 경제학자들이 말하는 가상의 경제에서 나타나는 것보다 훨씬 더 많이 증가함으로써, 노동시장에서의 비효율성을 낳았다. 그리고 통화주의자들은 통화 공급량을 통제하는 것도 실패했다. 대처 총리의 은행 시스템에 대한 규제 철폐는 넓은 의미의 통화 공급량이 사상 유례가 없을 정도로 빠르게 증가하는 것을 의미했다. 그러나 이 과정에서 부채가 주로 소비재 구매가 아니라 주택 구매에서 발생했기 때문에, 소비자 물가가 아니라 자산 가격의 인플레이션을 발생시켰다. 다시 말해, 인플레이션은 노동자가 아니라 자본가에게 혜택을 주었다. 대처 총리가 노동조합과의 전쟁을 벌인 것은 금융화에 반대하는 세력의 마지막 흔적을 지우려는 데 있었고, 그녀는 목표를 달성했다.

사유화된 케인스주의

대처 총리는 노동조합을 분쇄하고 나서, 금융 주도 성장을 제도화하기 위한 준비를 시작했다. 그녀는 노동조합의 저항이 없는 상황에서, 신자유주의를 확고하게 뿌리내리고, 자신이 총리 자리에 오르게 했던 금융 엘리트에게 권한을 부여하는 작업을 시작할 수 있었다. 대처 총리가 추진했던 주식시장 개혁과 자본 이동에 대한 통제 철폐, 주주 가치 이데올로기의 전파는 영국 경제계를 위해 새로운 세계 질서로 안내했다.[21] 수익성이 회복되었고, 기업은 더는 노동조합 문제를 걱정하지 않아도 되었다. 주식 가격이 급상승했고 최고경영자의 임금도 마찬가지로 급상승했다. 그리고 국민소득에서 이윤이 차지하는 비중은 노동자의 희생을 바탕으로 증가했다.

그러나 이처럼 과도한 시스템은 한동안은 효과가 있었지만, 장기적으로는 지속이 불가능했다. 불평등의 심화는 부자들이 가난한 사람들과 비교해 소득에서 지출이 차지하는 비중이 더 작기 때문에 국내 수요를 위축시켰다. 궁극적으로는 자본가의 이윤에 안 좋게 작용한다.[22] 이러한 문제들은 1980년대가 끝날 무렵에 나타났다. 기업의 금융화와 노동조합의 종말은 임금 하락과 불평등의 심화로 이어졌다. 1970년대와 1980년대에는 실질 임금이 평균 3%씩 증가했지만, 실업이 증가하고 노동자의 교섭력이 떨어지면서 1990년대에는 1.5%, 2000년대에는 1.2%로 하락했다.[23] GDP가 증가했지만, 그 혜택은 노동자가 아니라 고용주에게 돌아갔다. 노동조합회의가 집계한 바에 따르면, 국민소득에서 임금이 차지하는 비중이 1970년대 중반에 64%로 최고점을 찍었다가 2007년에는 약 54%로 하락했다.[24]

이 시기에 임금이 절대적인 수준에서는 증가했지만, 증가의 대부분은 임금 분포의 최상위에 있는 사람들에게 돌아갔고 불평등은 심각할 정도로 심화되었다. 영국의 지니계수는 1980년대 초에는 0.26이었지만, 1990년대 초에는 0.34로 증가했다. 이것은 주로 최상위에 있는 사람의 임금이 증가한 데서 비롯되었다.[25] 1980~2000년까지 상위 10%에 있는 사람의 소득이 평균 2.5% 증가했고, 하위 10%에 있는 사람의 소득은 0.9% 증가하는 데 그쳤다.[26] 평균적인 노동자의 임금 대비 CEO의 임금은 1980년대에 20대 1에서 2014년에는 149대 1로 증가했다.[27]

한편으로는 이와 관련해 (생산에 필요한 기계류와 사회기반시설과 같은) 고정자본에 대한 투자가 1980년대가 끝날 무렵부터 계속 엄청나게 감소하기 시작했다. 고정자본 투자는 장기적인 생산성이자 경제 전체의 건전성을 결정하는 요소이므로 상당히 중요하다. 앞에서 살펴봤듯이, 기업이 생산에 투자하지 않을 경우에는 현금을 주주들에게 분배하거나 금융시장에 투자한다. 고정자본 투자는 1989년에 GDP의 25.4%였다가 불과 5년이 지나서는 18.9%로 감소했다.[28] 그리고 이후로도 계속 감소해 2004년에는 16.7%까지 떨어졌다. 이는 어느 정도 정부가 실물경제에 대한 투자를 중단한 것에서 비롯되었다. 그러나 1장에서 설명했듯이, 기업이 이윤을 주주에게 분배하고 금융시장에 투자하고 다른 기업을 매수하는 데 사용하는 것을 의미하는 기업의 금융화에 의해서도 고정자본 투자가 감소하고 있다. 영국에서는 서비스부문보다 고정자본 투자를 더 많이 하는 제조업부문이 오랫동안 서서히 위축된 것도 이에 한몫했다.

임금 하락, 불평등 심화, 투자 감소는 대공황 직전의 상황이 재현될 것이라는 두려움을 갖게 했다. 케인스와 그를 추종하는 사람들은 낮은 임금, 낮은 투자, 낮은 수요라는 파멸의 고리에 맞서기 위한 최선의 방법은 정부가 경기순환에 따르는 온갖 부침을 억제하기 위해 전략적으로 중요한 시점에 개입하는 것이라고 주장했다. 정부는 경기순환이 어떠한 단계에 있든, 완전고용을 유지하기 위해 헌신하는 것만으로도 개입의 의지를 보여줄 수 있다. 실업자가 많아지면, 정부가 지출을 늘리거나 민간부문의 투자를 활성화하기 위해 금리를 인하하는 식으로 개입함으로써 경제에 활력을 불어넣을 수 있다. 앞에서도 설명했듯이, 문제는 이러한 성장모델이 노동자들에게 더 많은 권력을 부여했다는 것이다. 대처 총리의 목표는 시장이 (다시 말하자면 고용주가) 지배하는 시대, 노동자가 고용주에게 인간적인 대우를 요구하면서 문제를 일으키기보다는 다른 생산 요소와 마찬가지로 기업에 의해 거래될 수 있는 시대로 되돌아가는 것이었다. 그러나 그녀는 대공황시대의 경제로 되돌아가는 상황을 재현하지 않으면서, 자기가 원하는 시대로 되돌아가야 했다.

문제의 해결책은 수요의 엔진을 교체하는 것이었다. 1980년대가 되면서, 기업 투자와 정부 지출이 아니라 부채를 기반으로 하는 소비가 경제 성장의 주요 원동력이 되었다.[29] 소비 증가가 임금 증가를 앞질렀다. 임금이 정체된 상황에서, 사람들은 소득과 지출의 차이를 차입금으로 해결하려고 했다. 1988년에는 사상 처음으로 소비자 지출이 소득을 상회했다.[30] 당시 영국 경제를 총괄하던 재무장관의 이름을 따서 명명한 로슨 붐Lawson boom 시기에는 세금 인하, (물론 노동조합 문제를 먼저 처리하고 나서 시행한) 금리 인하와 함께 가계의 부채와 지출이 일률적으로 증가했다. 경제가 단기적으로는 성장했지만, 영국이 환율조정 메카니즘exchange rate mechanism(EC 회원국 중 그리스를 제외한 11개국의 통화 가치를 일정한 범위 안에서 고정해놓은 일종의 고정환율 시스템—옮긴이)을 준수하기 위해 금리를 다시 인상하면서, 불황과 함께 예전 수준으로 되돌아갔다. 2008년 경제 위기를 알리는 작은 전조로서, 주택시장 위기가 잇달았다. 그러나 얼마 지나지 않아 안정을 되찾았고, 부채 수준은 또다시 증가했다. 그리고는 거의 20년 동안 계속 오르기만 했다.

개인부채를 기반으로 하는 수요는 개인 소득의 많은 부분이 이자와 수수료의 형태로 금융업자에게 가지만, 사람들이 더 많이 구매하고 이것이 경제 성장을 촉진한다는 점에서 특별했다.[31] 즉, 개인은 경기순환으로 발생하는 어려운 국면을 돌파하기 위해 금융시장이 제공하는 수단을 사용할 수 있고, 이 과정에서 금융부문이 꽤 많은 이윤을 얻도록 해준다.[32] 이로 인해 사유화된 케인스주의가 전후 합의를 지배하던 케인스주의자들의 수요관리 모델을 대체했다.[33]

이 모델이 신용카드 혹은 학자금대출과 같은 무담보대출에만 의존했더라면 오래가지 못했을 것이다. 만약 우리가 휴가를 즐

기려고 돈을 빌렸다면, 받는 임금이 계속 상승해 미래에 이자를 납부하는 데 어려움이 없을 것이라는 가정을 해야 한다. 그리고 알다시피, 임금은 생산성이 증가하는 만큼 증가하지는 않는다. 그 대신에, 사유화된 케인스주의는 주택과 같은 자산을 담보로 돈을 빌려주는 담보대출에 의존한다. 대출을 받아서 집을 구매하면, 수익을 창출할 수 있고 대출금을 갚을 수가 없을 때 매각할 수 있는 자산을 소유하게 된다. 더구나 많은 사람이 같은 자산에 투자한다면, 이 자산의 가격은 오르게 되어 있다. 모두가 주택을 구매하기를 원하고 주택담보대출을 받을 수 있고 주택 공급이 변하지 않는다면, 주택 가격은 오를 것이다. 1990년대의 불황이 지나자, 주택시장으로 흘러 들어간 유동자금이 집을 가진 사람들이 팔려고 내놓은 주택의 수보다 훨씬 더 빠르게 증가했고, 이에 따라 주택 가격이 오르기 시작했다.

대처 총리가 임금 인상을 대신해 "집을 사 먹으면 됩니다."라고 말했더라면 좋았을 것이다. 보수당 정부는 빅뱅으로 모습을 드러낸 연금펀드자본주의와 함께, 금융규제 철폐와 구매할 수 있는 권리를 통해 영국의 중산층이 경제의 금융화로부터 혜택을 보게 될 소규모 자본가가 되도록 했다. 보수당 정부는 영국에서 많은 사람이 자본 이득을 얻을 수 있도록 해, 경제가 지금 이대로 유지되는 데에 물질적 이해관계를 가진 계급을 창출하려고 했다. 비록 성장이 주는 혜택의 대부분이 상위 1%에게만 돌아가더라도 말이다.

버블이
걷히다

2018년 10월, 원하이드파크One Hyde Park의 펜트하우스가 1억 6,000만 파운드에 팔리면서 영국에서 가장 비싼 주택에 대한 기록이 깨졌다.[34] 처음에는 구매자의 신원이 베일에 싸여 있었다. 조세 피난처인 건지섬Guernsey에 위치한 어느 유령회사가 이 주택을 구매한 것으로만 알려져 있었다. 건지섬에서는 회사가 실소유자를 밝히지 않아도 되지만 며칠이 지나서 구매자의 신원이 밝혀졌다. 알려진 바에 따르면, 부동산 개발업자이자 부동산업계의 거물인 닉 캔디Nick Candy가 동생인 크리스천 캔디Christian Candy와 전 카타르 총리가 공동으로 설립한 조인트벤처인 프로젝트 그란데 건지 리미티드Project Grande (Guernsey) Limited를 통해 자기 자신에게 매각했다고 한다. 그는 스위스의 투자은행인 크레디트 스위스Credit Suisse를 통해 8,000만 파운드를 대출받아 자기 지분을 가져올 수 있었다.

닉과 크리스천은 두 사람이 합쳐서 15억 파운드의 재산을 보유하고 있다. 1990년대 중반에, 두 사람은 친척에게서 빌린 6,000파운드를 가지고 첫 번째 행운을 잡았다. 그들은 이 돈을 런던의 한 아파트를 구매하고 수리해서 매각하는 데 썼고, 그 결과 5만 파운드의 수익을 올렸다. 당시 대부분의 부동산 개발업자들과 마찬가지로, 그들은 이렇게 번 돈을 런던의 아파트를 사서 팔아넘기는 데 썼고, 주택시장의 호황에 힘입어 엄청난 부자가 되었다.

형제는 2016년에 완공된 세계에서 가장 비싼 주택단지인 원하이드파크도 관리했다. 지금 그들은 재산이 엄청나게 많고, 조세 회피를 적극적으로 하며, 가수 카일리 미노그Kylie Minogue와 케이티 페리Katy Perry를 포함한 유명인사 고객이 많기로 유명하다. 어떻게 이 둘은 불과 20년 만에 영국 부동산에만 투자해 6,000파운드를 15억 파운드로 만들 수 있었을까?

런던 부동산 가격의 급등으로 캔디 형제만 큰돈을 번 것은 아니다. 실제로 그들은 영국 부동산 개발업자들의 재산을 기준으로 순위를 매기면 52위에 불과하고, 루벤Reuben 형제, 그로스베너 집안the Grosvenors, 바클레이 집안the Barclays에는 한참 뒤처져 있다. 영국 1000대 부자 중 163명이 부동산으로 돈을 벌었다. 〈선데이타임스The Sunday Times〉에 나오는 부자 명단은 부동산이 부의 가장 큰 원천이라는 것을 보여준다. 그러나 주택 가격 상승으로 혜택을 보는 사람은 부자만이 아니다. 1980년대의 주택시장 호황 이전에 집을 구매했던 사람도 모두 자본 이득을 얻었다. 영국 전체의 부동산 가치는 4조 600억 파운드에 달해, 영국에서 개인연금 다음으로 두 번째로 중요한 부의 원천이다.[35] 런던의 부동산 가격은 다른 지역보다 더 빠르게 증가한다. 그리고 지금 런던에 거주하는 사람들의 순자산에서 부동산이 거의 50%를 차지한다. 이에 반해, 영국 북동 지역에 거주하는 사람들의 경우에는 그 비중이 26%에 불과하다.

주택 가격의 상승은 대처 정부가 이른바 '자산 소유의 민주주의property-owning democracy'라는 것을 추진하던 1980년대에 시작되었다.[36] 공공주택의 세입자가 자기가 사는 주택을 시장 가치의 33%에서 67% 사이에서 구매할 수 있게 해주는 '구매할 수 있는 권리 법안 Right-to-buy legislation'이 1980년에 통과되었다. 1984년에는 공공주택에 거주하는 세입자가 구매할 수 있는 권리로부터 혜택을 얻기 위한 자격을 갖는 데 필요한 거주 기간이 단축되었고, 부동산 가치에 대한 잠재적 할인율이 상승했다. 1980년대의 처음 7년 동안에 영국의 공공주택의 6%가 자가거주자에게 매각되었다. 그러나 공공주택의 사유화로는 대처 정부가 말하는 주택 소유자의 국가를 건설하기에는 충분하지 않았다. 사람들은 주택담보대출을 요구했고, 이것이 영국 금융 시스템의 변화를 요구했다. 따라서 대처 정부는 은행에 대한 규제를 철폐하기에 이르렀다.

은행이 자금을 빌려주면, 새로운 통화를 창출한다.[37] 이처럼 국가가 제공하는 특권은 은행과 주택금융조합과 같은 다른 금융기관을 구분 짓게 해주는 은행만의 고유 기능이다. 예를 들어, 100파운드를 주택금융조합에 예치하면, 조합은 이 돈에서 10파운드를 보유하고 90파운드를 다른 사람에게 빌려줄 수 있다. 이때 새로운 통화가 창출되지는 않는다. 단지 돈이 어느 한 장소에서 다른 장소로 옮겨갈 뿐이다. 반면에, 은행은 국가가 일정한 규정에 따라 국가 통화로 대출을 제공할 권리를 부여했기 때문에 예금이 없어도 돈을 빌려줄 수 있다. 빅뱅크 BigBank Inc.는 실제로 90파운드의 예금 없이도 소비자에게 90파운드를 대출해줄 수 있다. 은행이 대출을 제공할 수 있는 금액은 중앙은행이 정한 규정에 따라 결정된다. 일부 중앙은행들은 시중의 은행들에게 지급준비금을 자신들에게 예치할 것을 요구한다. 그리고 모든 시중 은행들은 자본 요건을 준수해야 한다.[38]

1980년대 전에는 통화를 창출하는 데 훨씬 더 많은 규제가 가해졌다. 1981년 전에는 추가예금제도supplementary deposits scheme라고도 알려진 은행 코르셋corset에 따라 은행은 일정 금액 이상의 대출을 제공하기 전에 일정 금액의 현금을 잉글랜드은행에 예치해야 했다. 이것은 대출을 규제하고 이에 따라 화폐공급량을 제한하기 위한 것이었다.[39] 자본 이동에 대한 통제가 철폐되면서, 은행은 그들의 업무를 해외로 이관하면 규제를 피해가기 훨씬 더 쉽다는 것을 알았고, 이로 인해 '코르셋'을 벗어던질 수 있었다. 또한 자본 이동에 대한 통제가 철폐된 것은 은행이 당시에 전 세계적으로 떠오르던 대규모의 자금 풀에 접근하게 된 것을 의미했다. 그들은 기관투자자든 다른 은행이든, 이들로부터 돈을 빌리기가 훨씬 더 쉬워졌고, 이 돈을 대출을 늘리는 데 사용할 수 있었다. 은행은 주택담보대출에서 훨씬 더 커다란 역할을 하기 시작했다. 1980년에 은행은 주택담보대출의 5%만 담당했지만, 불과 2년이 지나서는 35%로 증가했다.

금융 시스템에 대한 또 다른 중요한 개혁은 영국의 주택금융조합에 변화를 일으키는 것이었다.[40] 주택금융조합은 18세기에 주택을 구매할 여력이 되는 사람들을 위한 집을 짓기 위해 영국의 새로운 산업도시에서 설립되었는데, 이후로 영국의 금융 시스템에서 일정한 역할을 했다. 나이든 주택 소유자들이 이 조합에 저축을 했고, 이 돈이 주택담보대출의 형태로 젊은 조합원들에게 지급되었다. 주택금융조합은 통화를 창출할 수 없다는 점에서 은행과는 달랐고 예금으로 보유한 자금만 빌려줄 수 있었다. 이들은 계속 그 규모를 확장해 1980년에는 영국 주택담보대출의 90%를 담당했는데, 잉글랜드은행이 하는 말에 따르면 모기지시장에서 "사실상 독점적 지위를 누렸다."

빅뱅이 도래했던 1986년에 주택금융조합법이 통과되었다. 이 법은 주택금융조합이 일반 은행처럼 영업하는 것을 금지하던 규제를 철폐해, 이 부문에서의 경쟁을 활성화하기 위한 것이었다. 이 법이 시행되고 나서는 주택금융조합이 신용대출을 제공해 통화 창출은 물론이고 은행이 할 수 있는 거의 모든 것을 할 수 있게 되었다. 조합원들은 주택을 매입하는 과정에서 부자가 되었다. 반면에, 새롭게 대출을 받은 사람들은 더욱 높아진 금리에 직면해야 했다. 결국 노던 록을 포함해 주택금융조합의 대다수가 서브프라임대출을 제공하게 되었고, 이것이 위기의 원인이 되었다.

1980년대 전반에 걸쳐 은행과 과거의 주택금융조합이 모기지대출을 제공해서 사람들이 주택을 구매할 수 있도록 했다. 그리고 그들 중 다수가 이 돈을 가지고 공공주택을 구매했다. 대출이 증가하면서 영국의 광범위한 통화 공급량이 증가해 1985년에는 GDP의 약 40%였던 것이 1990년에는 85%가 되었다. 이것은 금융기관이 제공한 신용의 증가를 그대로 반영한다.[41] 이제는 주택 공급이 변하지 않는 상황에서 주택을 좇는 엄청나게 많은 돈이 주택시장으로 흘러 들어갔다. 이런 시나리오에서 필연적으로 나타나는 결과가 바로 집값의 상승이다. 이것을 살펴보기 위해, 두 사람이 같은 주택을 구매하려고 한다고 생각해보자.[42] 호가는 5만 파운드이다. 따라서 A는 은행에 가서 5만 파운드의 주택담보대출을 신청하고 승인을 받았다. B는 다른 은행에 가서 A보다 더 비싼 금액을 제시하기 위해 5만 5,000파운드의 주택담보대출을 신청해서 승인을 받았다. 그리고는 B가 돌아와서 6만 파운드를 제시했다. 주택의 가격은 은행이 대출을 제공할 수 있는 금액에 근거해 상승하므로 은행 대출에 엄격한 규제가 가해지지 않는다면, 그것이 주택 가격의 상승을 주도한다.

금융부문이 부동산시장을 지배하면서, 주택이 투기적 자산이 되어버렸다. 1979년부터 2008년 경제 붕괴에 이르기까지 주택 가격의 평균은 10배가 상승했지만, 소비자 물가는 그 절반만큼 상승했다.[43] 런던과 남동 지역에서는 상황이 훨씬 더 극심하다. 이제는 집을 구매하는 것이 거주할 집이 아니라 연금, 자녀에게 물려줄 유산, 30년에 걸친 대출금 상환이라는 자신의 미래를 구매하는 것이 되었다. 물론 호황 다음에는 불황이 닥치게 되어 있다. 그러나 위기가 있기 전에는 부채를 기반으로 하는 소비 주도 성장 모델이 영국의 경제, 사회, 정치의 특성을 바꿔놓았다.

대처 총리는 주택 소유를 촉진하는 것이 영국을 더 나은 삶을 살고자 하는 꿈을 이루기 위해 국가에 의지하지 않는 책임 있는 주택 소유자의 국가로 변모시키려는 진취적인 시도라고 주장했다.[44] 현명하고 지혜로운 소비자는 힘들게 벌어서 저축한 돈을 그 가치가 지속적으로 증가할 것이라고 기대하며 주택과 연금에 투자할 것이다. 자유시장은 가부장적인 국가의 고압적인 영향력에 얽매이지 않고서 국가를 번영으로 안내할 것이다. 만약 당신이 너무 가난하거나 어리석거나 게을러서 이처럼 멋지고 새로운 세상이 준 환상적인 기회를 활용하지 못하다면, 이것은 당신 자신의 잘못이다. 국가의 역할은 금리를 관리해 당신의 자산과 힘들게 벌어서 저축한 돈의 가치를 떨어뜨리는 인플레이션을 잡는 데에만 국한되어야 한다.

여기서 이 비전이 실제로 얼마나 새빨간 거짓말인지를 설명할 필요가 있다. 대처 총리의 비전을 비판하는 사람들은 주로 그녀의 주장대로 개인의 자유도 중요하지만, 마찬가지로 집단을 보살피는 것도 중요하다고 주장한다. 시장을 통제하고 불평등과 빈곤과 같은 사회악을 해소하려면, 때로는 개인의 자유를 제한해야 한다. 이 주장이 옳을 수도 있지만, 이것은 신자유주의자들의 담론을 그들의 방식으로 수용한 것이다. 우리는 대처의 주장을 대처의 언어를 통해 이해하려고 해서는 안 된다. 변화를 통해 누가 혜택을 보는가를 관찰함으로써, 그 비전이 누구를 위한 것인가를 이해해야 한다. 이렇게 하면, 신자유주의의 언어가 실제로 일어나고 있는 일, 즉 사회의 자원이 생계를 위해 일하는 사람에게서 자산을 가진 사람에게로 이전되는 현상을 숨기는 데 어떻게 기여하는지를 이해하기 쉽다.

보수당 정부는 부자들에게 주택과 연금의 가치 상승으로 얻은 자본 이득으로 실현된 공짜돈을 제공해 영국의 정치와 경제를 변모시켰다. 자산 가격의 상승이 자산을 구매하는 데 필요한 신용 대출을 받을 수 있는 사람들에게는 임금 하락에 대한 보상이 되었다. 중산층은 자신도 언젠가는 부유층이 될 것이라는 희망에 근거해 대처의 모델을 지지하도록 설득당했다. 사회의 대다수를 차지하는 나머지 사람들은 생산 과정에 투입되는 것 외에는 그럴 희망이 없었다. 대처 총리는 자유에 대해 말할 수는 있다. 그러나 그녀는 부자유unfreedom, 즉 자기가 마땅히 받아야 하는 금액에 못 미치는 임금을 받는 노동과 빈곤 사이에서의 비선택nonchoice에 기반을 둔 사회를 만들었다.

마찬가지로, 대처 정부는 통화주의자의 미사여구에도 불구하고 실제로는 인플레이션이나 통화 공급을 전혀 다루지 않았다. 1980년대에는 모기지대출의 증가로 넓은 의미의 통화 공급량이 급격하게 증가했다. 대신에 그들은 정부의 규모를 축소하고 단체교섭을 제한해 임금 인플레이션을 잡는 데에만 집중했다. 대처 정부는 소비자 물가의 상승은 통제했지만, 주로 주택과 그 밖의 금융자산 등의 가격이 급격하게 상승되도록 내버려 두었다. 개인의 자유와 집단의 정의 사이의 이념 대립은 신자유주의자들이 영국 사회를 계층화할 수 있게 해주는 위장막이 되었고, 중산층을 소규모 자본가로 만들어 자기편으로 흡수하고, 그들 밑에 저임금에 시달리고 수입이 불안정하고 부채에 시달리는 노동자로 이뤄진 주변부 계급이 탄생하도록 했다.

금융 주도 성장 정책의 핵심은 가계가 물질적 행복을 느끼게 하는 중요한 결정 요소로서 임금을 부채와 개인의 자산으로 대체하는 것이었다.[45] 가계가 어려운 상황에 처하면, 고용주와 싸우려고 하기보다는 부채를 동원할 가능성이 훨씬 더 많다. 주택을 소유하고 개인연금에 가입한 사람들은 미래를 계획하면서 국가가 제공하는 사회복지수당에 의존하기보다는 자산의 가치에 의존할 가능성이 더 많다. 다시 말해, 가계의 금융화는 가계가 개인의 생활 수준을 개선하기 위해 집단의 정치 동원에 의존하기보다는, 개인의 금융 관리에 의존하게 함으로써 가계의 경제를 철저하게 개별화하였다.

금융화와 정치

마르크스가 설명하는 자본주의 사회는 가장 중요한 자원을 가진 자와 그들을 위해 일하는 자로 나뉜다. 자본가는 노동자에게 마땅히 받아야 하는 금액 이하의 임금을 받고서 그들을 위해 일할 것을 강요하는 정치적, 경제적 권력을 행사한다. 지주와 금융업자는 자본가와 노동자에게서 부를 뽑아내기 위해 토지와 자본에 대한 통제권을 행사한다. 부동산은 세대를 거쳐 상속되고, 계급 이동은 거의 불가능하다. 국가는 가진 자를 보호하기 위해 존재한다. 국가가 주는 특권은 엄격하게 제한되어 있고, 정책은 가진 자들의 다양한 계급 사이의 투쟁으로 결정된다.

그러나 자본주의의 황금시대에는 마르크스의 계급 분석이 글로벌 노스의 경험과 더는 부합되지 않는 것으로 보였다. 강력한 노동조합의 존재는 대다수의 노동자가 그들이 자본가를 위해 생산한 가치에 근접하는 임금을 받고 있다는 것을 의미했다. 이러한 특권의 확대는 국가의 역할을 변화시켜 공공서비스를 제공하고 완전고용을 달성하도록 개입시켰다. 전문 경영자라는 새로운 계급이 등장했고, 이들은 고임금과 함께 때로는 주식으로도 보수를 받으며 자본가와 노동자 사이의 차이를 서서히 허물었다. 사회 이동성의 증진과 고임금은 19세기에 마르크스가 분석했던 것보다는 훨씬 덜 계층화된 사회로 만들었다. 많은 자원을 집단적으로 소유하고, 이것은 사람들이 지대의 형태로 지출하는 금액이 비교적 적다는 것을 의미했다. 그리고 금융부문이 통제돼, 사람들이 이자 형태로 지출하는 금액이 얼마 되지 않았다.

그러나 금융 주도 성장의 시대에는 사회가 마르크스가 설명하던 것과 훨씬 더 가까워졌다. 소득에서 임금이 차지하는 몫이 감소했고 이윤이 차지하는 몫은 증가했다. 이윤 중에서도 지대추구자가 챙겨가는 몫이 증가했다. 이자와 부동산지대에서 발생하는 소득이 증가하면서, 금융자본주의가 훨씬 덜 생산적인 체제가 되었다. 소득에서 많은 부분을 경제적 지대로 지출하면 생산을 위한 재투자로 지출할 금액이 감소하고, 자산을 이미 소유한 사람들에게 돌아가는 금액이 증가한다. 지주에게 지대를 납부하거나 기업이 은행에 이자를 납부하면, 새로운 일자리가 창출되지 않는다. 그저 소득이 어느 한 곳에서 다른 곳으로 이전될 뿐이다. 소득에서 노동자가 차지하는 몫이 감소하고 지대추구자가 차지하는 몫이 증가하면, 결과적으로 금융 불안정이 심화될 뿐만 아니라 실물경제의 수요가 감소한다. 이 모순에 대해서는 나중에 분석하도록 하겠다.

한편으로는 생산 수단의 소유자와 지대추구자, 다른 한편으로는 생계를 위해 일을 하는 노동자 사이의 분열은 다수와 소수, 즉 일에 의지해 살아가는 사람과 부에 의지해 살아가는 사람 사이의 분열이며, 오늘날 자본주의 사회를 특징짓는 기본적인 분열이다. 이것의 정치적 특징은 더욱 광범위한 정치적인 경제 조건에 따라 떠오르기도 하고 가라앉기도 하지만, 결코 사라지지 않는다. 1970년대에 갈등이 명백하게 드러나기 전에도, 영국 사회에서 계급 분열은 정치의 주요 특징이었다. 자본가와 노동자 사이의 분열은 이윤과 자산 가격이 상승하고 임금이 정체되는 금융 주도 성장에서 더욱 분명하게 드러났다. 그러나 사회가 더욱 양극화되면서, 그 분열이 정치적으로는 덜 두드러져 보였다. 1980년대에 대처 총리는 민영화와 규제 철폐라는 자신의 의제에 대한 저항을 어떻게든 물리적으로 억압할 수 있었다. 그러나 사람들은 왜 2007년까지 비슷한 정책을 계속 주장하는 정치인들을 지지했을까?

대처 정부는 중산층에게 자산소유권을 제공해, 사람들이 자본가와 노동자의 분열을 제대로 인식하지 못하게 만들었다는 점에서 비범한 면이 있었다. 주택 소유자가 많아지고 주택시장의 금융화가 진행되면서, 중산층이 노동자가 아니라 자본가의 편을 들게 되었다. 보수당 정부는 주택 소유자와 상위 1% 사이의 동맹을 형성해 대규모의 안정적인 표밭을 일구었다. 적절한 타이밍을 알아채고서 주택을 구매하고 저축한 자금을 주식시장에 투자했던 중산층은 자본 이득을 챙길 수 있었다. 은행업자와 금융업자는 주택담보대출과 금융증권화Securitization(금융시장에서 증권을 이용한 자금 조달 및 운용이 확대되는 현상—옮긴이)를 통해 엄청나게 많은 돈을 벌었지만, 중산층은 자산 가격의 상승을 통해 혜택을 얻었다. 전자는 자금을 제공했고, 후자는 표를 제공했다. 이 집단이 결코 영국 사회의 대다수를 대표하지는 않지만, 그들은 이례적으로 강력한 소수집단으로 등장했다.

오늘날 우리는 1990년대부터 영국이 1989년의 위기보다 훨씬 더 커다란 위기가 될 부채 위기에 접어들었다는 사실을 알고 있다.[46] 그러나 당시에는 영국인들이 행복에 겨워서 미래에 닥치게 될 문제를 인식하지 못했다. 많은 사람이 저금리로 대출을 듬뿍 받을 수 있게 된 것을 하늘이 내린 축복으로 여겼다. 이 호황은 베를린 장벽의 붕괴, 세계화의 새로운 시대와 시기적으로 일치했다. 당시에는 전 세계에서 저렴한 가격의 소비재를 역사상 그 어느 때보다도 쉽게 구매할 수 있었다. 일을 하는 사람이라면, 플라즈마 화면 텔레비전, 휴대폰, 비디오 게임기를 쉽게 구매할 수 있었다.

그러나 사람들이 겪는 장기 호황의 경험은 그들의 계급에 따라 달랐다. 한편으로는 집을 소유한 새로운 계급이 소비에 필요한 자금을 조달하기 위해 집에 대한 자기 지분을 가져올 수 있었다. 중산층은 이런 식으로 재산을 통해 엘리트의식을 느낄 수 있었다. 부가 사회적 이동성이 과거 그 어느 때보다도 훨씬 덜한 상위 1%에 훨씬 더 집중되어 있더라도 말이다. 다른 한편으로는 이 부와 자본 이득에 접근할 수 없는 사람들도 여전히 무담보 신용카드, 초과 인출, 단기 대출을 통해 새로운 소비문화를 경험할 수 있었다. 기업도 시류에 편승해 소비자들이 자동차와 내구 소비재를 구매할 수 있도록 낮은 금리의 신용을 제공했다.

시간이 지나면서, 금융 주도 성장 시대에 사람들이 겪는 차별적인 경제적 경험이 부동산을 소유한 계급과 그 외 사람들이 속한 계급으로 사람들을 갈라놓기에 이르렀다. 부자들에게는 부채가 일종의 혜택이었다. 많은 가계가 이자만 납부하거나 보증금이 낮은 주택담보대출을 통해 자산 사다리를 타고 올라가서는 재산이 증식되는 모습을 보며 계급의 변화를 경험했다. 나머지 사람들에게는 부채가 일종의 저주였다. 저소득으로 생계를 겨우 꾸려가는 (사회에서) 가장 가난한 사람 중에는 금리가 아주 높은 긴급 대출을 이용하는 이들이 점점 더 많아졌다. 단기 대출업자들은 어려운 상황에 처해 신용점수가 낮은, 자기들이 다른 곳에서 신용대출을 받을 수 없다는 걸 아는, 사회에서 가장 절망적인 사람들을 목표로 한다. 주차위반 딱지 한 장, 고장 난 자동차, 응급을 요하는 치과 치료가 이들을 파산이나 훨씬 더 나쁘게는 앞서 예를 들었던 제롬과 같은 상황에 이르게 할 수도 있다.

노동조합이 힘을 잃으면서 문제는 더욱 악화되기만 했다. 금융화 이전에는 영국 노동자들이 일터에서 착취를 집단적으로 경험하면서 서로 단결했고, 이에 맞서기 위해 노동조합이라는 조직을 결성했다. 노동조합이 결성되어 있지 않으면 착취와 빈곤의 경험은 무서울 정도로 개인의 몫이 되었다. 이것은 사회가 금융화됨에 따라 노동시장의 특성이 변화하고, 복지국가의 가치가 손상되고, 시민의 참여의식이 부족해지고, 사회적 자본social capital(특정 경제 주체가 자신의 사회적 유대관계를 통해 접근해서 확보할 수 있고 자신의 목적 달성에 도움을 주는 무형자산의 집합—옮긴이)이 감소해서 나타나는 과정이다. 과거에 광업이나 제조업에 종사하던 사람들 중 대다수가 오랫동안 실업수당에 의지하는 신세가 되면서, 언론으로부터 세금이나 축내는 아무런 가치도 없는 사람이라는 비난을 받고 있다. 그들의 빈곤은 수치와 소외, 분노가 가득하다는 점에서 특별하다.

또 다른 사람들은 새롭게 부상하는 고객접대나 판매와 같은 서비스업계에서 저임금의 안정적이지 못한 일자리를 찾았다. 노동조합 활동을 열심히 했던 사람들조차도 서비스업계에서 팁이나 수수료를 받으면서 근무하는, 전국적으로 퍼진 노동자들이 조직을 결성하기란 어렵다는 사실을 깨달았다. 그들은 다른 사람들과 진정한 관계를 맺는 능력을 서서히 잃어가면서 정신적으로 삐뚤어지게 만드는 감정노동을 어쩔 수 없이 견뎌야만 했다. 교육을 받은 사람은 공무원이 되어서 안정적인 보수를 받는 직업인이 될 수도 있었다. 이들 대다수는 이런저런 부채에 시달렸다. 아마도 이것이 새롭게 맞이하는 빈곤에서 가장 고통스러운 측면일 것이다. 채무자와 채권자 사이의 힘의 비대칭은 노동자와 고용주 사이의 것보다 훨씬 더 심하게 나타난다. 고리대금업자나 단기 대출업자에 맞서서 조직적으로 대항하는 것은 불가능한 일이다. 하물며 상업적인 은행에 맞서 그렇게 하는 것은 훨씬 더 불가능했다.

한편, 국가는 전후시대의 특징이라 할 사회복지수당을 제공하는 데에는 발을 빼고 있었다. 예전에는 위험에 대한 부담을 사회가 졌지만 이제는 개인이 부담을 지게 되었고, 중산층은 위험에 대비하고 보장받는 데 있어서 자본가처럼 생각하게 되었다. 부자들은 국민보건서비스(이하 NHS)가 보장하는 것보다 더 나은 보장을 받으려고 하면서 건강보험에 가입하는 사람들이 많아졌다. 대학교 등록금이 계속 인상되면서 교육비 부담이 개인에게 전가되었고, 이들은 사회에 첫발을 내딛는 순간부터 빚에 시달리게 되었다. 대다수의 일을 하는 가계에서는 그들의 연금과 부동산, 자산 가격 인플레이션이 광범위하게 전개되어서가 아니라 투자를 똑똑하게 해서 그 가치가 증가하고 있는 것으로 생각하며 '절약에 대한 잘못된 믿음'에 빠져들었다. 물론 그것은 망상이었고 2007년에 순식간에 무너졌다. (많은 가계가 지금도 여전히 그 여파에서 헤어나지 못하고 있다.) 이후 많은 사람이 자신의 연금이 양적완화를 통해 겨우 부활했지만, 2008년에는 거의 사라진 것처럼 보였다. 일부 주택은 채권자의 손에 넘어갔고, 개인파산이 잇달았다. 사회가 부담하던 위험을 가계가 부담해야 한다는 전제는 당연히 많은 가정에서 근심과 불안이 커지게 했다.

사람들은 위험에 대비하기 위해 과거에 사회가 부담하던 부분을 개인보험에 의존하게 되면서, 복지국가가 위험에 처한 개인에게 제공하는 각종 혜택은 가난한 사람을 위한 것으로 혹은 시간이 지나면서 게으른 사람을 위한 것으로 여겨졌다. 부동산을 소유한 사람은 복지제도에서 벗어나 미래의 위험에 대비하기 위해 자산 가격 인플레이션에 의존하게 되었다. 그러나 이것은 부동산을 소유한 사람이 자신이 납부하는 세금으로 유지되는 복지제도로부터 아무런 혜택을 받지 못하게 해, 이들을 배제하는 것을 포함해 정치적으로 심각한 결과를 초래한다.[47] 이러한 상황은 복지국가의 개념을 가난한 사람들을 위한 것, 궁극적으로는 게으르고 생산적이지 못한 사람들을 위한 것으로 다시 정의하게 한다. 국가가 제공하는 혜택이 전체 인구 중 소수에 한정되면서, 복지 혜택의 지원도 서서히 감소하고 이를 중단하기도 훨씬 더 쉬워졌다. 이 과정은 실업의 탓을 실업자 자신에게서 찾으려고 하는 신자유주의자들의 복지 담론으로 더욱 강화되었다.

계급과 정치 사이의 관계 변화는 신노동당New Labour(1990년대

초 토니 블레어가 주창한 정치적 구호이며, 1994년부터 2010년까지 제 3의 길을 외치면서 우경화된 새로운 영국 노동당을 가리키는 것이기도 하다—옮긴이)의 등장으로 뚜렷하게 나타났다. 대처 총리는 이를 자신의 위대한 업적이라고 회상했다. 그녀가 거의 15년 동안 자신을 실각시키기 위해 애를 쓰는 정당을 칭찬하는 게 이상하게 보일 수도 있다. 그러나 그녀는 신노동당의 등장이 엘리트와 소규모 자본가 사이의 대타협을 공고히 할 것으로 평가할 정도로 여전히 통찰력이 뛰어났다. 신노동당 프로젝트는 계급이 더는 정치적으로 중요하지 않고, 선거정치가 사회적, 문화적 쟁점과 성장의 혜택을 분배하는 방법에 대한 논쟁에만 국한되어야 한다는 생각에 기반을 둔 것이었다. 자유시장 논리가 경제에서 전망이 좋은 고지를 차지할 것이고, 이를 중앙은행과 각종 규제기구의 정치와는 무관한 기술관료들이 예의주시할 것이다. 그러나 신노동당이 맹목적으로 받아들이는 경제 모델은 부채와 자산 가격의 지속적인 증가를 전제로 하고, 보수당은 이 모델이 상당히 불안한 국면에 진입했을 때 정권을 넘겨줄 것이다. 대처 총리는 1950년대에 보수당이 노동조합을 건드릴 수 없었던 것처럼, 1990년대에 노동당이 은행을 건드릴 수 없었기 때문에 신노동당을 자신의 가장 위대한 업적이라고 설명했다.

4장

대처 총리의
가장 위대한 업적:

국가의 금융화

지배 세력은 약한 메이저 정부보다는 강력한 블레어 정부가 대처의 사상을 더욱 안전하게 해줄 것으로 생각했다.

-토니 벤Tony Benn

2002년 6월 26일, 고든 브라운Gordon Brown은 맨션 하우스Mansion House(런던시장의 관저―옮긴이)에 참석한 시티오브런던 고위인사들 앞에서 연설을 했다. "시장, 총재, 시의원, 기록관, 주 장관 여러분. 먼저 여러분뿐만 아니라 여러분과 함께 일하는 동료들이 영국의 번영에 기여한 것에 감사의 말씀을 전하고자 합니다."[1] 이런 말이 과거에 20년이 넘는 세월 동안 은행 시스템을 국유화하기로 공약했던 정당이 배출한 사람의 입에서 나오는 것을 보면 이상하게 여겨질 수도 있다. 그러나 여러모로 보아, 이 정당과 시티오브런던 과의 긴밀한 관계는 금융부문에 대한 규제를 지속적으로 철폐했던 신노동당의 특징을 규정하는 한 가지 요소가 된다. 블레어는 기업인들을 안심시키기 위해 기획했던 그 유명한 새우칵테일 공습 prawn cocktail offensive(토니 블레어 총리가 기업인들을 안심시켜 노동당의 집권을 이끈 사건—옮긴이)과 같은 연회행사를 통해 적대적 투자자들과 시티오브런던 간부들에게서 지지를 얻으려고 했다. 금융업자들은 지금까지 그리고 앞으로도 당연히 보수당을 계속 지지할 것이다. 그러나 블레어와 브라운은 재임기간에 금융부문에 의미 있는 공습을 가했다. 나중에 금융서비스청Financial Service Authority, FSA이 기록한 바에 따르면, 공습의 결과는 금융기관을 적절히 규제하는 데 완전히 실패한 것으로 드러났고 궁극적으로는 금융 위기 초래에 기여했다.[2]

시티오브런던 법인City of London Corporation(런던의 역사적 중심지이자 영국의 금융 중심지 시티오브런던을 관할하는 지방자치체—옮긴이)이 영국 정계에서 갖는 영향력을 감안하면, 블레어가 이 기관의 지지를 얻어야 할 필요성을 느낀 것은 어쩌면 당연한 일이었다. 어떤 사람은 시티오브런던 법인을 국가 내의 국가라고 일컫는다. 이곳은 영국 정계를 부패시키고 은둔의 금융업자들의 이해관계를 충족시켜주는 수상하고도 비밀스러운 기관이다.[3] 시티오브런던 법인은 영국에서 의회의 권력이 닿지 않는 유일한 곳이고, 이곳을 대표하는 하원의원은 선거를 거치지 않고서 원내 진입이 허용된다.[4] 이곳의 정치 구조는 중세 길드 체제에 기반을 두며 이 체제 아래 조합원들이 의결권을 갖는데, 규모가 큰 조합원은 작은 조합원에 비해 더 많은 의결권을 갖는다. 2011년에 탐사보도국The Bureau of Investigative Journalism은 시티오브런던 법인이 금융 위기 이후로 새로운 규제를 도입하지 못하도록 정치인과 규제기관을 상대로 하는 로비활동에 9,200만 파운드가 넘는 돈을 지출한 사실을 밝혔다.[5] 탐사보도국은 로비활동과 은행이 납부할 세금을 인하하고 은행의 규제를 축소하는 것을 포함해 일련의 입법상 변화 간의 연결고리를 찾아내기도 했다.

그러나 정당과 시티오브런던 법인과의 관계가 때로는 방향을 비틀어서 명백한 비리로 이어질 수도 있지만, 시티오브런던 법인이 영국 정계에 영향력을 미칠 때는 영국 정계와 경제계의 이해관계를 반영할 때와 비교해 일탈이 덜 나타난다.[6] 다시 말하자면, 시티오브런던 법인의 중심에 자리 잡은 소수의 금융부문 이해관계자들이 정책 입안에 입김을 불어넣을 때도 있지만, 이보다는 오히려 정책을 입안하는 사람들이 대체로 시티오브런던 법인의 이해관계와 영국의 이해관계를 합치시키는 경우가 더 많다는 것이다. 블레어와 브라운 같은 정치인들은 단순히 시티오브런던 법인의 로비활동 예산을 차지하려 하지 않았으며, 금융시장에 대한 규제 철폐가 경제 성장을 촉진하고 사회를 좀 더 평등한 곳으로 만들기 위해 지출하는 조세수입을 늘리는 데 도움이 될 것으로 진심으로 믿었다. 영국 정부는 대형 은행의 수입과 직원들의 임금에 과세함으로써, 기존의 제조업이 파괴된 지역에 사는 사람들을 위해 공공 서비스와 복지를 제공할 수 있다. 세계화가 영국 제조업에 피해를 줄 수는 있지만, 시티오브런던을 글로벌 금융 센터로 만들어 세계화의 과정에서 '버려진' 사람들을 지원하는 데 기여할 수도 있다.

금융부문이 영국 정치에서 항상 중요한 역할을 했지만, 1980년대와 1990년대에는 시티오브런던 법인의 영향력이 완전히 새로운 수준까지 올라갔다. 은행에 대한 규제 철폐에서 구매할 수 있는 권리, 빅뱅에 이르기까지 대처 총리의 정책이 변화의 촉매제가 되었다. 그러나 블레어와 브라운은 이 과정을 한 단계 더 끌어올렸다. 그들은 시티오브런던 법인을 상대로 복잡하고도 난해한 규제 시스템을 개발해 내부자들이 쉽게 조작할 수 있도록 했다. 규제기관에 대해서는 혁신을 장려하고 투자를 증진하기 위해 금융부문을 상대로 규제를 "까다롭지 않게 적용하라."는 지시가 내려졌다.[7]

한편 영국 부동산시장에는 수십억 파운드가 몰려들어 버블이 일어났는데, 이것은 결국 1929년 이후로 가장 컸던 금융 위기를 맞이해 터지고 말았다. 이 모델에서 얻은 조세 수입은 공공서비스를 제공하는 업무를 맡은 민간기관의 주관하에 호황으로부터 소외된 사람들을 위한 복지와 공공서비스 확대에 이용되었다. 다시 말해, 블레어 총리는 대처 총리의 경제정책을 유지했지만, 여기서 비롯되는 극도로 계층화된 사회를 조금은 덜 불공정하게 만들려고 했다. 그러나 그는 금융의 지배에 도전하지 않은 채 국가의 규모를 확장하며 어떤 정부도 해내지 못했던 것을 해냈는데, 그것이 곧 국가를 금융화하는 것이었다.

대처 총리의
가장 위대한 업적

　1990년대에는 불평등의 심화가 영국 경제의 특징을 규정지었다. 보수당 정부는 '불평등은 세계화된 세상에서 시장의 힘에 의한 결과'라고 주장하면서 이를 자연스럽게 받아들이려고 했다.[8] 그들은 장기적으로는 무역으로 인한 효율성 증대가 모두를 부유하게 해줄 것이라고 주장했다. 물론 1990년대에 일었던 세계화의 물결이 주로 무역에 기반을 둔 것은 아니었다. 오히려, 1980년대가 상위 1%의 이해관계만을 충족시키는 금융의 세계화시대의 시작을 알렸다.[9] 금융업자들은 수십 년에 걸쳐서 자본 이동에 대한 통제를 철폐하도록 배후에서 압박을 가했다. 그리고 그들의 소망이 드디어 이뤄지면서, 이것이 세계적인 금융 호황을 재촉했다. 새로운 세계 질서의 정치적 기반이 철저하게 가려져 있는 상태에서, 정치인들은 불평등의 심화는 자연스러운 현상이라고 거리낌 없이 주장했다. 그들은 재분배에 집중하면서 예전에 노동당이 집착하던 것을 소유권으로 대체했다. 국가가 부자에게 과세하고 그들의 소득을 재분배할 수 있다면, 성장이 주는 혜택을 동등하게 분배할 필요가 없다는 것이었다. 결국 블레어 총리는 근본적으로 공정하지 않고 불안정한 체제에 도전하기보다는 금융 주도 성장을 받아들이면서 이것을 조금은 덜 불공정하게 만들려고 했던 것이다.[10]

그리고 여러모로 그는 성공했다. 존 힐스John Hills가 블레어 총리 시절 영국의 불평등에 대한 조사에서 주장했듯이, 신노동당의 정책이 금융 주도 성장에서 비롯된 심한 불평등을 조금은 완화한 것으로 나타났다.[11] 평균적으로 보면, 소득 분포의 중간에서는 소득 격차가 좁혀졌다. 어린이와 연금생활자의 빈곤율이 낮아졌고, 블레어 총리가 전통적으로 노동당을 지지하던 지역의 유권자들을 계속 자기편에 두려고 하면서 일부 지역에서는 불평등이 현저하게 개선되었다. 그가 교육에 특별한 관심을 가지면서, 부유한 집안 출신의 어린이와 가난한 집안 출신의 어린이 사이의 학업성취도 격차가 현저하게 줄어들었다.

그러나 힐스는 신노동당의 정책이 사회 전반에 걸쳐 불평등을 완화했다는 인식이 널리 퍼져있지만 실제 상황은 훨씬 더 복잡하다는 점을 지적했다. 상위 1%의 소득은 엄청나게 빠른 속도로 증가해, 나머지 사람들의 소득 증가 속도를 크게 능가했다. 한편으로는 사회에서 가장 빈곤한 사람들의 소득은 이전 두 개의 장에서 강조했던 이유로 평균보다 더디게 증가했다. 이 두 가지 추세를 결합하면, 블레어 총리 시절에 사회에서 가장 부유한 자와 가장 가난한 자의 소득 격차가 엄청나게 커졌다는 것을 의미한다. 또한 부의 불평등도 계속 심화되었다. 이것은 자산 가격의 상승이 금융 주도 성장을 규정짓는 특징이라는 점을 감안하면 전혀 놀랍지가 않다. 결국 힐스의 결론은 다음과 같았다. 신노동당은 대처 정부가 그들에게 물려준 매우 불평등한 소득 분포를 조금은 개선시켰지만, 불평등의 문제는 블레어 총리와 그 밖의 사람들이 생각하던 것보다 훨씬 더 깊이 뿌리를 내리고 있었고, 이것은 '한 번에 고칠 수는 없는 성질의 것'이었다.

실제로 금융 주도 성장에서는 불평등이 필연적으로 커질 수밖에 없다. 1980년대에 주주 가치 이데올로기가 널리 전파되면서, 기업은 이윤을 극대화하고 이것을 노동자에게 임금을 올려주거나 계속 고용에 지출하기보다는 주주에게 분배하는 것에 집중했다. 금융부문과 시티오브런던에서의 이와 관련된 전문 서비스산업이 빠르게 성장하면서, 소득 분포의 최상위에 있는 사람의 임금이 상승했다. 그러나 어쩌면 신노동당 집권 시기에 불평등을 심화시킨 가장 커다란 요인은 매년 수십억 파운드에 달하는 새로운 통화가 부동산시장과 주식시장으로 흘러 들어가면서 자산 가격이 상승한 점에 있을 것이다.

블레어와 브라운은 문제를 해결하기 위해 뭔가를 하고 있는 모습을 보여줘야 했다. 우선, 영국 사회를 더욱 공정한 곳으로 만들겠다는 공약이 노동당을 보수당과 차별화하기 위한 한 가지 요소였다. 그러나 더욱 일반적으로는 유권자들이 불평등이 커지는 것에 우려를 나타내기 시작했다. 결과적으로 블레어와 브라운은 불평등을 나타내는 가장 명백한 신호를 완화하는 것과 대처 총리의 정책이 효과를 나타내게 했던 인센티브 제도를 손상시키지 않는 것 사이에서 갈등을 조정하는 과제를 떠맡아야 했다.[12]

수렁에서 빠져나오기 위해 세 가지 요소로 이뤄진 전략이 등장했다. 첫째, 신노동당은 복지에 관해서는 대처 총리의 언어를 채택할 것이다. 즉, 실업의 책임은 확실히 실업자에게 있다는 것이다.[13] 한 가지 유일한 차이는 국가가 노동자의 태만과 무책임에 '동정적인' 자세로 대한다는 것이다. 국가는 실업자에게 기술을 배울 것을 권장하며, 잘 알려진 바와 같이 블레어 총리는 빈곤에서 빠져나오기 위한 방법으로 교육을 강조했다. 노동과 복지를 연계하는 프로그램이 도입되었고, 저임금을 받는 노동자에게 보조금을 지급하고 노동을 장려하기 위해 노동장려금 제도가 도입되었다. 물론 그 조치들은 저임금 혹은 실업의 구조적 요인을 전혀 건드리지 않았고, 대처주의의 근간이 되는 지원을 받아야 할 가치가 있는 빈곤한 사람과 그렇지 않은 빈곤한 사람 사이의 구분을 공고히 하는 데 기여했다. 복지 프로그램을 활용하는 사람은 지원을 받아야 할 가치가 있는 사람이고, 그렇지 않은 사람은 마땅히 비난받아야 할 사람이라는 것이다.

둘째, 국가는 신공공관리론New Public Management, NPM이라는 새롭게 등장하는 이데올로기에 입각해 스스로 민간조직처럼 행동하는 법을 배워야 할 것이다.[14] 신공공관리론의 주장자들은 경제를 운영하기 위한 최선의 방법은 정부 지출을 포함해 경제활동의 모든 분야를 시장원리에 종속시키는 것이라고 주장한다. 시장이 존재하지 않으면 시장을 창출하면 된다. 결국 공공부문에 종사하는 게으르고 부패하고 비효율적인 관료들에게는 납세자에게 최선의 이익이 되는 행동을 하도록 동기를 부여해야 한다. 민간부문의 경영기술을 도입하면, 공공부문의 '효율성'이 개선되고 '소비자를 위한 서비스'도 좋아질 것이다.[15] 중간관리자와 고위관리자에게는 공직자와 공공부문의 노동자가 책임지고 완수해야 할 엄격한 목표를 설정하고 감독할 권한이 주어진다. 고위공직자에게는 '중요한 것은 그들에게 얼마를 지급하는가가 아니라 어떻게 지급하는가에 있다'는 유명한 교훈에 따라 민간부문에서 일어나는 과정을 반영해 성과에 기초를 두고 보수를 지급하기 시작했다.

한편으로는, 신공공관리론 이데올로기가 공공부문이 훨씬 더 민간기업처럼 작동하기를 강요했다.[16] 새로운 정책은 예외 없이 국가가 착수하면 수익성이 보장되는가를 결정하기 위해 비용편익 분석과 같은 평가기법의 적용 대상이 되었다. 물론 이것은 국가가 기업이 아니기 때문에 의미가 없다. 국민 대다수는 그들이 받는 서비스의 품질이 마음이 들지 않아서 다른 값싼 국가를 선택하는 고객처럼 행동하지 않는다. 그러나 국가를 기업처럼 취급하는 것은 세금 부담이 너무 클 때 다른 국가로 옮겨갈 것이라고 위협할 수 있는 국제 자본가 계급과 같이 국가를 선택하는 고객처럼 행동하는 이들에게는 도움이 된다. 다른 한편으로는, 신공공관리론 이데올로기가 공공부문 관료조직의 비대화라는 의도하지 않았던 결과를 초래할 수도 있다. 공공부문에서 엄청나게 많아지고 있는 중간

관리자들은 아무런 의미 없는 지표에 따라 끊임없이 평가받고 있고, 이와 관련해 더 많은 일자리가 창출되었다.

셋째, 아마도 가장 중요하게는 조세와 정부 지출에 관한 신노동당의 전략을 구성하는 한 가지 요소는 민간부문이 국가를 대신해 공공 지출을 떠맡도록 장려하는 것이다. 정책과제의 외주화와 민간자본 조달 계획의 배후에 있는 논리는 신공공관리론 이데올로기의 자연스러운 확장이라 할 수 있다. 공공부문에 시장원리를 도입하기 위해 민간기업에게 정부를 대신해 지출을 맡기는 것보다 더 나은 방법이 어디 있겠는가? 이것은 '효율성'에 근거해 정당화될 수 있다. 그러나 이것의 진정한 목적은 민간기업이 금융 주도 성장 모델에 의해 불가피하게 나타나는 재분배로부터 이득을 얻도록 하는 것에 있다. 신노동당이 유권자들에게 했던 공약은 황금 알을 낳는 거위인 금융부문을 죽이지 않고서 불평등을 완화한다는 데 주안점을 두었다. 민영화 의제는 이 거위가 훨씬 더 살찌도록 정부의 지출 확대를 활용했다는 점에서 비범한 면이 있었다.

투자자를 위한 수익

영국과 프랑스를 해저터널로 연결하는 제안은 19세기로 거슬러 올라간다.[17] 1802년에 프랑스 광산기술자 알베르 마티유 파비

에르Albert Mathieu Favier는 영국 해협 밑으로 마차가 다닐 수 있도록 석유램프로 조명을 밝힌 터널을 건설하는 계획을 제안했다. 유럽 국가의 침공으로부터 도버 해협의 절벽을 봉쇄하려는 요구가 커지면서, 계획은 오랫동안 실행에 옮겨지지 않았다. 그러다가 1980년이 되면서, 새롭게 정권을 잡은 대처 총리의 보수당 정부와 프랑수아 미테랑François Mitterrand 대통령의 프랑스 사회당 정부가 이 계획을 추진하는 데 서로 협력하기로 합의했다.

대처 총리는 한 가지 조건을 걸었다. 그것은 이 계획을 민간자본으로 추진한다는 것이었다. 이것은 작은 요구가 아니었다. 당시 총 공사비가 50억 파운드에 달하는 영불 해저터널 건설 계획은 사상 최대 규모의 사회기반시설 프로젝트였다. 프랑스의 국영 기업과 잘 조정되어 있는 민간투자자들이 프랑스 측에 할당된 절반의 몫을 제공하기 위해 적극적으로 나섰지만, 시티오브런던은 이번 프로젝트에 그 정도로 관심을 갖지는 않았다. 이것은 영국이 세계에서 가장 유력한 금융 센터를 보유한 국가라는 사실을 입증하려는 영국 정부로서는 상당히 당혹스러운 일이었다. 따라서 충분한 자금을 모집했다는 사실을 최종적으로 보증하기 위해 잉글랜드은행과 영국 정부가 개입하게 되었다.

그러나 이것만으로는 정치적인 의도를 가지고 무모하게 행동하는 돈만 많이 들고 아무런 쓸모가 없는 대상과 접촉하는 것을 걱정하던 은행을 만족시키기가 충분하지 않았다. 그들은 은행과 건설회사 사이의 어딘가에 유러터널Eurotunnel이라고 알려진 새로운 기구의 설립을 요구했다. 바로 이 지점에서 이번 프로젝트가 엄청나게 많은 비용이 소요되고 복잡해졌다. 영국의 채널터널그룹Channel Tunnel Group과 프랑스의 프랑스마르셰그룹France Marche Group이 주식회사로 발족하게 될 유러터널에 투자하기로 되어 있었고, 유러터널이 실제 건설을 담당할 트랜스-마르셰 링크Trans-Marche Link에 자금을 조달하기로 되어 있었다. 그다음에는 유러터널이 프랑스 국유 철도, 영국 국유 철도와 협의해 터널통행서비스에 대한 운영권을 갖고서 철도회사들을 상대로 '통행료'를 부과해 장기간에 걸쳐서 사업비를 벌충하기로 되어 있었다.

터널 건설이 시작되자마자, 비용이 증가하기 시작했다. 공학적인 문제만으로도 이번 프로젝트가 궤도를 벗어나게 할 정도였지만, 진짜 문제는 그와 관련된 지나치게 많은 회사 중 어디에 추가비용을 부담시킬 것인가를 결정하는 것이었다. 더군다나, 금리가 올라서 프로젝트의 금융 비용이 예상보다 140%나 초과해, 1년만 연기돼도 이자에만 7억 파운드가 추가되었다. 계획보다 1년이 늦은 1995년에 유러터널이 정상적인 영업을 시작했고, 당초 예산을 80%나 초과했다. 영업을 시작한 첫해에는 9억 파운드의 적자가 발생했다. 이후로 3년 동안 유러터널은 세 차례에 걸쳐 국가로부터 구제금융을 지원받았다. 2003년에는 이자 지급액이 3억 2,000만 파운드에 달했는데, 이것은 영업이익 1억 7,000만 파운드의 거의 2배에 달했다.

그럼에도 정부는 영불 해저터널을 관통하는 철도 네트워크를 개선해야 할 필요성을 인식하고서, 이 프로젝트를 또다시 민간 자본으로 추진하기로 결정했다. 채널 터널 레일 링크Channel Tunnel Rail Link로도 알려진 HS1High Speed 1도 마찬가지로 재앙으로 드러났다. 다시 또 이번 프로젝트에 필요한 자금을 모집하기 위한 컨소시엄 이 설립되었다. 미래의 수익을 지나치게 낙관적으로 가정하면서, 필요한 자금을 제대로 파악할 수가 없었다. 그리고는 또 정부가 프 로젝트를 살리기 위해 민간 컨소시엄에 구제금융을 지원하는 식 으로 개입했다. 공공 회계위원회Public Accounts Committee에 따르면, 이 번 프로젝트로 납세자들은 '48억 파운드에 달하는 부채'를 떠안아 야 했다.[18]

민간자본의 조달은 공공 지출의 영역으로도 파고들었고, 이 에 따라 공공투자가 급격하게 감소해 2018년에는 GDP의 2.6% 수준으로 떨어졌다. 이것은 OECD 평균 3.2%에 훨씬 못 미친다.[19] 최근 감사원National Audit Office이 발간한 민간자본 조달 계획에 관한 보고서에 따르면, 이러한 프로젝트의 대부분이 민간자본으로 추 진하기에는 전혀 적합하지 않았고 일부는 공적 자금을 직접 지출 했을 때보다 공공부문에 40%나 더 많은 지출을 요구한다는 것을 보여주었다.[20] 국가가 부도나는 경우는 극히 드물기 때문에, 국가 신용도가 크게 떨어진 극단적인 경우를 제외하고는 공공 기관이 자금을 빌릴 때가 민간기관 때보다 금리가 항상 더 저렴하다. 국가 가 부도나더라도 오늘날의 아르헨티나처럼 외국으로부터 돈을 빌 렸거나 그리스처럼 통화정책권을 갖고 있지 않기 때문이다.

    따라서 연이어 들어서는 정부들이 민간자본 조달 계획에 따른 투자자를 위한 수익Profits for Investors(이하 PFI)를 계속 밀어붙이는 이유는 무엇일까? PFI를 지지하는 사람들은 이것이 납세자의 위험을 민간부문으로 전가한다고 주장한다.[21] 계약업체가 납기일을 지킨다면, 예산에 따라 대금을 받을 것이다. 하지만 그렇게 하지 않으면, 손실이 발생하고 주주들은 어려움에 처하게 된다. 이것은 공공계약조항에 시장원리를 도입하는 것을 의미한다. 여기서 이데올로기적 정당화가 현실과는 크게 동떨어져 있는 것을 다시 보여준다. 민간부문은 경쟁이 없는 상태에서 영업하는 것을 좋아한다. 따라서 참여 기업들은 정부의 새로운 선전 활동에 동원되는 대가로 공공 계약에서 어떤 일이 일어나더라도 그들이 투자한 돈을 찾을 수 있다는 것을 보장받으려고 한다. 이것은 민간기업이 어떠한 위험도 초래하지 않으면서 정부를 대신해 공공 지출을 떠맡는다는 것을 의미한다.

    두 번째 정당화에는 훨씬 더 심한 속임수가 숨어 있다. 신노동당은 정부가 가계처럼 작동하고 총리의 역할은 훌륭한 주부의 역할과 비슷하다는 아이디어를 물려받고서, 공공 지출이 지속 불가능한 수준에 도달하지 않도록 하는 동기를 갖고 있었다.[22] 특히, 투자 지출에 관한 한, 이 비유는 항상 말도 안 되는 것이었다. 정부가 경제의 생산성 잠재력을 확대하는 사회기반시설 프로젝트에 투자하기 위해 자금을 빌린다면, GDP가 증가한 다음 세수가 증가할 것이고 장기적으로는 이번 프로젝트에 소요되는 비용을 충당하게 될 것이다. 신노동당 정부가 틀림없이 이 사실을 알고 있었더라도, 그들은 정부부채에 미치는 영향이 당장 분명하게 나타나겠지만, 투자 비용을 회수하기에는 오랜 시간이 걸릴 것이라는 사실도 알고 있었다. 신노동당은 과거의 안 좋았던 사회주의로 되돌아간다는 인상을 주고 싶지 않았다. 그리고 바로 이 지점에서 PFI가 필요했다. 민간자본 조달은 신노동당이 당면한 자본조달 비용이 궁극적으로는 정부의 몫이 되더라도, 정부 회계에서 덜어내어 민간부문 회계로 옮겨갈 수 있도록 했다.

민간자본 조달은 영국 정부가 사유화된 케인스주의Privatized Keynesianism 정책을 추진하기 위한 또 하나의 길을 열었다.[23] 앞서 설명했던 가계부채의 증가와 함께, PFI와 그 밖의 외주화 계획은 공공 지출을 민간부채로 치환하는 결과를 낳게 될 것이다. 이것을 제외하고는 민간부채는 가계보다는 부유한 주주들이 지게 될 것이고, 정부의 암묵적인 보장으로 유지가 될 것이다. 민간기업은 정부가 항상 개입해 지급을 보장하기 때문에, 금융시장에서 위험부담을 지지 않고 자금을 빌릴 수 있을 것이다. 이것이 경기 순환의 상승과 하락을 완화하기 위해 정부가 투자금을 빌리게 되는 케인스주의에 입각한 정책 추진을 의미한다. 이 과정에서 민간부문이 엄청나게 많은 이익을 챙겨가게 된다. 다시 말하자면, 정부가 지원하는 지대추구주의rentierism인 셈이다.

정부가 보증하는 민간 차입은 도덕적 해이moral hazard의 문제, 즉 경제 행위자가 자신의 행위에서 발생하는 부정적인 결과로부터 보호받는 상황을 초래했다. 2007년 이전에는 은행이 자신이 어려움에 처하게 되면 정부가 항상 구제금융을 제공할 것으로 생각하고서, 미래의 부정적인 결과에 직면하지 않고서도 현재의 큰 위험을 감수할 수 있었다. PFI를 추구하던 카릴리언 Carillion의 파산에는 도덕적 해이의 문제가 내재되어 있었다.[24] 이 회사는 그들이 과업 완수에 필요한 금액에도 못 미치는 아주 낮은 가격으로 정부 계약을 체결했다. 결국 계약을 이행할 수 없게 되었고 주주에게 지급할 자금이 없다는 사실을 깨달았다. 그들은 어려움에 처한 사실을 인정하지 않고서 주주에게 지급하는 금액을 늘렸고, 이전 계약에서 발생한 비용을 충당하기 위해 새로운 정부 계약을 체결하기 시작했다. 이것은 손해를 만회하려다가 또다시 손해를 보는 일이었다. 이런 식으로 사업을 하면서도 그들이 재정적으로 어려움에 처하면 정부가 구제하기 위해 개입할 것으로 확신했다. 그러나 2017년에 회사가 파산했을 때 정부는 도저히 믿기지 않는 무책임한 경영에 대한 대중의 분노 때문에 그들에게 도움을 손길을 보내지 않았다.

카릴리언의 파산 절차를 진행하려고 왔던 회계감사관들은 회사가 보유한 현금이 2,900만 파운드에 불과한데 은행에 갚아야 할 부채는 12억 파운드라는 사실을 알게 된다. 이는 청산작업에 들어가기 전에 행정절차를 거치는 데 필요한 자금조차도 없다는 뜻이었다. 카릴리언은 납세자에게서 돈을 빨아들이고는 그 돈을 부유한 주주들의 호주머니 속으로 집어넣는 식으로 정부가 후원하는 거대한 폰지사기를 치고 있었다. 주주 중 대다수가 문제의 징후가 처음 나타났을 때 주식을 팔아치우지 않아서 결과적으로 피해를 보게 되었지만, 진정한 피해자는 카릴리언과 계약을 한 사람과 그들에게 고용되어 무일푼의 처지에 놓이게 된 노동자들이었다. 오늘날 수십억 파운드에 달하는 납세자의 돈이 카릴리언과 같이 비효율적이고 금융화된 거대 외주업체로 흘러 들어가, 경영진과 주주들을 부자로 만들어주고 납세자들이 그 비용을 부담하게 되었다.

카릴리언의 파산은 신노동당의 민간자본 조달 계획이 실패로 돌아간 사실을 여실히 보여주었다. 그러나 PFI가 공공 지출이 금융화가 되기 위한 유일한 길은 아니었다. 넓게 보면, 외주화가 유행한 탓이기도 했다. 정부 지출은 수익을 창출할 가능성이 높은 자산을 건설하기 위한 선행 투자의 일환으로 많은 금액을 지출해야 하는 투자 지출과 일상적인 공공서비스를 제공하기 위해 지출해야 하는 경상 지출로 나눌 수 있다. 예를 들어, 영국 철도 네트워크의 개선은 미래에 느낄 수 있는 개선을 위해 현재 수십억 파운드를 지출할 것을 요구하지만, NHS 직원들에 대한 임금 지급은 매년 지속적으로 지출할 것을 요구한다. PFI는 민간기업이 선행투자의 일환으로 자금을 모집해서 투자 지출을 정부 회계에서 덜어낸다. 이 자금은 정부가 수십 년에 걸쳐서 이자와 함께 상환해야 하는 것이다. 그러나 신노동당은 경상 지출에 민간부문을 끌어들이길 원해서 민간기업에 공공서비스를 제공하게 하고 그 대가를 직접 지급하는 외주화에 의지했다. 대형 사회기반시설 프로젝트에 참여했던 기업 중 많은 기업이 공공서비스 제공에도 참여했다.

외주화의 성적에 대해서는 여러 가지 해석이 가능했다.[25] 공공부문의 조달이 효율적으로 진행되는 것처럼 성공사례도 있었지만, 비양심적인 도급업체가 제공하는 품질 낮은 서비스로 인해 크게 실패해 납세자들에게 엄청난 비용을 떠넘긴 사례도 있었다. 공공부문의 조달이 효율적으로 진행되고, 정부가 노동조합이 있고 높은 수준의 환경 기준을 준수하는 기업에 발주할 경우에는 정부 프로젝트의 외주화에 찬성하는 사람들이 많았다.

그러나 오늘날에는 외주화가 주로 품질 낮은 서비스를 제공하면서도 주주와 경영진을 위해 엄청나게 많은 이익을 챙겨가는 소수의 대기업에 의해 진행된다. 예를 들어, 경비업체인 G4S는 런던올림픽대회의 보안을 담당했지만, 일 처리를 미숙하게 하는 바람에 정부가 그들을 지원하기 위해 군대를 동원해야 했다.[26] 서코 Serco는 영국에서 가장 잔인한 수용소 중 하나로 피수용자들을 값싼 노동력으로 이용해 비난받기도 했다.[27] 캐피터 Capita는 품질이 낮은 서비스를 눈물겹도록 높은 가격에 제공해 영국 지방자치단체의 돈을 갈취한 것으로 유명하다.[28] 이런 외주시장의 과점기업들은 그들의 촉수를 학교에서 병원, 교도소, 수용소에 이르기까지 영국 정부 지출의 모든 영역으로 뻗쳤다.

세계적으로 공공 지출의 민영화는 꾸준히 확대되어 최근에는 유엔이 이를 두고 인권 침해의 원천으로 인식하기에 이르렀다.[29]

유엔의 전문가위원회는 정부가 단기적인 적자를 일시적인 이익으로 치환하면서, 부채를 미래 세대에 전가하고 있다고 주장했다. 신자유주의 정부는 금융 주도 성장이 초래한 불평등의 일부를 해소하고 경기순환의 상승과 하락을 완화하기 위한 공공 지출을 민영화하려고 했다. 그러나 그들은 완전고용을 달성하려는 과거의 케인스 모델로 되돌아가려고 하지는 않았다. 사실, 노동자와 고용주 사이의 권력 관계가 갖는 의미를 생각하면 그럴 만도 했다. 대신 그들은 사유화된 케인스 모델을 만들었다. 이것은 경영진에게 엄청나게 높은 임금을 제공하지만 노동자에게는 낮은 임금에 불안정한 고용계약을 요구하는 독점기업을 통해 경영진과 주주들이 공공 지출로부터 이익을 챙길 수 있게 해준다. 다시 말해, 민영화는 금융 주도 성장이 낳은 다양한 모순의 일부를 완화하려고 하지만, 이것이 의존하는 권력 관계는 그대로 유지하려고 한다.

그러나 민간자본 조달과 외주화가 단지 민간투자자들이 납세자들로부터 엄청나게 많은 돈을 뽑아낼 수 있도록 해준 것만은 아니었다. 민간부문이 민주적 책임으로부터 자유롭게도 해주었다.[30] 공공부문이 품질이 낮은 서비스를 제공하면, 시민들은 압력을 가하거나 시위를 하고 해당 정치인에게 표를 주지 않을 수도 있다. 국가가 민주적이고 분권화가 되어 있을수록 압박이 크게 느껴질 것이다. 그러나 민간기업이 품질이 낮은 서비스를 제공하면, 이런 서비스를 이용하는 사람들은 누구에게 불만을 나타내야 하는가? 그들은 민간기업 자체에 불만을 드러낼 수는 있다. 그러나 국가가 기업의 이윤을 보장해주는데, 무엇 때문에 민간기업의 경영진이 화가 난 서비스 이용자가 하는 말을 듣겠는가? 서비스 이용자는 정치인들에게 압력을 가할 수도 있다. 그러나 정치인들은 이용자에게 그 문제에 대해서는 민간기업과 이야기하라고 할 것이다. 서비스에 불만을 가진 소비자들이 공급자를 변경할 수 있는 시장이 존재하지 않는 상황에서, 공공서비스의 민간 공급은 공급자에게 민주적 책임으로부터 자유롭게 해준다.

오늘날 공공서비스 기관은 예전보다 더 적은 사람들에게 품질이 낮은 서비스를 높은 비용을 들여 상당히 비효율적인 방법으로 제공한다. 그들은 하나로 통제되는 관료주의 집단이고, 품질 개선을 요구하는 경쟁 압력이 존재하지 않는 상황에서 자유시장의 이윤 극대화 논리에 따라 경영되고 있다. 공공서비스의 품질 저하가 때로는 중산층에게 민영화된 사회보험에 가입할 것을 장려하기 위한 의도적인 전략에서 비롯된 것일 수도 있다. 이는 그들이 공공부문에서 계속되고 있는 품질 저하에도 아무런 영향을 받지 않는다는 것을 의미한다. 지금 국가는 공공서비스의 많은 부분을 관리하는 거대한 관료주의 집단 앞에서 자기 목소리를 내지 못하게 된 가난한 사람들에게 품질이 낮은 서비스를 제공하는 상황에 처해 있다.

어떻게 하면 신자유주의 국가들이 이처럼 시민의 대다수를 존중하지 않는 상황에서 빠져나올 수 있을까? 그들은 항상 다른 선택이 없다는 뻔한 말을 한다.

채권 자경단의
등장

1983년 미국의 어느 주요 증권회사의 이코노미스트로 근무하던 에드워드 야데니Edward Yardeni가 '채권 자경단bond vigilantes'이라는 용어를 만들었다.[31] 야데니는 정부의 정책이 채권 투자자들에게 이익이 되는지 혹은 손해가 되는지를 살펴보기 위해 채권 자경단이 계속 감시할 것이라고 주장했다. 다시 말해, 자본이 자유롭게 이동하는 시대에, 정부는 투자자에게 자국이 투자할 만한 가치가 있는 곳이라는 사실을 입증해야 할 의무를 진다는 것이다. 국가가 투자할 만한 가치가 없는 곳이라면, 채권 자경단은 호주머니에 현금을 가득 채워 넣고서 떠날 것이다. 야데니의 채권 자경단은 시장 원리를 구현했다. 국가가 외국인 투자자본의 가치를 지켜주지 못하면, 외국인 투자자들이 이 국가의 정부 채권을 포함해 자산을 매각하는 자본 도피capital flight에 직면하게 될 것이다.

자본 도피는 자국 통화의 가치를 하락시켜 수입에 의존하는 국가는 인플레이션을 초래하고 외채에 대한 이자 부담을 가중시킨다. 고정환율제를 채택하는 국가는 공공 지출을 삭감하거나 굴욕적인 평가절하를 받아들여야 한다. 채권 자경단은 정부 채권을 매각해 국가 신용도에 더욱 직접적으로 영향을 미칠 수 있다. 특정 국가의 정부 채권에 대한 수요가 높을수록 그 수익률이 낮다. 이것은 특정 국가의 부채 상환 능력에 대한 투자자의 신뢰가 높을수록 이 국가의 차입금 조달에 따르는 비용이 낮다는 뜻이다. 국가가 투자자들의 신뢰를 잃으면 재앙이 뒤따를 수 있다. 국가의 정부 채권에 대한 대량 매각이 일어나고, 이에 따라 부채에 대한 이자 비용이 급격하게 상승하면 궁극적으로는 국가부도의 위기에 빠져들 수도 있다.

자본시장의 자유화 이전에는 대부분의 선진국이 국제 금융시장이 자국의 국내 정책 결정을 어떻게 바라보는가에 대해서는 크게 걱정하지 않아도 되었다. 투자자들은 자금을 국경을 넘어 이동시키려면 제약을 받았다. 이것은 어느 한 국가에서 대량의 자본 유입이나 유출이 발생하면 브레턴우즈 체제의 핵심이라 할 고정환율제를 유지하는 것이 거의 불가능하기 때문이었다. 그러나 자본 이동에 대한 통제가 철폐되고 기관 투자자들이 출현하면서, 모든 상황이 변했다. 소수의 대규모 투자자들이 특정 국가에 대한 투자를 철회하기로 결정하면 위기를 촉발시킬 수 있다. 이것은 채권 자경단에 엄청난 권력을 부여했다. 이제는 국제적인 투자자들이 민주적으로 선출된 정부의 경제 관료들을 신뢰할 수 없다고 판단할 경우, 정부를 약화시키거나 때로는 전복시킬 수도 있게 되었다.

이런 시장원리를 보여주는 가장 적절한 사례가 바로 1983년의 프랑스 미테랑 정부 시절에 일어난 자본 도피이다.[32] 미테랑은 1981년에 기본적으로 전후 합의의 확대를 의미하는 사회주의 정강을 내세워서 대통령에 당선되었다. 그가 들고나온 프랑스를 위한 110가지 제안110 propositions for France에는 케인스주의에 입각한 대규모 투자 프로그램을 통해 성장을 부활시키고, 주요 산업을 국유화하고, 부유세를 인상하고, 유럽의 기관들을 민주화한다는 공약이 포함되어 있었다. 미테랑은 이것이 '프랑스가 사회주의로 가는 길'의 초석이 되기를 바랐다. 하지만 그는 의제를 추진하기에 가장 적절하지 못한 시기를 선택했다. 브레턴우즈 체제의 종식과 미국과 영국에서 등장한 신자유주의로 자금의 국제적 유통이 활발해졌기 때문이다. 투자자들은 세계에서 가장 규모가 큰 경제 중 하나가 새로운 사회주의의 재앙으로 치닫는 것을 허락하지 않으려고 했다.

당시 글로벌 노스의 다른 국가들과 마찬가지로 프랑스도 경제 위기의 한가운데에 있었다. 프랑스 사회민주주의 치하에서 세계 시장에서의 경쟁은 기업의 수익성을 악화시키고 있었고, 원유 가격이 폭등했으며, 인플레이션과 실업이 경제를 서서히 침몰시키고 있었다. 오늘날과 마찬가지로, 프랑스가 이러한 압박에 맞서기 위해 통화정책을 추진할 수 있는 권한은 자국 통화의 가치를 독일 마르크화에 고정시킬 것을 요구하는 유럽통화제도European Monetary System의 가맹국인 관계로 제한되어 있었다. 당시 프랑스도 세계 경제를 충격에 빠뜨렸던 볼커 쇼크Volker Shock(미국 연방준비제도가 추진한 급격한 금리 인상으로 수십억 달러에 달하는 자본이 미국으로 유입된 사건)의 영향을 받고 있었다. 미테랑 대통령이 프랑스 은행을 국유화하려는 시도는 외국인 투자자들이 프랑스에 자본을 계속 투자하려는 의지를 꺾어 놓았고, 프랑스도 무역 적자를 기록하고 있었다. 이 모든 요인들이 은행 예금에서 부동산, 정부 채권에 이르기까지 프랑스에 있는 자산이 대량으로 빠져나가도록 했고, 프랑스는 1981년 2월부터 5월 사이에 자본 도피로 약 50억 달러에 달하는 자산이 빠져나가는 상황을 맞이했다. 미테랑 대통령은 자본 이동에 통제를 가할 것인가, 아니면 긴축정책을 엄격하게 추진하고 프랑스가 사회주의로 가는 길의 초석을 다지겠다는 약속을 어기면서 국제 금융계의 요구에 굴복할 것인가의 양갈래에서 선택을 해야 했다. 결국 그는 후자를 택했다.

이 이야기는 1980년대에는 투자자들이 그들의 이해관계를 충족시켜줄 것을 혹은 (국제 금융계의 요구대로) 시장의 논리를 준수할 것을 민주적으로 선출된 정부에 강요할 수 있을 만큼 강력한 힘을 갖게 되었다는 것을 의미한다. 또한 신자유주의의 등장을 보여준다. 정부는 감세, 금융시장에 대한 규제 철폐, 사유재산권 존중, 인플레이션 퇴치처럼 투자자에게 친화적인 정책을 약속하고 추진하는 것 외에는 선택의 여지가 없다. 그러나 여기에는 더 많은 의미를 담고 있다. 채권 자경단의 영향력이 커진 것은 투자자들만큼이나 신자유주의 정부에도 도움이 되었다. 따라서 대중의 반대에 직면하고도 자신이 품고 있는 급진적인 경제 의제를 추진하려고 했던 대처 총리와 레이건 대통령을 비롯한 그 밖의 지도자들이 공공 지출을 삭감하고, 작은 정부를 추구하고, 시장에 대한 규제를 철폐하는 것 외에는 다른 대안이 없다고 확실히 주장할 수 있게 되었다. 이제는 정부가 국제적인 투자자들과 경쟁해야 한다는 생각이 경제지와 대중지에서 재생산되는 경제 담론에서 핵심 주제가 되었다.

금융부문의 성장은 이것이 현대의 기업 혹은 가계가 작동하는 방식을 형성했던 것과 마찬가지로, 현대의 국가가 작동하는 방식을 형성했다. 그러나 기업의 금융화를 '착한' 자본가와 기생충과 같은 금융엘리트 사이의 싸움으로 바라보면 안 되는 것처럼, 국가의 금융화를 외부로부터 강요된 것으로 봐서도 안 된다. 신자유주의를 신봉하는 정치인들은 채권 자경단에 굴복하는 것을 두려워하지 않는다. 그들은 자신이 국내 경제를 글로벌 자본의 이익을 위해 재건했던 것처럼, 세계 경제도 같은 방식으로 재건하기 위해 투자자들과 협력한다.[33] 채권 자경단은 겉표지만을 제공했다. 국가는 투자자들을 더욱 강력하게 만들고, 신자유주의정책을 원치 않는 대중에게 이를 부과하는 것을 정당화하기 위해 시장 경쟁의 논리를 가져와서는 금융시장에 대한 규제를 철폐했다. 1980년대에는 채권 자경단이 대처 총리와 레이건 대통령과 같은 정치인들이 신자유주의에 대한 대안은 없다고 주장하는 것을 가능하게 했다. 미테랑 정부 시절의 프랑스에서 볼 수 있듯이, 사회주의 실험은 모두 시장에 의해 엄벌을 받을 것이다.

편협한
기술관료주의

채권 자경단은 재정정책을 정치 토론의 영역 밖에 두려는 활동을 지지했다. 자본이 자유롭게 이동하는 시대에 국가는 시장이 원하는 대로 하는 것 외에는 다른 선택이 없다. 그러나 여기에 진실의 일면이 들어 있다고 하더라도, 통화정책권을 가진 국가는 이러한 주장이 시사하는 것보다는 여전히 훨씬 더 큰 힘을 갖고 있다. 채권 자경단은 경제학을 정치학의 영역 밖에 두기 위해서는 훨씬 더 많은 활동을 해야 한다는 사실을 알고 있었다. 이때 하나의 학문으로서의 경제학이 발전하면서, 그들의 주장을 정당화해주는 논리가 나온 것이다.

1970년대에 신고전파 경제학자들은 케인스주의에 대한 힉스Hicks의 버전을 가져와서는 이것을 경제학자 조안 로빈슨Joan Robinson이 "가짜 케인스주의bastard Keynesianism"라고 일컬었던 것을 만들기 위해 고전파 경제학자들이 정립한 이론적 틀에 짜맞추었다.[34] 그들은 이것이 경제학자들이 인간의 행동에 관한 단순한 가정에 근거해 경제 행위의 기본 '법칙'을 보여주게 될 복잡한 모델링 문제를 풀 수 있게 해준 수학의 발전으로 가능했던 혁신이라고 주장했다. 인간은 완전히 합리적이고 효용을 극대화하기 위해 연산하는 기계이며, 질서정연하고도 예측 가능한 방식으로 상호 작용하면서 거시경제 수준에서 분명한 선형 패턴을 만들어낸다. 최선의 신고전파 경제학자들은 이 가정들이 현실을 정확하게 반영하기 위한 것은 아니고, 여기서 나오는 결과를 가지고 정책을 손쉽게 도출할 수는 없을 것이라고 말할 것이다. 최악의 신고전파 경제학자들은 결과가 바람직하다면 이 가정은 중요하지 않으며, 정책 입안자들이 경제학에서 나온 결과물을 가지고 무엇을 하든 그것은 자기하고는 무관한 일이라고 말할 것이다. 경제학자들에게는 흔한 일이듯, 최악의 경제학자들이 승리했고 신고전파 경제학의 결과물이 정치 담론 속으로 스며 들어갔다. 최종적으로는 경제학이 중립적인 경제적 사실로만 이뤄질 수 있다는 견해가 널리 전파되었다. 이것이 정책 입안자들에게 맹목적으로 수용되었고 그들은 성장을 극대화하기 위한 '최적의' 정책 조합을 추진할 수 있었다.

바로 이 시점에서부터 사람들은 정부의 경제적 성공을 GDP 증가율, 인플레이션, 실업과 같은 기술관료주의적인 지표에 근거해서 객관적으로 판단하게 된다. 특히, 전능한 GDP와 같은 지표들이 경제학 담론을 지배하게 되었다. 기술관료주의적인 신고전파 경제학 담론과 전능한 GDP 조합이 경제에 관한 정치적 논쟁에 종지부를 찍었다. 이제부터 경제학은 전문가에게 맡기는 것이 가장 나은 자기만의 독립적인 학문이 되었다. 물론 전문가의 등장이 진정으로 의미하는 것은 힘 있는 자에 의해서 정책 포획policy capture(공공정책의 결정이 공익이 아니라 특정 이익집단이나 개인의 이익을 위해 반복적으로 이뤄진다는 의미이다—옮긴이)이 이뤄진다는 것이다.[35] 유권자에 대한 책임을 지지 않는 상태에서, 거시경제정책에 관한 의사결정은 이것이 부자에게 제공하게 될 수익에 바탕을 두고서 이뤄질 수 있다.

전문가에 의한 지배가 어떻게 정책 포획을 용이하게 하는지를 보여주는 가장 훌륭한 사례로 중앙은행의 독립성을 주장하는 것을 들 수 있다. 신고전파 경제학자들은 '인플레이션 편향inflation bias'을 지닌 정치인 때문에 자신들이 무능한 경제 관리자가 되어 버린다고 주장한다. 정치인들은 성장을 촉진하고 재선을 보장받기 위해, 자신의 행위가 장기적으로 어떤 의미를 갖는지 생각도 않은 채 금리를 인하하고 현재의 정부 지출을 증가시키려고 한다. 그러나 이것이 소비자의 소득을 떨어뜨리는 인플레이션을 일으켜서 결국에는 경제에 피해를 입히게 된다. 해결책은 분명하다. 자신의 재선 가능성만을 생각하는 정치인들의 눈치를 보지 않고 사용할 수 있는 강력한 도구를 갖게 하는 것이다.

어떤 이들은 중앙은행의 독립성이 결국에는 산업자본에 피해를 입히고 금융자본의 이익을 실현하는 고금리를 초래하게 되어 있다고 주장한다. 그러나 금융화된 경제에서는 상황이 훨씬 더 복잡하다. 역사적으로 보면, 금융자본의 이해관계와 산업자본의 이해관계 사이에는 이분법이 존재한다고 여겨진다.[36] 금융자본은 대출 수익을 극대화하기 위해 고금리를 선호하지만, 산업자본은 자금을 저렴한 비용으로 빌리기 위해 저금리를 선호하는 것으로 알려져 있다. 그러나 기업이 금융화되면서, 두 종류의 자본의 이해관계가 합치되었다.[37] 주주 가치에 헌신하는 기업의 경우에는 높은 이윤이 투자자에게 높은 수익률을 의미했고, 이것이 투자자의 고금리에 대한 집착을 약화시켰다. 은행도 현대의 금융 시스템에서 이윤을 얻기 위해 고금리에 덜 의존하는 경향이 있다. 금리가 떨어지면서 은행은 이자 수입보다는 증권화와 같은 과정에서 발생하는 수수료 수입에 더 많이 의존하게 되었다.

그러나 한편으로는 고금리가 인플레이션 퇴치를 보장하기 때문에, 저금리 기조가 지나치게 오랫동안 유지되는 것도 자산 보유자의 이해관계에 도움이 되지 않는다. 인플레이션은 장기적인 자산을 보유한 사람에게는 그 가치를 떨어뜨리기 때문에 피해를 입힐 수 있다. 연간 물가상승률이 5%이고 투자에 대한 명목 수익률이 4%라면, 실질 수익률은 마이너스가 된다. 이것은 금융업자가 금리에 대해 갈등하게 만들 수 있다. 그들은 높은 이윤을 원하지만 인플레이션을 원하지는 않는다. 대처 총리의 업적은 영국 자본가들이 두 마리 토끼를 한꺼번에 잡을 수 있게 해준 것이었다. 규제 철폐, 민영화, 감세정책으로 이윤이 급등했지만, 이것이 임금 인상의 형태로 노동자에게 돌아가지는 않았다. 대처 총리는 노동조합을 탄압해 그들의 입지를 약화시켰고, 이에 따라 노동조합은 인플레이션에 따른 임금 인상을 요구할 수 없게 되었다. 이것은 어떠한 형태의 비용 증가라도 임금이 낮아진 노동력에 의해 흡수될 수 있다는 것을 의미했다.

물가상승률이 비교적 낮게 유지될 것이라는 보장이 있으면, 통화정책은 자산 가격을 상승시키는 방향으로도 진행할 수 있다.[38] 중앙은행이 금융부문에 의해 사실상 포획되면서, 1990년대에는 저금리 기조가 계속 유지되었고, 이에 따라 대출이 확대되고 자산 가격이 상승했다. 대부분의 시사문제 해설자들이 '저금리'가 1990년대 말에 발생해 2000년대 초에 붕괴된 닷컴버블dot-com bubble의 주요 원인이라는 점에 동의한다. 금융화시대에는 독립적인 중앙은행이 투자자들에게 가장 많은 혜택을 줄 수 있는 두 가지의 거시경제적 조건, 즉 소비자 물가의 낮은 상승률과 자산 가격의 높은 상승률을 제공할 수 있었다. 중앙은행은 민주적 책임으로부터 자유로운 상황에서 이로 인해 필연적으로 초래하게 될 금융 불안정에 대해 비난받지 않아도 되었다. 실제로 정치인들이 1990년대의 금융 호황을 조장했다. 규제가 완화되었고, 금융부문을 감독하기 위해 금융서비스청과 같이 규제를 까다롭지 않게 적용하는 기관이 설립되었는데, 금융업계 출신이 여기서 근무하기도 했다.[39]

여러모로 보아 1990년대에 글로벌 자본은 또 다른 대처 총리보다는 신노동당이 더 괜찮았다. 대처 총리의 보수당 정부가 1990년대 후반의 영국 사회를 규정짓는 계급 분리를 명백하게 초래했지만, 신노동당은 이것이 극명하게 드러나는 것을 숨길 수 있었다. 블레어 총리는 대처 정부가 결코 하지 못했던 방법으로 금융 주도 성장 모델이 영국 사회에 뿌리내리게 했다. 계급은 이제 중요하지 않았다.

'밀물은 모든 배를 띄운다'고 했다. 필요한 것은 경험이 많은 정책 입안자가 경제 성장을 극대화하는 '올바른' 정책을 선택하는 것이었다. 영국이 엘리트에 이익이 되는 경제정책을 계속 추진하고 있는 동안에, 엘리트와 그 밖의 모든 사람 사이의 전선은 더 이상 눈에 띄지 않았다. 주택 소유자가 많아지고 가계부채가 증가하면서 그 전선이 희미해졌던 것이다. 어떤 이들은 이제 전선이 존재하지 않는다고 주장한다. 자본주의의 마지막 단계는 계급이 없는 유토피아를 만드는 것이었다. 그러나 1929년 이후로 최대 규모의 금융 위기가 또다시 금융 주도 성장의 계급 기반을 드러나게 했다.

5장 경제 붕괴

안정은 불안정에 이르게 한다. 더 안정적일수록 그리고 더 오랫동안
안정적일수록 위기가 닥치면 점점 더 불안정해진다.

-하이먼 민스키Hyman Minsky

2008년 9월 15일은 미국에서 가장 역사가 오래되고 규모가 큰 은
행이라 할 리먼 브라더스Lehman Brothers가 파산신청을 하던 날이었
다. 리먼 브라더스는 6,000억 달러에 달하는 자산을 보유하고 있
었기 때문에, 미국 역사상 최대 규모의 파산이 되었다.[1] 금융시장
은 충격에 빠졌다. 불과 며칠 전에, 미국 정부는 서브프라임에 크
게 노출된 모기지 대부업체인 패니 매Fannie Mae(미국연방저당권협
회)와 프레디 맥Freddie Mac(미국연방주택금융저당회사)을 국유화하기

로 했다. 미국 정부가 리먼 브라더스를 파산하게 내버려둔다는 사실이 세계적으로 패닉을 일으켰다. 모기지 디폴트mortgage default(주택담보대출의 채무불이행—옮긴이)가 급증하는 상태에서 얼마나 많은 은행이 리먼 브라더스와 비슷한 규모로 서브프라임 손실에 노출되어 있는지를 알 수가 없었다.

문제는 전 해에 시작되었다. 2007년에 미국에서 모기지 디폴트가 증가하기 시작했던 것이다. 호황기에 판매한 모기지대출 상품에는 대부분 변동 금리가 적용되었다. 이 말은 대출이 발생하고 나서 처음 몇 년 동안에는 낮은 금리가 적용되지만, 이후로는 높은 금리가 적용된다는 뜻이다. 이 대출을 받은 사람들은 티저 금리 teaser rate(변동금리 대출자에게 처음 1~2년간 적용되는 낮은 금리—옮긴이) 기간이 종료되면 금리가 더 낮은 모기지로 항상 바꿀 수 있다고 생각했다. 그러나 2007년이 되면서 바꾸는 것이 더욱 어려워졌고, 많은 사람이 자신이 감당할 수 없는 고금리에 갇혀 있어야 한다는 사실을 깨달았다.

2006년에는 주택 가격이 보합세를 유지했다가 이후로 하락하기 시작했다. 이제는 모기지 디폴트가 급증했고, 은행이 걱정을 하기 시작했다. 문제가 미국 모기지시장에서만 발생했더라면 상황은 미국과 (어쩌면) 영국의 주택시장 위기로 끝났을 것이다. 그러나 2007년이 되면서 더 이상 모기지만의 문제가 아니었다. 1980년대와 2007년까지 호황기에 은행이 발생시킨 부채가 세계의 금융 시스템을 바꿔놓았다. 매일 수백만 달러의 가치를 지닌 모기지가 모여 증권으로 포장돼 금융시장에서 거래되었고, 보험에 가입되고 돈을 걸기 위한 대상이 되었으며, 다시 포장되어 끊임없이 연결되는 금융의 매개 수단이 되었다.

위기가 커지면서, 이것이 (자신의 무모함으로 세계 경제를 마비시켰던) 대형 은행의 탐욕과 금융 마법으로 발생한 금융 붕괴의 전형이 되었다. 그러나 대형 은행의 수익을 향한 끈질긴 욕망이 위기를 심화시켰지만, 위기의 기원은 실물경제에서 일어나는 현상인, 모기지대출로 거슬러 올라갈 수 있다.[2] 그리고 이것은 금융화가 빚어낸 것이었다. 지금까지 영국의 관점에서 설명한 금융 주도 성장이라는 앵글로아메리카 모델은 정책 입안자들이 자신이 호황과 불황을 능숙하게 다루고 있다고 생각하더라도, 독특하게도 금융부문이 불안정했다. 앵글로아메리카 모델은 부채를 기반으로 하면서 항상 버블을 일으키는 자산 가격 인플레이션을 전제로 했다. 2008년에 터진 버블은 지금까지 경제 역사에서 본 것 중 가장 규모가 크고 세계적이고 복잡한 것이었다.

맥락상 2008년의 위기는 단순히 대서양을 횡단하는 은행 위기만은 아니었다. 그것은 금융 주도 성장 그 자체에 내재된 모순에서 비롯된 금융자본주의의 구조적 위기였다. 저임금, 지대추구자본주의에 따른 수요 감소를 완화하는 데 필요한 사유화된 케인스주의에 바탕을 둔 정치 체제는 항상 불안정이 내재해 있었다. 은행에 대한 규제 철폐는 단번에 금리가 저렴한 자금에 대한 수요를 급증하게 했고, 이것이 주택과 자산 시장에서의 버블을 일으켰다. 정부는 금융 안정성을 위해 버블을 약화시키기보다는 정치적인 편의주의 때문에 이것이 커지도록 내버려두었다. 생산적인 투자가 아니라 투기를 목적으로 하는 수십억 파운드의 부채를 발생시킨 경제는 빌려온 시간으로 버티고 있었지만, 2008년이 되어서는 그 시간이 끝나가고 있었다.

버블경제의
배경

금융 위기가 세계 경제를 휩쓸게 되자, 영국 여왕은 경제학자들에게 이것이 다가오고 있다는 사실을 왜 아무도 예상하지 못했냐며 캐물었다. 세계 전역의 경제학자들도 자신에게 똑같은 질문을 했다. 이들은 지난 10년 동안 경제정책의 중심에 있는, 경기순환의 상승과 하락을 완화시키는 중대한 문제를 해결했다면서 자화자찬했다. 신고전파 경제학자들은 총수요에 관한 케인스의 통찰 중 일부를 가져와서 고전파 경제학의 틀에 짜 맞추고는 경제정책에 관한 어떠한 질문에도 완벽한 답을 줄 수 있는 매우 정확한 거시경제 모델을 구축했다고 주장했다. 그들은 예측 성공이 금융 위기 이전의 이른바 '대안정기great moderation'(고성장, 저물가, 상대적 안정의 시기)의 밑바탕이 되었다고 주장한다. 나중에 드러났듯이, 대안정기에는 이와 같은 것들이 존재하지 않았다. 자산 가격은 계속 오르기만 했고, 시스템 내에는 더욱 커다란 위험이 조성되고 있었다.[3] 2008년의 금융 위기가 발생하게 된 원인의 일부는 그것이 엄청나게 커서 이를 선행하는 과열의 기간이 상당히 길었다는 점에 있었다.

하이먼 민스키에 따르면, 안정은 불안정에 이르게 한다. 금융시장의 안정이 오랫동안 지속되면, 불안정에 이르게 하는 행동을 하게 만든다.[4] 민스키의 연구는 투자가 객관적인 시장 합리성보다 인간의 심리에 의해서 결정된다고 주장하는 케인스이론에 바탕을 둔다. 이러한 심리적 요인들의 조합과 엄청나게 많은 부채를 창출할 수 있는 현대 자본주의의 능력이 근본적으로 불안정한 금융 시스템의 원인으로 작용한다. 금융시장은 주기적인 버블과 패닉에 의해 규정된다. 그리고 이것이 신용경색 credit crunch(금융기관 등에서 자금의 공급이 원활히 이뤄지지 않아서 어려움을 겪는 현상—옮긴이)과 불황을 초래하면서, 실물경제에 영향을 미친다.

불안정은 불확실한 상황에서 투자를 하게 만드는 심리적 요인에서 비롯된다. 투자 결정은 투자에 소요되는 비용과 투자에서 얻는 기대수익률에 의해 이뤄진다. 케인스는 이 두 가지 변수(비용과 기대수익률)가 다른 종류의 가격 시스템에 의해 지배를 받는다고 주장했다. 케인스의 두 가지 가격이론(나중에는 민스키가 또 다른 가격이론을 추가했다)은 기업이 차입을 할 경우에 투자금 조달에 따르는 비용을 포함해 투자 관련 비용과 차입 관련 위험은 지금 경제에서 어떤 일이 일어나고 있는가에 의해 결정된다는 것을 보였다. 방정식에서 다른 변에 있는 투자에서 얻는 기대수익률은 기업이 미래에 경제에서 어떤 일이 일어날 것으로 생각하는가에 의해 결정된다. 이러한 기대는 미래의 경제 성장, 파산의 가능성 등과 같은 불확실성의 지배를 받으므로 인간 심리의 변덕에 의해 더 많은 지배를 받는다.

불확실성과 가격의 관계에 관한 이해가 케인스의 가장 중요한 이론적 혁신 중의 하나다. 인간은 대체로 불확실성의 성격을 제대로 이해하지 못하고 이것을 위험과 혼동한다. 그러나 위험은 수량으로 나타낼 수 있지만 불확실성은 그렇지 않다. 위험 측정은 주사위 던지기와 같은 간단한 사건에 적용되지만, 불확실성 측정은 '내가 10년이 지나서도 그 주사위를 계속 보유할 것인가, 그렇지 않을 것인가'를 결정하는 것과 같다. 우리는 지난 몇 분기 동안 경제가 성장했다는 사실에 근거해서 이 추세가 지속될 확률을 평가해 투자를 할 수 있다. 그러나 우리가 시장에 새로운 발명품이 들어오거나 지구가 어느 소행성과 충돌할 가능성을 확인할 수 있는 방법은 없다. 따라서 투자에 관한 한, 낙관주의와 비관주의가 중요하다. 어쩌면 이런 것들이 경제학에서 전통적으로 취급하던 현재의 비용이나 성장률과 같은 쟁점보다 훨씬 더 중요할 것이다. 투자자들이 미래를 낙관하면, 미래의 수익이 더 높을 것으로 기대할 뿐만 아니라 미래의 차입금 조달에 따르는 비용도 감소할 것으로 기대하고 그들이 파산할 것이라고는 생각하지 않을 것이다. 따라서 투자를 훨씬 더 많이 하고, 투자를 위해 자금을 훨씬 더 많이 빌릴 것이다. 여기서 한 가지 주목해야 할 중요한 사실은 투자 결정을 하게 만드는 것이 지금 경제에서 어떤 일이 일어나고 있는가보다는 '기업가들이 미래(그들이 특정한 지식을 갖고 있다고 주장할 수 없는 시간time horizon을 의미)에 어떤 일이 일어날 것으로 생각하는가'에 달려 있다는 것이다.

지금까지의 이야기를 종합하면, 행동에서의 차이가 버블을 일으킬 수 있다는 것이다. 경제가 상승 국면에 진입할 때에, 주식과 같은 금융자산의 가격은 상승하기 시작한다. 투자자들은 좋은 시절이 가까운 미래에도 계속될 것으로 기대하고 주식을 매입한다. 다수의 투자자들이 같은 자산을 매입하면, 이것의 가격이 상승한다. 예를 들어, 비트코인의 가격 상승을 생각해보자. 비트코인은 이것이 가져다주는 효용과는 거의 무관하게도 암호화폐의 미래 가치에 대한 기대에 따라 가격이 상승했다. 투자자들은 일정 기간에 걸쳐서 수익률이 매우 높게 나오면, 투자를 위해 더 많은 금액을 빌리기 시작했다. 은행은 경제가 호황 국면에 있으면 기업에 자금을 더 많이 빌려준다. 이렇게 많은 자금이 금융 시스템에 들어오면서, 자산 가격이 훨씬 더 많이 오르고 미래에 대한 낙관에 근거한 자산 가격 인플레이션이라는 자기강화적 순환을 낳는다.

결국 이러한 금융순환은 최근에 오직 투기에 의해 자산 가격이 상승함에 따라 금융자산을 향해 투자자들이 몰려드는 폰지 금융의 국면에 진입한다. 과거의 채권자에게 빚을 갚기 위해 새로운 사람들을 모집하는 폰지사기와 마찬가지로, 투자자들은 단순히 이자를 갚기 위해 빚을 끌어들이게 된다. 이것이 바로 민스키의 널리 알려진 '안정은 불안정에 이르게 한다'는 통찰의 근간을 이룬다. 즉, 투자자들이 자산 가격의 폭락이 없이 오랫동안 높은 수익을 얻으면, 미래의 성장 전망에 대해 과신하고는 그렇지 않았더라면 감수하지 않았을 위험을 기꺼이 감수한다.

그러다가 결국에는 대출이 갑자기 중단되고 투자가 감소하며 자산 가격이 보합세를 띠게 된다. 이제 투자자들은 파티가 끝났음을 직감하고 자산을 더 이상 매입하지 않거나 매도하기 시작한다. 상승 국면에서 수요가 증가해 가격이 상승하던 때와 마찬가지로, 수요가 서서히 감소하면서 자산 가격이 하락하기 시작한다. 투자자들은 자산 가치가 계속 떨어질 것이라는 생각에 공포를 느끼면서 매도하기 시작하고, 이것이 금융 시스템 전반에 걸쳐서 연쇄반응을 일으키는 촉매제가 된다. 극단적인 경우에는 이런 공황 매도가 실물경제에서도 가격 하락을 초래할 수 있다. 자산 가치의 하락은 수익성을 악화시키고 투자와 임금, 투자자와 가계의 부를 하락시키며 지출을 줄이는 결과를 낳는다. 무제한적인 대출은 상승 국면을 연장시키고 하강 국면을 악화시켜 이러한 역학을 더욱 강화한다. 이윤이 감소하면, 기업은 부채를 상환하기 위해 훨씬 더 많은 자산을 매각하거나 노동자들을 해고한다. 상승 국면에서 자산을 매입하기 위해 부채를 끌어들인 사람은 자산 가치가 갚지 못한 부채보다 더 낮아서 자기 지분이 마이너스가 되기도 한다. 그들은 부채를 상환하기 위해 꼭 필요한 지출을 제외하고는 모든 지출을 뒤로 미뤄야 하고, 결과적으로 수요가 감소한다. 그런데도 결국 파산할 수도 있다.

지난 역사를 돌이켜보면 이런 현상은 주로 기업의 투자에서 나타났지만, 가계의 금융화는 이것이 평범한 소비자들에게도 나타날 수 있다는 것을 의미했다. 2007년 이전에는 소비자들이 주택을 구매하기 위해 엄청나게 많은 금액을 대출받았고, 이에 따라 주택 가격이 상승했고 모기지대출이 투기와 같은 게임으로 변질되었다. 주택 가격이 상승하고 그 어느 때보다도 신용을 쉽게 얻을 수 있게 되면서, 주택은 엄청난 가치를 지닌 금융자산이 되었다. 사람들은 주택이 필요하기 때문이기도 하고 그 가치가 계속 상승할 것이란 기대 때문에도 주택을 구매하기 시작했다. 일부는 두 채 이상을 구매했는데, 이 과정에서 모든 주택에 대해 부채를 끌어들였다. 또는 또 다른 자산을 구매하거나 심지어는 휴가를 즐기거나 신형 TV를 구매할 목적으로 자기 지분을 가져오기 위해 주택 차환refinance을 하기 시작했다.

버블이 그 규모가 엄청나게 커지고 오랫동안 지속된 데에는 두 가지 원인이 작용했다. 한편으로는 실물경제에서 발생한 변화 때문에 불안정이 자연스럽게 나타났다. 앵글로아메리카 자본주의가 20세기 후반부에 목격했던 금융화는 국민소득에서 노동자가 차지하는 비중을 낮추고 지대추구자가 차지하는 비중을 높여 놓았다. 이에 따라 불평등이 심화되었고 결과적으로 수요와 성장이 위축되었다. 은행에 대한 규제 철폐와 민영화로 신용이 확대되고 자산 소유자가 많아져서 이 추세가 드러나지 않았다. 이 과정에서 대다수의 노동자가 버려졌지만, 일부 노동자는 자산 가격의 상승으로 혜택을 보았다. 그동안에 금융화된 국가가 호황 시기에 이익을 얻은 엘리트의 이해관계를 충족시켜주기 위해 경제정책과 금융규제에 대한 통제권을 행사했다. 얼마 지나지 않아 버블은 그 규모가 커져서 통제하기 힘든 지경에 이르렀다. 주택 가격이 상승해 소비자들이 부자가 된 것처럼 느꼈고, 따라서 임금이 생산성에 비해 하락하고 있는데도 훨씬 더 많은 신용을 얻을 수 있었다. 이처럼 민간부채가 급증하면서, 영국과 미국 경제는 사상 유례를 찾아보기 힘들 정도로 붕괴에 취약해졌다. 그러나 불안정은 금융 주도 성장에 따라 자연스럽게 나타나는 불일치로 인한 수요의 만성적인 부족으로 치부될 수 있었다.

다른 한편으로는 이러한 호황이 오랫동안 지속될 수 있었던 원인으로 금융의 세계화와 은행에 대한 규제 철폐가 국제 금융 시스템에서 유동성이 급격하게 증가하게 했다는 사실을 꼽을 수 있다. 금융의 세계화는 은행과 투자자가 저축이 많은 국가에서 비축해둔 자본을 끌어쓸 수 있도록 했다. 금융부문에 대한 규제 철폐는 대출 제한을 완화시켰고, 은행이 자본을 사용해 더 많은 신용을 창출할 수 있도록 했다. 글로벌 은행들은 계속 유지되고 있는 대출 제한을 피해갈 수 있는 기발한 방법을 개발했다. 모기지는 경제 위기를 일으키는 폭파장치의 중심에 있는 다이너마이트와도 같았지만, 폭파장치 그 자체가 경제 붕괴 이전에 나타났던 금융 혁신 덕분에 변형되었다.

변형은 몇 가지 특징을 갖고 있었다. 자본 이동에 대한 통제가 철폐되어 자본 흐름이 현저하게 증가했고, 이와 관련해 금융의 세계화 추세가 뚜렷해졌다. 증권화가 진행되면서 평범한 모기지가 투자자에게 판매할 수 있는 금융자산으로 바뀌었다. 그림자금융 시스템이 등장해 은행이 전보다 더 많은 대출을 제공할 수 있게 되었다. 마지막으로 은행이 시장 기반 금융에 의존하게 된 것, 즉 국영 은행 예금이 아니라 다른 금융기관을 통해 자금을 조달할 수 있게 된 것은 전 세계 투자자들이 게임에 참여할 수 있게 되었을 뿐만 아니라 글로벌 은행들이 대출 조건의 변화에 사상 유례가 없을 정도로 크게 노출되었다는 사실을 의미했다.

시사문제 해설자들은 금융 위기에 대해 이야기할 때, 이 두 가지 원인 중 후자에 집중하는 경향이 있었다. 그러나 글로벌 금융의 복잡한 요인들이 위기가 발생하는 방식을 밝히기 위해 중요하지만, 이 요인들이 단순히 실물경제, 즉 임금 하락과 불평등 심화, 사상 최고 수준의 민간부채에 이르게 한 금융 주도 성장의 출현에 뿌리를 두는 추세를 연장시키는 데 기여했다는 사실을 명심해야 한다. 따라서 서로 연결된 차입금에 기반을 둔 불안정한 금융 시스템의 성장과 실물경제 수준에서의 금융화의 두 가지 조합이 위기 이후로 무엇이 일어났는가에 대한 것뿐 아니라 위기 그 자체가 갖는 고유의 깊이와 넓이에 대해 설명해준다.

금융의
세계화

브레턴우즈 체제의 종식과 자본 이동에 대한 통제 철폐로 이제는 자본이 지구상 거의 모든 곳으로 자유롭게 흘러 들어갈 수 있게 되었고, 이에 따라 금융의 세계화라는 새로운 시대가 열렸다. 1990년대 중반에 국경을 넘어 이동한 자본 총액은 세계 GDP의 5%였지만 2007년에는 20%로 증가했다. 이는 무역 흐름과 비교해 세 배나 더 빠른 속도로 증가한 것이었다.[5] 선진국 그룹에서 외국인들의 자산 소유액은 1980년 GDP의 68%에서 2007년 438%로 증가했다. 다시 말해, 2007년에는 선진국 경제가 외국인들에게 신세를 진 금액이 이들 경제 규모를 모두 합친 것보다 4배 이상 더 많다는 것이다.[6]

금융의 세계화는 국가와 나머지 세계와의 관계를 바꿔놓았다.[7] 전통적인 거시경제 모델에 따르면, 국제 무역은 국가 경제를 지배하는 일반 균형의 원리와 똑같이 지배받았다. 환율, 금리, 무역, 금융 흐름은 다른 경제의 제품, 서비스, 자산에 대한 수요와 공급의 균형을 달성하기 위해 조정되었다. 어느 국가가 무역 파트너들에게 판매하는 금액보다 더 많은 금액을 구매하여 경상수지가 적자를 나타내면, 자국 통화가 외국으로 빠져나간다. 이것은 경상 계정을 통한 소득이 자국 통화의 형태로 들어와야 하기 때문이다. 예를 들어, 미국의 소비자가 영국의 기계장치를 구매하려면 달러화를 파운드화로 바꿔야 한다. 나라의 통화는 공급이 많고 수요가 적으면 그 가치가 하락하게 된다. 즉, 경상수지가 적자를 기록한다는 것은 자국 통화의 가치가 하락하는 것을 의미한다. 즉, 다른 나라의 통화와 비교해 그 가치가 떨어진다는 뜻이다. 자국 통화의 가치가 떨어지면 자국 제품을 외국 소비자들에게 더 낮은 가격으로 수출할 수 있고, 따라서 수출품에 대한 수요가 증가한다. 장기적으로는 경상수지 적자를 기록한 국가는 자국 통화의 가치 하락을 겪게 되고, 이에 따라 수출품의 경쟁력이 높아져서 수출품에 대한 수요가 증가해 적자 상태에서 벗어나게 된다. 그리고 경상수지 흑자를 기록한 국가에서는 반대의 현상이 일어난다. 이렇듯, 경상수지와 환율과의 관계는 전 세계가 균형에 이르게 해준다. 어느 국가도 경상수지 적자 혹은 흑자를 오랫동안 계속 유지할 수는 없다.

그러나 1990년부터는 경상수지의 흑자 규모가 상당히 큰 '채권'국과 적자 규모가 상당히 큰 '채무'국 사이에서 세계적으로 커다란 불균형 현상이 일어났다. 미국과 영국 같은 국가는 경상수지 적자 규모가 계속 커지고 있지만, 일본, 중국, 독일은 흑자 규모가 계속 커지고 있다. 어느 지점에서 균형을 달성할 수 있을까? 적자 국가인 미국과 영국은 자국 통화의 가치가 크게 하락하는 것을 경험했어야 했다. 그리고 흑자 국가인 중국, 일본, 독일은 자국 통화의 가치가 크게 상승하는 것을 경험했어야 했다. 자국 통화의 가치 하락은 적자 국가에서 수출이 증가하는 결과를 낳고 가치 상승은 흑자 국가에서 수출이 감소하는 결과를 낳는다.

이제 어떤 일이 발생했는지를 이해하려면, 소득의 흐름을 측정하는 경상 계정과 투자의 흐름을 측정하는 금융 계정 사이의 관계를 이해해야 한다. 이것을 개인의 경상 계정처럼 생각하면, 주로 소득과 지출로 구성된다. 임금이나 그 밖의 출처에서 나온 소득은 수출품 판매를 통한 소득과 마찬가지로 안으로 들어오고, 지출은 수입품 구매를 통한 지출과 마찬가지로 밖으로 나간다. 그러나 오늘날의 금융화된 경제에서는 이러한 것들이 소비자들에게 유일한 소득원은 아니다. 그들은 예를 들어, 모기지를 포함한 또 다른 계정을 가질 수 있다. 모기지는 소득의 또 다른 형태이며, 이 소득은 은행으로부터 이체되는 거액의 현금으로 집을 구매하는 데 사용된다. 또한 이 소득은 상환을 형태로 하는 일정 금액의 지출을 수반한다. 마찬가지로 국가도 자산을 매각해 금융 계정을 통해 외국으로부터 자금을 '빌릴 수 있다.'

금융 계정(과거에는 자본 계정으로 알려져 있었다)은 영국 자산의 유입과 유출을 측정한다. 다시 모기지의 예를 들면, 어느 영국 소비자가 주택을 구매하려고 외국 은행으로부터 50만 파운드를 빌리면 금융 계정에서 50만 파운드의 유입이 발생한다. 이것은 직관과 반대로 여겨질 수 있다. 소비자가 외국으로부터 자금을 빌렸는데도 현재 50만 파운드를 받은 상태이고, 금융 계정에서 양의 값으로 처리되기 때문이다. 어느 외국인 투자자가 50만 파운드를 들여서 영국에서 공장을 건설했다면, 이것도 마찬가지로 금융 계정에서 50만 파운드의 유입이 발생한다. 그러나 이것은 장기적으로는 차입금과 마찬가지로 공장에서 발생한 소득이 투자자에게 돌아가기 때문에 미래의 부채를 의미한다.

위기 이전에 미국과 영국은 경상 계정을 통해 그들의 경제에서 유출되는 대량의 자금을 세계 시장에서 자신들의 통화 공급이 증가하는 것으로 인식했다. 이에 따라 통화 가치가 하락해야 했다. 그러나 영국과 미국의 자산에 대한 수요가 높았기 때문에, 파운드화와 달러화에 대한 수요는 여전히 높았다. 영국은 경상 계정을 통해 파운드화가 유출되어야 했지만, 외국인 투자자들이 금융 계정을 통해 영국 자산에 대한 대가로 영국에 그만큼의 파운드화를 빌려주었다. 주택 가격이 상승하고 모기지담보부증권mortgage-backed se-curities, MBS이 확산되면서, 전 세계 투자자들은 국내 시장의 투자자들과 마찬가지로 그들의 자금을 앵글로아메리카의 금융시장과 주택시장에 투자하려고 했다. 그들은 이를 위해 달러화나 파운드화를 사들여야 했고, 이에 따라 경상수지 적자가 커지더라도 달러화와 파운드화에 대한 수요가 유지되었다. 또한 가계는 주택 가격이 상승해 부자가 된 기분에 수입품을 더 많이 구매할 수 있었다.

전체적으로 보면, 이것은 자국 통화의 가치가 상승하더라도 경상수지 적자가 확대된다는 것을 의미했고, 자기강화적 순환을 낳았다. 영국은 파운드화의 가치가 상승해 수출시장에서 경쟁력을 잃었고, 수입품의 가격이 하락했다. 영국의 수출업체, 특히 제조업체는 해외 시장에서 경쟁하기가 어려워졌다. 1970년대부터 2007년 사이에 영국 경제에서 제조업이 차지하는 비중은 30%에

서 10%로 하락했다. 이러한 경제적 변화는 경제 성장을 견인하는
데 금융부문의 중요성이 상대적으로 커지게 만들어 금융화를 촉
진했다. 2000년대 초, 사람들은 벼랑 끝을 향해 질주하는 기차에
서 내리고 싶었지만 그럴 수 없었을 것이다.

증권화와 그림자금융 시스템, 은행끼리의 대출

자본 이동성의 증대만으로, 개별적이고 규모가 크면서도 국
지적인 주택시장 버블을 세계적인 금융 위기로 전환하기에는 충
분하지 않았다. 전 세계 투자자들은 투자할 자산이 필요했고 주
택만으로는 충분하지 않았다. 주로 월스트리트와 시티오브런던
에 본사를 둔 대규모의 새로운 다국적 은행은 기꺼이 이러한 요구
에 부응했다. 이들은 영국과 미국의 모기지를 증권화의 과정을 통
해 금융시장에서 거래되는 금융 증권으로 전환해 세계 금융 시스
템의 중심에 두었다.[8] 앵글로아메리카 모기지대출의 증권화는 경
제 붕괴 이전의 장기 호황과 2008년 은행 시스템의 신속한 붕괴의
중심에 있었다. 이때 미국이 영국에 비해 세계 금융 시스템에서 몇
배나 더 중요한 역할을 했지만, 두 나라 모두 경제 규모에 비해 증
권화가 급증하는 상황을 맞이했다.

이 과정에는 지급 청구권을 금융 증권으로 전환하는 것이 포

합된다. 지급 청구권은 그것을 보유한 사람에게 미래의 특정 시점에 일정 금액의 소득을 청구할 권리를 부여하는 일종의 계약서이다. 예를 들어, 은행이 개인이나 기업에 제공하는 대출은 이후로 특정 기일에 상환을 청구할 권리를 의미한다. 금융 증권은 시장에서 거래되는 청구권이며, 여기에는 주식(기업에 대한 소유권 지분)과 확정금리부 증권(일정 기간이 지나서 일정 금액을 상환하기로 하는 합의를 바탕으로 하는 증권), 파생상품(다른 증권 혹은 상품의 미래 가치에 대한 베팅)이 있다. 예를 들어, 장부에 모기지가 있는 은행은 채무자가 부채를 상환할 때까지 몇십 년을 기다리기보다는 지금 그 모기지를 판매할 수 있다. 또한 은행은 이제는 자격이 되는 자금을 확보하기 위해, 모기지를 증권으로 전환해 그것을 또 다른 투자자에게 판매할 수도 있다. 이때 증권 가격은 금리와 인플레이션, 위험과 그 밖의 요인들에 따라 대출의 근원적인 가치를 반영해 결정될 것이다.

금융 위기를 눈앞에 두고도 은행은 증가하는 신용 수요를 충족시키기 위해 대출을 늘리려고 했다. 그러나 이들은 대출 총액의 일정 비율을 현금과 주주 지분을 포함해 기타 유동자산으로 보유할 것을 요구하는 규제에 묶여 있었다. 은행이 대출을 늘리려면 현금을 더 많이 확보해야 했다. 결국 장부에 있는 모기지를 가져와서 (앞으로 설명할) 그림자금융 시스템에서 부외거래 off balance sheet(금융기관의 대차대조표에 자산이나 부채로 기록되지 않은 거래, 즉 회계 장부에 기재되지 않는 거래를 말한다—옮긴이)를 하고 증권화해, 투자자들이 이것에 투자할 수 있도록 했다. 은행은 이렇게 함으로써 본질적으로는 다른 투자자들에게 모기지가 창출하게 될 미래의 소득 흐름을 판매해서 현재의 현금을 챙기고, 그것을 새로운 모기지를 창출하기 위해 또 다른 개인에게 빌려줄 수 있었다. 민스키는 증권화될 수 있는 것들은 모두 증권화될 것이라고 주장하면서, 이런 양상이 금융시장을 지배할 것이라고 예상했다. 미국에서는 2007년 주거용 모기지담보부증권residential mortgage-backed securities, RMBS 발행액이 최고 수준에 달해 2조 달러를 기록했다. 미국에서 발행되는 증권은 다른 나라의 투자자들에게 인기리에 판매되었는데, 이는 미국 정부가 발행한 채권만큼 안전하면서도 수익률은 더 높을 것으로 여겨졌기 때문이다.

그러나 은행은 증권화를 통해 유동자산을 손쉽게 확보했을 뿐만 아니라 그들이 감수하는 위험을 감출 수 있었다. 일단 그들은 신용도가 높은 대출자에게 최대한 많은 대출을 제공하고, 상환 능력이 안 되는 고객에 대한 모기지대출을 늘리기 시작했다. 미국 정부는 영국의 대처 정부가 구매할 수 있는 권리와 금융부문에 대한 규제 철폐를 통해 주택 소유자가 많아지게 했던 것처럼, 보다 광범위한 유권자들에게 모기지대출을 제공하기 위해 서브프라임(비우량) 대출을 지원했다. 정부지원기관인 패니 매와 프레디 맥과 같은 연방기관들은 은행으로부터 모기지를 사들여서 이것들을 정부가 보증하는 금융 증권으로 포장하여 금융시장에서 판매했다.[9] 이에 따라 다양한 품질의 모기지담보부증권에 대한 깊은 시장deep mar-

ket(상당한 물량의 매도와 매수 주문이 상존하는 시장. 이런 형태의 시장
은 투자자에게 보다 높은 수준의 유동성을 제공한다—옮긴이)이 대규
모로 조성되었고, 은행은 패니 매나 프레디 맥에 모기지를 판매함
으로써 당장의 수익을 실현하고 위험을 차단할 수 있었다. 따라서
신용도가 낮은 고객에게 더 많은 대출을 제공할 수 있게 되었다.

결국에는 패니 매와 프레디 맥은 균형을 잘 맞추기 위해 복잡
한 수학 모델을 사용해 좋은 모기지와 나쁜 모기지를 섞어서 포장
하기 시작했다. 이들은 투자자들과 신용평가기관들이 위험이 없
을 것으로 간주하는 금융 증권을 만들어 내기 위해 좋은 모기지 한
묶음에 정확히 맞아떨어지는 수의 서브프라임 모기지를 보탰다.
케이크를 구운 후 거기에 누가 먹더라도 죽지 않을 만큼의 독약을
첨가한다고 생각해보라. 여기서 케이크는 위험이 없는 것처럼 보
이기 위해 정확히 맞아떨어지는 수의 서브프라임 모기지를 첨가
한 증권과도 같다. 주택시장 버블이 확대되면서, 서브프라임 모기
지도 더욱 확대되었다. 이것이 증권으로 들어오면서 증권화된 상
품의 품질이 저하되었고, 결국에는 가장 위험한 모기지조차도 위
험이 없어 보이게 만드는 부채담보부증권 collateralized debt obligations, CDO
이 등장했다. 또한 새로운 금융기관들이 증권화 게임에 참여했다.
이들은 모기지를 묶어서 매매가 가능한 증권으로 만들고는 패니
매와 프레디 맥과 경쟁했다. 이른바 '창시자들'이 모기지를 창출해
이것을 증권화기관에 판매하거나 직접 증권화 작업을 했다.

증권화기관은 최신 수학기법으로 무장했으며, 모기지 상환을

이행하지 않는 경우가 더러 발생하더라도 자신들이 발행한 증권의 가치는 계속 유지될 것이라고 믿었다. 신용평가기관은 신용평가의 대상인 금융기관을 통해 돈을 벌기 때문에, 그런 믿음에 화답하는 것은 당연한 일이었다. 신용평가기관은 미국의 모기지담보부증권과 부채담보부증권의 품질이 저하되더라도 미국 정부가 발행한 채권과 비슷한 수준으로 높은 등급을 계속 부여했다. 이 과정은 보험산업에 의해 더욱 강화되었다. AIG와 같은 보험회사들은 증권을 소유한 사람이 모기지대출자의 채무불이행에 대비할 수 있도록, 악명 높은 신용파산스왑Credit Default Swap, CDS을 출시했다.

증권의 가치가 떨어지면, 이것을 소유한 사람은 당연히 보험금을 받게 된다. 정부, 증권화기관, 신용평가기관, 보험회사는 증권화기관이 위험을 감수하지 않고서 엄청나게 많은 돈을 버는 것처럼 보이기 위해 서로 협력한다. 그리고 주택 가격이 계속 오르고 증권이 계속 발행되는 동안에는 그들의 도박이 돈벌이가 되었다. 그러나 결국에는 이처럼 오랜 기간에 걸친 안정이 금융 시스템 전체를 불안정하게 만들었다.

우리는 앞에서 위험과 불확실성의 차이에 관한 케인스의 통찰을 살펴보았다. 이것은 왜 증권화가 사람들의 생각과는 달리 안전하지 않은가를 이해하는 데 아주 중요하다.[10] 위험은 측정이 가능해서 수량으로 나타낼 수 있다. 확률을 간단하게 측정하는 것은 위험을 측정하는 데 바탕을 둔다. 우리가 주사위를 던졌을 때 무엇이 나올 지는 모르지만, 5가 나올 확률은 6분의 1이라고 예상할 수는 있다. 그러나 모든 사건이 주사위 던지기처럼 단순한 것은 아니다. 실제로 경제와 같이 복잡한 시스템에서는 단순한 사건은 거의 없다. 이런 상황에서 우리가 할 수 있는 것이라고는 과거에 근거해 미래를 예측하는 것뿐인데 미래는 불확실하다. 결과를 어떠한 방식으로든 확실성을 가지고 예측하기에는 상호 작용하는 변수들이 너무나도 많다. 불확실성은 측정이 가능한 위험과는 완전히 달라서 수량으로 나타낼 수가 없다. 미래는 알려진 미지의 것뿐만 아니라 알려지지 않은 미지의 것으로 가득하다.

지금부터 거의 1세기 전에, 미국 경제학자 프레드 나이트Fred Knight는 인간은 불확실성을 위험이랑 비슷하게 다루고 있다는 점을 지적했다. 우리는 어떤 사건이 특정한 방식으로 일어날 가능성을 추론하기 위해 과거의 경험을 활용한다. 특정 산업에 종사하는 한 기업에 투자해서 높은 수익을 얻었다면, 같은 산업에 종사하는 또 다른 기업에 투자해도 마찬가지로 높은 수익을 얻을 것으로 예상할 수 있다. 그러나 우리는 미래에 이 기업이나 산업에서 실제로 어떤 일이 발생할 것인지는 알 수가 없다. 이 기업이 투자에 대해 높은 수익을 제공할 확률에 대해 믿을 만한 추정치를 얻기에는 너무나도 커다란 불확실성이 존재한다. 증권화기관은 채무불이행과 관련된 위험을 수량화하고 경감하면서, 위험이 전혀 없는 상품을 출시했다고 주장했다. 그러나 수학 모델이 위험을 경감하는 데 도움을 줄 수는 있지만 불확실성을 경감할 수는 없다. 심술궂게도, 위험이 사라졌다는 믿음이 만든 과열 국면은 투자자들이 미래에 대한 불확실한 가정에 근거해 훨씬 더 커다란 위험을 감수하게 만들었다.

은행만 미래를 예측할 때 이런 접근 방식을 채택한 것은 아니었다. 규제기관도 자신의 역할이 모든 금융기관마다 측정이 가능한 미래의 위험을 경감하는 것이라고 보았다.[11] 위기 이전에는 규제에 대한 접근 방식이 주로 각 은행들이 적당한 수준의 심각성을 지닌 위기를 견뎌내기에 충분한 자본을 확보하고 있는지를 확인하는 데 중점을 두었다. 1988년에 바젤은행감독위원회Basel Committee on Banking Supervision 주도로 바젤 I으로 체결되고, 2004년과 2010년에 바젤 II와 바젤 III으로 수정된 바젤 협약Basel Accords의 목표는 은행에 대해 최소한의 자본 요건을 명시해 규제가 국제적으로 조화를 이루는 데 있었다. 은행자본은 은행의 자산(예를 들어, 융자금)에서 부채(예를 들어, 예금)를 뺀 금액이다. 은행자본은 상당히 구체적인 의미를 갖는다. 따라서 이 책의 나머지 부분에서 사용하는 '자본'이라는 단어와 혼동해서는 안 된다. 은행부채가 은행의 자산을 상회하면, 은행은 지급불능 상태에 빠진다. 규제기관은 이런 상황이 발생하지 않도록 자본 요건을 부과한다. 모든 부채를 청산하고 나면 자본이 은행 주주들에게 돌아간다. 자본 요건이란 사람들이 융자금을 갚지 못하거나 금리가 불리하게 변동하여 은행의 투자금의 가치가 하락하는 것처럼, 은행의 자산 가치가 갑자기 하락할 경우 은행이 지급불능 상태에 빠져들지 않도록 은행에 일정한 양의 가용자원을 확보할 것을 요구하는 것을 의미한다. 자본 요건은 은행이 자산 대비 일정한 양의 (은행 자본의 일부를 구성하는) 주주 지분을 보유해야 하는 것처럼 일정한 비율로 표시된다. 자본 요건은 자산에 대한 자본의 비율을 설정함으로써, 은행이 자산 손실을 흡수하는 완충장치를 설치하게 한다. 다양한 자산에 다양한 자본 요건이 부과된다. 예를 들어, 법인 융자금과 같이 위험한 자산에는 높은 자본 요건이 부과된다.[12] 바젤 협약은 규제가 예측 가능한 위험을 측정하고 경감하는 데 도움이 될 것이라는 생각에 기초한 것이었다. 이것은 총체적인 불확실성에서 비롯된 위기를 다루기 위해 만들어진 것은 아니었다. 규제기관은 은행이 예측 가능한 위험을 경감할 수 있도록 구체적으로 정해 놓은 금액의 자본을 보유할 것을 요구할 수 있다. 그러나 그들은 금융순환의 과정에서 언제, 어디서, 어떤 종류의 금융 위기가 발생할 것인지를 예측할 수 없다는 사실을 명심해야 한다. 또한 규제기관은 상호 연결된 금융 시스템에서, 은행은 각각이 아니라 금융 네트워크 전체에 영향을 미칠 수 있는 예측할 수 없는 체계적 위험systemic risk에 직면할 수 있다는 사실도 명심해야 한다.

실제로 바젤 협약이 결국에는 위기에 기여한 것으로 나타났다. 은행들은 서로 다른 자산에 대해 얼마나 위험한 것으로 판단되는가에 따라 서로 다른 수준으로 보유해야 했다. 더욱 위험한 자산에 대해서는 더 높은 수준의 자본 요건이 부과되었다. 모기지와 모기지담보부증권은 위험이 낮은 것으로 판단되었다. 따라서 은행은 잠재적인 손실에 스스로 대비하기 위해 자본을 덜 보유해도 되었다. 은행은 높은 수익을 제공하는 위험한 모기지에 대해 낮은 수준의 자본을 보유함으로써, 바젤 협약 아래 수익을 증대시킬 수 있을 것으로 판단했다. 이처럼 규제에 의해 만들어진 수익 추구 기회를 의미하는 '규제 차익거래regulatory arbitrage'는 은행이 모기지대출에 바탕을 둔 증권을 보유하도록 장려하는 결과를 낳았다. 때로는 이것이 다른 자산들보다 훨씬 더 위험한데도 말이다.

또한 자본 요건은 은행이 규제를 덜 받는 그림자금융부문에서 다양한 방식으로 '부외거래'를 시도하도록 장려해 그림자금융 시스템의 성장을 조장했다. 그림자은행은 국가가 보증하는 예금 업무를 취급하지 않고도 그리고 중앙은행으로부터 자금을 직접 조달하지 않고도 자금을 빌려주는 기관이다. 그림자금융부문은 그림자은행이 어려움에 처할 경우 중앙은행으로부터 자금을 조달할 수 없기 때문에 전통적인 은행보다 더 위험하다. 국가가 그림자금융 시스템에서 벌어지는 행위에 대해 책임을 지지 않기 때문에, 그림자은행은 규제 적용을 덜 받는다. 바젤 II는 은행들이 업무의 중심에 있으면서 규제의 적용을 받는 은행 시스템으로부터 약간의 거리를 두고서 그림자금융기관을 설립하도록 장려했다. 이제 은행은 그림자은행을 통해 대출과 관련된 위험을 차단하지 않는 상태에서 더욱 위험한 자산을 취급할 수 있게 되었고, 이 과정에서 자산에 노출된 것을 숨길 수 있었다. 그림자은행은 더 많은 위험을 감수하면서 더 높은 수익을 얻을 수 있었다. 결국에는 그 위험들이 기존의 은행에 부담으로 작용할 것인데도 말이다. 결국 기존 은행에 대한 규제가 강화되면서, 주로 그들이 설립한 그림자은행의 시장점유율이 계속 증가했다. 미국에서 은행이 제공하는 대출이 차지하는 비중은 1980년 이전에는 거의 100%를 차지했지만 2007년에는 40%에 불과했다.

2008년 이전에 국제 금융 시스템에서 나타났던 또 다른 변화는 은행이 자금을 모집하는 방식이었다.[13] 은행 업무에 대한 전통적이고도 신고전파 경제학적인 견해는 은행이 예금을 받아서 이것을 대출자에게 빌려주는 방식으로 저축자와 대출자 사이에서 단순히 중개 역할을 하는 것이었다. 정부가 정한 지급준비제도 reserve requirement는 은행이 대출할 수 있는 금액을 결정하고, 은행은 이러한 국내법에 따라 대출할 수 있는 만큼을 제공한다. 예를 들어, 어떤 은행이 1만 파운드의 고객 예금을 보유하고 있고, 지급준비제도에 따른 규제가 예금의 10%를 중앙은행에 지급준비금으로 예치할 것을 요구한다면, 이 은행은 9,000파운드까지만 대출을 제공할 수 있다. 하지만 이 이야기는 글로벌 노스에서 수십 년에 걸쳐서 등장한 정교한 금융 시스템에는 적용되지 않는다. 예를 들어, 1971년 이후 영국의 은행은 중앙에서 결정한 지급준비제도를 전혀 의식하지 않는다. 대신 대출 수요에 의해서만 제한을 받고, 그들이 대출할 수 있는 만큼 대출을 제공한다. 그리고는 지급준비제도에 따른 규제를 준수하기 위해 자금을 빌린다. 따라서 은행은 일단 대출할 수 있는 만큼 대출을 제공하고서, 자본 요건을 충족시키기 위해 필요한 자금을 영업일이 끝날 때까지 투자자나 다른 은행을 통해 빌린다.

위기 이전에는 은행의 한 가지 자금원이 머니마켓펀드money market fund, MMF(고객의 자금을 모아 펀드를 구성한 후 금리가 높은 단기 금융상품에 집중 투자하는 금융상품. 단기 금리의 등락이 펀드 수익률에 신속하게 반영된다—옮긴이)였다. 전통적인 은행 계좌보다 더 높은 금리를 얻으려고 하는 부유한 저축자들은 현금을 보통의 은행 계좌와 비슷하게 여겨지는 머니마켓펀드에 예치한다. 투자자들은 언제라도 현금을 인출할 수 있다. 여기서 유일한 함정은 국가가 머니마켓펀드를 보장해주지 않는다는 것이다. 그러나 2007년 이전까지는 대부분의 투자자가 이에 대해 전혀 신경 쓰지 않았다. 당시 머니마켓펀드는 주로 상대적으로 높은 수익률을 제공하는 그림자 금융 시스템을 통해 은행에 자금을 빌려주기도 했다. 1980년대에 등장해 법인과 부유한 개인이 저축한 자금을 모아서 은행에 빌려주던 기관 투자자들이 머니마켓펀드에 가입했다.

또 한 가지 자금원이 리포repo(환매조건부채권repurchase agreement의 줄임말)마켓이었다. 리포 거래는 '투자자가 다른 투자자에게 증권을 일정 기간이 지나서 미리 합의한 가격에 되산다는 조건으로 빌려주는 것'을 말한다. 은행은 다른 투자자와 모기지담보부증권을 가지고 리포 거래를 하는 방식으로 투자자로부터 자금을 빌릴 수 있다. 그리고는 몇 주가 지내서 그것을 되사야 한다. 리포 거래는 사실상 은행이 증권을 담보물로 사용해서 투자자로부터 자금을 빌리는 담보대출의 한 형태이다. 은행은 모기지담보부증권을 가지고 리포 거래를 하면서, 여기에서 발생하는 이자를 지급하기 위해 자기 자금의 일부를 사용해야 하는 것을 의미하는 헤어컷 haircut(금융 상품의 보유 가치를 현재의 가치에 맞게 재조정하는 것—옮긴이)을 받아들이게 된다. 이 과정에서 은행은 자신이 보유한 현금의 극히 일부만을 사용해 수십억 달러의 가치를 지닌 증권에 투자할 수 있게 된다.

2000년대에는 지금까지 설명했던 이 모든 혁신이 국제 금융 시스템의 중심에 엄청나게 위험하고도 복잡한 망을 설치하기 위한 것이었다.[14] 은행은 (그림자은행이라 할) 구조화 투자회사struc-tured investment vehicle, SIV를 설치하고는 모기지와 같은 자산을 그곳으로 옮겨놓았다. 이들은 예금자의 현금이 아니라 예를 들어, 단기 회사채의 한 가지 형태인 자산유동화기업어음asset-backed commercial paper, ABCP을 발행해 자금시장에서 자금을 빌리는 방식으로 자금을 모집했다. 또한 대출자산을 증권으로 포장하고는 이들 중 일부를 때로는 흑자 국가의 투자자들에게 판매했지만, 특히 판매가 어려운 품질이 낮은 모기지는 보유하고 있었다. 그들은 대출금의 상환을 항상 연장할 수 있다는 가정하에 증권을 담보물로 사용해 복잡한 리포 거래에 참여했다. 구조화 투자회사를 설치한 전통적인 은행들은 여기에서 발생하는 모든 손실에 최종적인 책임을 져야 했다. 이는 구조화 투자회사에서 발생하는 문제가 그것을 설치하고 자금을 제공한 은행에 연쇄적인 영향을 미친다는 것을 의미했다.

영국을
구제하라

2000년대 초반, 세계 경제는 그 어느 때보다도 강력했던 IT 버블의 폭발에서 벗어나기 시작했다. 투자자들은 경제학자들이 경기순환을 완전히 길들이게 되었다는 믿음을 가졌다. 그러나 2006년 되면서, 2000년대 초반을 지배했던 '골디락스'경제Goldilocks economy(골디락스는 영국 전래 동화인 '골디락스와 곰 세 마리'에 등장하는 소녀의 이름이며, 어느 날 숲속에서 곰이 끓여놓고 간 '뜨거운 수프, 차가운 수프, 적당한 수프' 중 적당한 온도의 수프를 먹고 기뻐했다는 것에서 유래된 말이다. 즉, 고성장에도 불구하고 물가가 오르지 않는 '적당한' 경제 상황을 뜻한다 —옮긴이)가 흔들리기 시작했다. 2006년 영국의 주택 가격이 정점을 찍고는 하락하기 시작했고, 다른 부문에서도 이와 비슷한 추세가 나타났다.[15]

은행은 서브프라임시장에 뛰어들어 주택 가격이 영원히 계속 상승할 것이라는 가정하에 보증금이 얼마 되지 않거나 아예 없는 모기지대출을 제공하기 시작했다. 따라서 주택 가격이 하락하면서 상당수의 주택 소유자들은 자기 지분이 마이너스가 되기에 이르렀다. 이것은 자신들의 모기지부채가 주택 가치를 상회하는 상황에 처해 있다는 것을 의미했다. 결국 주택 소유자들은 주택 가치를 상회하는 모기지부채를 계속 떠안고 있거나 주택을 파는 것 중에서 선택을 해야 했다. 팔기로 결정한 사람은 이전보다 훨씬 더 낮은 가격을 제시해야 했다.

주택 가격의 하락의 영향은 금융 시스템 전체로 퍼져갔다. 은행이 판매하던 금융 증권은 근간을 이루는 모기지의 품질에 관한 문제가 제기되면서 빠른 속도로 그 가치를 잃어갔다. 이러한 자산의 대부분은 전통적인 은행보다 차입금에 훨씬 더 많이 의존하면서 영업하던 그림자은행이 보유한 것들이었다. 이것은 자산 가격이 조금이라도 하락하면 이들이 지급불능 상태에 빠져든다는 것을 의미했다. 그림자은행과 상당수의 기존 은행들은 자금의 상당 부분을 국제 금융시장에서 주로 초단기 대출에 의존해 조달하고 있었다. 또한 가치가 급격하게 하락한 증권이 대출의 담보물로 사용되었다. 만연해 있는 공포 분위기와 함께 누가 지급 불능 상태에 빠져들었고 누가 가능 상태에 있는지에 대한 불확실성으로, 그림자금융 시스템 내의 은행과 그 관계사들이 갑자기 자금을 조달하기가 어려워졌다.

은행이 다른 금융기관을 통해 부채를 상환하기 위한 자금을 더는 조달할 수가 없게 되면서 보유한 자산을 매각하기 시작했다. 자산담보부증권을 싼값에 매각하면서, 그 가격이 훨씬 더 하락했다. 경제 붕괴 이전에 은행이 모기지담보부증권을 담보물로 사용해 다른 은행으로부터 자금을 빌릴 수 있도록 해주면서 성장을 거듭하던 리포마켓이 갑자기 작동을 멈추었다. 애덤 투즈Adam Tooze는 당시 상황을 이렇게 간결하게 표현했다. "가치가 없으면 자산은 담보물로 사용될 수 없고, 담보물이 없으면 자금을 조달할 수가 없다. 그리고 부동산에 아무리 많이 노출되어 있더라도, 자금을 조달할 수가 없으면 모든 은행이 곤경에 빠져들게 된다." 예금보험을 도입한 이후로 소매금융의 뱅크런은 먼 과거의 일이었다. 그러나 2007년에 일어난 것은 기본적으로 다른 은행들이 유동성 위기를 초래해 발생한 거대한 뱅크런이었다. 은행들은 유동부채를 상환할 만한 현금이 없었다. 그러나 이것이 초래한 염가판매는 유동성 위기를 순식간에 지급 능력 위기로 전환시켰다. 결과적으로 은행의 부채가 자산보다 더 커지게 되었다.

패닉은 순식간에 대서양을 건너 시티오브런던으로 퍼져갔다. 서브프라임 위기가 주로 미국 소비자에 의해 발생했지만, 그 결과 나타나는 패닉과 모기지담보부증권, 부채담보부증권을 포함해 이와 비슷한 금융 수단들의 가치 하락이 전 세계의 증권에 영향을 미쳤다. 증권의 가치가 하락하면서 자금시장은 작동을 멈추었고, 영국 은행은 자신이 미국 은행과 같은 상황에 놓여 있다는 사실을 깨달았다. 영국 은행은 미국 은행과 마찬가지로 국제 금융 시스템의 한 부분을 차지했다. 그들은 도매 금융을 통한 자금 조달에 의존하고 있었고, 수십억 달러에 달하는 미국의 모기지부채에 노출되어 있었다. 그러나 영국 은행도 증권화 게임에 참여하고 있었다.

2007년 말에는 영국에서 모기지대출이 GDP의 65%에 달했다. 이것은 미국과 비교해 불과 8%가 낮은 비율이었다. 그리고 영국의 은행들은 2008년에 그 가치가 2,270억 파운드에 달하는 주거 및 상업용 모기지담보부증권을 발행했는데, 이것은 GDP의

12%에 달하는 금액이었다.[16] 이 중 상당수가 주택담보대출 비율이 아주 높았을 뿐만 아니라(이것은 모기지부채가 주택 가치를 상회한다는 뜻이다) 미국에서 유행하던 변동금리의 적용을 받고 있었다.[17] 2008년 잉글랜드은행이 발간한 금융안정보고서 Bank of England's Financial Stability Report에 따르면, '신용이 안 좋은 사람이 임대를 목적으로 구입한 주택에 대한 대출 사례가 2004년 말 전체의 9%에서 2007년 말에는 14%로 증가'한 것으로 나타났다. 잉글랜드은행은 대출 중 상당수가 변동금리의 적용을 받고 있고 차환이 더욱 어려워질 것이라는 우려를 표명했다. 이 말은 대출을 받은 사람들이 더 높은 금리에 직면하게 된다는 뜻이다. 잉글랜드은행은 다음과 같이 기록했다.

> 미국에서 그랬던 것처럼, 이러한 상환 충격은 주택 가격의 하락과 동시에 발생하고 있다. 최근에 연간 소득의 몇 배나 되는 대출을 받거나 높은 주택담보대출 비율을 적용해 대출을 받아서 주택을 구매한 사람들은 인플레이션이나 혹은 실업과 마찬가지로 가처분소득에 대한 또 다른 충격에 특히 취약할 것이다.

실제로 영국의 주택시장은 미국의 그것과 거의 동시에 방향을 틀기 시작했다.[18] 영국의 서브프라임시장은 미국만큼 그 규모가 크지는 않았지만, 모기지대출 취급 기준이 여러 해에 걸쳐서 약화되었다. 노던 록과 같은 은행들은 주택의 근원적인 가치보다 모기지대출을 훨씬 더 많이 제공했고, 미국 은행과 비슷한 자금 조달 모델에 의존하면서 그들과 비슷한 방식으로 모기지를 증권화했다. 위기는 규모가 훨씬 더 크고 시스템적으로도 더욱 중요하고 사상 유례가 없는 취약성을 지닌 미국 시장에서 시작되었지만[19], 호황은 어쨌든 영국에서 어느 시점에 끝이 났다. 2008년은 단순히 미국 모기지시장의 위기가 아니라 아이슬란드, 스페인 그리고 지금은 호주, 캐나다와 같은 국가들이 추구하는 앵글로아메리카 모델의 위기가 닥치던 해였다. 경제 붕괴의 규모, 심각성, 세계적으로 확산되는 성질은 분명히 미국 시장에서 발생한 데서 나온 결과였다. 그러나 2007년에 나타난 것은 부채를 기반으로 하는 자산 가격 인플레이션 본질적으로 불안정하다는 것이었다. 어느 시점에 가면 부채가 더는 증가하지 않는다. 그리고 이때 시스템 전체가 붕괴된다.

경제 붕괴가 닥쳤을 때, 세계의 각 정부는 공포에 빠졌다.[20] 경제 붕괴가 시작되자, 정부는 금융 위기를 유동성의 문제나 현금 부족의 문제와 같은 일종의 금융 패닉처럼 취급했다. 그들은 사람들이 은행을 여전히 신뢰하므로 이런 패닉은 지나갈 것으로 생각했다. 전 세계의 중앙은행은 은행에 수조 달러에 달하는 자금을 지원할 수 있었다. 그러나 규제기관은 이것으로는 충분하지 않다는 것을 금방 깨달았다. 패닉이 금융 시스템 전체로 퍼져가고 자산 가격이 곤두박질치면서, 은행은 지급불능 상태에 빠져들었다. 은행이 유동성의 문제, 즉 현금 흐름의 문제에만 직면한 것이 아니라 파산을 하게 된 것이었다. 은행은 자본(현금, 주주 지분을 비롯해 그 밖의 고품질 자산) 즉, 구제금융이 필요했다.

당시 어떤 일이 벌어지고 있는지를 처음으로 깨달았던 사람이 바로 고든 브라운Gordon Brown 영국 총리였다. 그는 휴일에 1929년의 월스트리트 대폭락Wall Street Crash을 둘러싸고 벌어졌던 사건들에 관한 글을 읽고서는, 2008년에 시작된 공황 매도가 은행자산의 가치를 하락시키고 결과적으로 상당수의 은행이 사실상 지급 불능 상태에 빠져들 것으로 생각했다. 중앙은행이 이런 은행들에 자금을 지원하는 것은 밑 빠진 독에 물 붓기라는 것이었다. 스코틀랜드왕립은행Royal Bank of Scotland, RBS과 핼리팩스뱅크오브스코틀랜드Halifax Bank of Scotland, HBOS 같은 영국의 일부 은행들은 그 규모가 엄청나게 크고 부채가 지나칠 정도로 많았는데, 자산 가치가 하룻밤 사이에 곤두박질쳤다. 잉글랜드은행의 총재인 머빈 킹Mervyn King도 이 사실에 동의했다. 문제는 유동성이 아니라 자본이었다. 실제로 은행들은 주식을 대가로 정부로부터 자금을 조달해야 했고, 이것은 '국유화'를 의미했다.

2008년 10월 8일, 영국 정부는 은행에 5,000억 파운드를 지원할 것이라고 발표했다. 지원 중 일부는 유동성을 제공하기 위해 융자나 보증을 제공하는 식으로 지원했고, 또 다른 일부는 주식을 대가로 납세자가 투자하는 식으로 지원했다. 이러한 투자의 대부분은 최근 은행장인 프레드 굿윈Fred Goodwin의 무모한 판단으로 네덜란드의 ABN 암로ABN AMRO를 인수한 이후 부채를 엄청나게 많이

지고서 거의 마비상태에 빠져든 스코틀랜드왕립은행으로 갔다. 미국도 비슷한 접근 방식을 취해야 했고, 결국 은행 주식을 매입하는 데 2,000억 달러가 넘게 지출했다. 이후로도 곤경에 빠져든 보험회사 AIG에 구제금융 700억 달러를 지원했다. 은행을 위한 사회주의가 대공황 2.0Great Depression 2.0으로 치닫고 있던 세계 경제를 구원한 것이다.

구제금융과는 별도로, 이번 경제 붕괴가 새로운 세계 공황으로 진전되지 않도록 했던 것이 바로 경제 규모가 큰 국가들이 실시했던 세계적으로 통합된 경기부양책이었다. 이제 케인스 경제학이 다시 유행하기 시작했다. 많은 국가에서 자유재량적 재정 지출, 즉 자동적이 아니라 계획적인 재정 지출의 증가와 함께, 불황 시기에 조세 수입이 감소하고 복지 지출이 증가하는 자동안정화장치 automatic stabilizers가 침체의 충격을 완화시켰다. 미국에서는 2009년 부터 2019년 사이에 복구 및 재투자법American Recovery and Reinvestment Act에 따라 사회기반시설에 투자해 일자리를 제공하고, 일자리가 없는 사람들에게는 재정 지원을 제공해 수요를 진작시키는 것에 8,000억 달러가 넘게 쏟아부었다.[21] 다른 G20 국가들은 자체적인 경기부양 프로그램을 가지고 미국의 뒤를 따랐다. 그러나 문제를 해결한 국가는 바로 중국이었다. 2009년에 은행 대출을 촉진하고 중앙 정부와 지방 정부의 지출을 증가하기 위한 조치가 포함된 중국의 경기부양 프로그램은 그 규모가 GDP의 거의 20%에 달했다.[22] 계속 진행 중이던 확장적 재정정책과 통화정책은 중국뿐만 아니라 주요 무역 상대국의 높은 성장률을 이후로도 계속 (그리고 수출보다 훨씬 더 강력하게) 뒷받침했다.

세계의 주요 4대 중앙은행(연방준비제도, 잉글랜드은행, 유럽중앙은행European Central Bank, ECB, 일본은행Bank of Japan, BoJ)이 추진했던 통화정책 변화도 도움이 되었다. 금리는 사상 최저 수준으로 떨어졌다. 그러나 가계는 이미 엄청나게 많은 부채에 시달렸고 기업은 미래가 불확실했으며 은행은 대출을 꺼렸기 때문에, 금리 인하만으로는 충분할 것 같지가 않았다. 따라서 세계의 중앙은행들은 '양적완화'라는 새로운 시도를 했다. 2009년 이후로 주요 4대 중앙은행은 정부 채권을 매입함으로써 디지털 방식으로 창출된 10조 달러가 넘는 통화를 세계 금융 시스템에 쏟아부었는데, 이것이 자산 가격을 전체적으로 상승시키는 효과를 가져왔다.[23] 연방준비제도의 대차대조표는 2015년에 미국 GDP의 4분의 1 수준에 달하는 4조 5,000억 달러에 이르렀고, 영국의 경우에도 GDP에 대한 비율로 보면 거의 비슷한 수준에 달했다.[24] 일본은행의 영원히 지속될 것 같아 보이던 양적완화 프로그램은 은행의 보유자산이 5조 달러가 넘는 결과를 가져왔고, 이것은 일본의 GDP를 상회하는 수준이었다.[25] 지금 많은 국가에서 중앙은행 대차대조표가 이처럼 확대되는 현상을 반전시킬 만한 방법을 찾지 못하고 있다.[26]

일시적으로는 이처럼 통합된 행동이 당시 글로벌 노스 경제에서 한꺼번에 나타났던 불황을 비교적 신속하게 종식시키는 것처럼 보였다. 그러나 그다음에는 유로존 위기가 다가왔다. 위기 이

전에 중국의 자금이 미국 채권을 구매하기 위해 미국으로 흘러 들어갔을 때와 마찬가지로, 독일의 자금이 엄청난 규모의 경상수지 흑자로 인해 영국과 유로존, 특히 아일랜드와 스페인으로 흘러 들어갔다. 라트비아처럼 작고 부채가 많은 유럽의 주변국가도 비슷한 문제에 직면했다. 이제 금융 주도 성장이 낳은 결과인 부채 증가와 주택시장의 호황, 경상수지 적자의 증가는 EU 국가의 경제에 고통을 가하기 시작했다. 애덤 투즈가 지적했듯이, 2007년이 되면서 일부 EU 국가의 은행은 "극심한 곤경에 빠져들었다". 예를 들어, 아일랜드 은행의 부채는 GDP의 700%에 달했고, 위기가 닥치면서 유럽의 은행도 구제금융이 필요했다.

그러나 EU 수준에서 이와 같은 구제금융을 조정하기 위한 장치가 없었다. 그 대신에, 잔뜩 부풀어 오른 금융 시스템을 구제해야 하는 부담은 그리스, 스페인, 포르투갈, 아일랜드와 같은 개별 국가의 몫이었다. 그리스와 아일랜드와 같은 국가들은 자국 통화를 찍어낼 수 없었기 때문에, 이전까지 글로벌 사우스의 저소득 국가들을 대상으로만 제공하던 국제기구를 통해 구제금융을 지원받아야 했다. 그러나 여기에는 한 가지 문제가 있었다. 이들 중 상당수가 사실상 지급이 불가능한 상태에 있었고, 부채가 엄청나게 많아서 상환하기가 거의 불가능했던 것이다. EU는 부채를 탕감하고 시스템을 바꿔야 할 필요성을 인정하기보다는 IMF의 지원을 받아서 곤경에 빠져든 경제에 유럽 인구의 상당 부분을 궁핍하게 만드는 긴축정책을 실시하기로 결정했다. 국유화된 은행들은 그들에게 구제금융을 제공했던 부채에 빠져든 국가보다 더 나은 대접을 받았다. 이것은 은행을 위한 사회주의였지만, 그 밖의 모든 이들에게는 무자비한 자유시장자본주의였다.

유로존 위기의 여파로, 케인스가 다시 인기를 잃는 데는 그리 오랜 시간이 걸리지 않았다. 그리스의 위기는 그리스가 유로화 가맹국인 관계로 자국 통화를 찍어낼 수가 없기 때문에 더욱 악화되었다. 그러나 금융 위기가 국가부채 위기라는 새로운 물결을 일으키고 있으며, 어느 경제도 이로부터 안전하지 않을 것이라는 우려가 커져만 갔다. 세계의 정치인, 경제학자, 시사문제 해설자들은 위기의 근원이 1980년대에 등장한 금융 주도 성장 모델에 있다는 사실을 인정하지 않고서, 불황이 정부 차입이 지나치게 많은 데서 비롯되었다는 주장만을 되풀이했다. 그들은 정부는 가계와도 같아서 버는 만큼 써야 한다는 주장을 꾸준히 반복했다. 정부가 어느 해에 돈을 많이 빌리면, 그다음 해에는 그 돈을 갚기 위해 저축을 해야 한다. 그리고 짧은 기간에 돈을 너무 많이 빌리면, 부채를 갚아야 할 부담을 다음 세대에 떠넘기게 된다. 전 세계의 정부는 미래 세대를 위해 허리띠를 졸라매야 했다. 구제금융을 지원받았던 그리스를 제외하고는 영국보다 허리띠를 더 많이 졸라맨 곳은 없었다. 영국에서는 연립 정부가 긴축 프로그램을 지나칠 정도로 가혹하게 추진해, 지난 10년 동안 12만 명을 죽음으로 몰아넣었다.[27]

전 세계의 금융화된 국가들은 은행의 무모한 경영에 따르는 피해를 사회에 떠넘기고는 자유시장의 작동을 방해하는 것이 두려운 나머지, 성장을 뒷받침하는 데 필요한 은행 시스템에 대한 통제권을 행사하지 않았다. 이제 몇몇 은행에 대해서는 지배 주주가 된 영국 정부는 이들 은행이 대출을 생산적인 곳에 제공하도록 감독하기 위한 통제권을 행사하기를 거부했다. 정부는 부채를 갚아야 한다는 말만 늘어놓았지만, 정부가 보유한 은행 주식을 경쟁 가격에 판매하려고도 하지 않았고, 영국 국민들에게 그 비용을 부담하도록 요구하면서 그들에게 손해가 되는 가격에 판매했다.[28] 이러한 결정은 사람들에게 익숙한 표현으로 정당화되었다. 이번 한 번은 시장이 실패했지만, 이것이 사회경제 시스템으로서 자본주의를 손상시키지는 않았다는 것이다. 그리고 은행에 대한 정부 소유권이 사유재산권에 대한 보장을 손상시키는 것도 확실히 아니었다. 실제로 구제금융을 실시하는 방식은 금융 주도 성장의 논리를 강화시키는 것이었다. 정부는 시장이 원하는 것을 시장에 제공할 권한을 행사했고, 노동자들이 그 값을 치러야 했다.

대서양을 횡단한 은행 위기인가, 금융자본주의의 구조적 위기인가

지금까지의 내용을 따로 떼어서 읽으면, 2007년에 일어난 일들은 단순히 미국에서 발생해 영국으로 건너간 은행 위기라는 결론을 내릴 수 있다. 이는 금융의 세계화와 증권화와 같은 금융 혁신 때문에 전 세계로 퍼져갔다. 경제 붕괴의 여파로 이러한 견해가 널리 퍼져 있었다. 세계 경제를 완전히 망가뜨렸던 자들은 국제 금융부문에서 기생하던 지대추구자들이었다. 이번 위기에 대한 기사에서는 탐욕스러운 은행업자, 무지한 경제학자, 충분히 발생할 수 있는 문제에 주의를 기울이지 않았던 규제기관 모두를 비난했다.[29] 이러한 해설은 틀림없이 2008년에 일어났던 사건에 대한 정확한 분석을 제시하지만, 모든 것을 말해주지는 않는다. 금융은 실물경제와 동떨어져 있는 구름 위에서 벌어지는 활동이 아니라, 일상적인 경제활동에 그 뿌리를 두고 있다. 다국적 은행들은 서로 무모한 게임을 하고 있었지만, 그들이 얻는 수익의 원천은 가계와 기업에 자금을 빌려주는 것에 있었다.

세계적인 금융 위기가 2008년 미국에서 발생했지만, 그것은 1980년대 이후로 추구해왔던 금융 주도 성장의 독특한 앵글로아메리카 모델에 그 기원을 두었다. 기업의 금융화는 1970년대의 수익성 위기에 대한 즉각적인 해법을 제공했는데, 그것은 임금과 생산적인 투자를 억제하는 데 기반을 둔 것이었다. 기업의 금융화를 장려했던 정부는 가계가 신용을 쉽게 얻어서 자산소유권을 확대하도록 은행에 대한 규제를 철폐했다. 정부는 이렇게 금융 주도 성장이 일으킬 수 있는 만성적인 수요 부족을 숨기면서, 금융 주도 성장 체제를 정치적으로 지속 가능하게 만들려고 했다. 모기지 대출의 증가는 주택 가격을 높아지게 했고, 결국에는 영국과 미국의 주택시장에서 거대한 폰지사기가 벌어지게 했던 버블을 일으켰다. 은행은 모기지대출을 증권으로 포장해 국제 금융시장에 판매하면서, 그들이 감수하고 있는 위험의 규모를 위장했다. 영국과 미국이 호황을 누리면서 이곳으로 많은 자금이 흘러 들어왔고, 이에 따라 다른 부문에서의 경제활동이 위축되었다. 모든 것을 불태우는 불꽃이 미국에서 점화되었다. 그러나 그 낙진은 글로벌 노스의 금융화된 경제 전역으로 퍼졌고, 특히, 수십 년에 걸쳐서 부채의 증가와 자산 가격의 상승으로 좋은 시절을 구가했던 영국에 엄청난 상처를 입혔다. 2008년이 대서양을 사이에 둔 두 국가에서 은행 위기가 일어난 해처럼 보였지만, 그것은 그 이상의 것이었다. 2008년은 금융자본주의의 구조적 위기가 일어난 해였다.

따라서 금융 위기를 이해하려면, 40년 전에 태어난 모델의 진화 과정 분석에 역사적인 접근 방식을 적용해야 한다. 이것은 우리가 이전 모델이 갖는 모순에 대한 해법이라 할 금융화 그 자체에도 모순이 내재해 있다는 사실을 인식하게 해준다. 칼레츠키가 사회민주주의 시스템이 무너지기 훨씬 전에 우리가 그것이 갖는 모순을 이해하도록 도와준 것과 마찬가지로, 케인스와 민스키 같은 경제학자들이 금융자본주의 시스템이 무너지기 훨씬 이전에 그것이 갖는 모순을 이해하도록 도와주었다. 모순이 예측 가능했다는 사실은 이것이 시스템의 작동에 내재해 있다는 것을 의미한다. 다시 말하자면, 이러한 모순이 금융 주도 성장 안에 있는 특징이라는 것이다. 그리고 바로 이것이 이번 이야기가 전하는 가장 중요한 교훈이다. 세계적인 금융 위기는 일탈 현상이 아니다. 그것은 그렇지 않았더라면 잘 작동했어야 할 경제가 몇 년에 걸쳐서 안 좋은 시기를 맞이했다는 뜻이 아니다. 그것은 2007년까지 앵글로아메리카의 자본주의가 추구했던 경제 모델에 깊이 뿌리 내린 위기를 보여주었다.

오늘날 우리는 1970년대에 위기를 겪었던 사람들과 마찬가지로, 안토니오 그람시가 말했던 옛것이 무너지고 새로운 것이 탄생하는 사이에 있는 시대라 할 인터레그넘interregnum에 살고 있다. 이러한 통찰이 갖는 의미에 대해서는 다음 장에서 살펴볼 것이다. 그러나 여러분이 이 책에서 단 한 가지 교훈을 얻어간다면 그것은 다음과 같을 것이다. 2008년의 충격적인 사건이 발생하게 된 데에는 무능한 규제기관과 무지한 경제학자, 탐욕스러운 은행업자 모두의 잘못이 컸다. 그러나 금융 위기는 그 뿌리가 훨씬 더 깊다. (우리가 반드시 맞이해야 하는 것은 아니지만) 경제 붕괴는 1980년에 자리 잡은 경제 시스템의 DNA 속에 이미 들어있었다. 그리고 전면적인 경제 변혁만이 우리를 그것의 그림자로부터 구출해줄 것이다.

6장 경제 붕괴 이후의 세계

위기는 정확히 말해, 옛것은 무너지는데 새로운 것이 탄생할 수 없다는 사실에서 나온다. 이러한 인터레그넘에는 다양한 병적 증세가 나타난다.

－안토니오 그람시 Antonio Gramsci

위기가 시작되고 나서 10년이 지났을 때, 그렌펠타워 Grenfell Tower 가 화재로 잿더미가 되었다.[1] 당시 화재는 주거용 건물 4층에서 발생했고, 한 시간 만에 엄청나게 빠른 속도로 외벽을 타고 올라갔다. 건물에는 중앙화재경보기가 없었다. 방화문이 제대로 작동하지 않아서, 계단과 복도를 포함해 건물 전체가 순식간에 화염에 휩싸였다. 소방관들이 도착했을 땐 화염이 너무나도 강해 4층 이상에 거주하는 입주민들은 밖으로 빠져나올 수가 없었다. 결국 72명이 화염과 함께 사라졌는데, 이것은 2차 대전 이후로 영국에서 사망자가 가장 많이 발생한 주거건물 화재로 기록되었다. 정신적 충격으로 사산아를 낳은 임산부의 태아를 제외하고는 가장 어린 희생자는 생후 6개월이 된 아기였다.

그동안 입주민들은 화재안전기준을 제대로 준수하지 않는 데서 발생하게 될 사고의 위험을 수년에 걸쳐서 경고했다. 화재 조사반에 따르면, 외관을 개선하기 위해 2012년에 설치한 건물 외벽면의 외장재가 가연성이 매우 높은 것으로 나타났다. 내화성이 높은 외장재가 가격이 너무 비싸다는 이유로 선택지에서 배제되었던 것이다. 그렌펠타워는 화재 스프링클러조차도 갖추고 있지 않았다. 많은 사람이 정부의 긴축 프로그램으로 인한 재정적 어려움 때문에 구위원회가 입주민들의 요구에 응하기 어려웠을 것이라고 주장했다.

그러나 그렌펠타워 화재가 일어나던 해에, 켄싱턴 첼시 왕립구Royal Borough of Kensington and Chelsea는 입주민들에게 최고세율의 지방세 납부자 모두가 100파운드를 환급받을 것이라는 내용의 공문을 자랑스럽게 보냈다. 이후로 2년이 지나서도 화재 희생자 중 상당수가 아직 적당한 집을 찾지 못하고 있었다. 화재 이후로 입주민 중에서 자살을 시도했던 사람이 20명에 이른다. 구위원회와 건물 관리실이 업무상 과실치사 혐의로 조사를 받았다. 그런데도 이번 화재와 관련해 유일하게 체포된 사람들은 2018년 본파이어 나이트Bonfire Night(영국에서는 매년 11월 5일 밤에 1605년의 의사당 폭파 계획을 기념해서 모닥불을 밝히고 불꽃놀이를 한다—옮긴이)가 열리던 날에 그렌펠 모형을 태우던 활동가들이었다.

그렌펠에서 일어난 일은 영국에서 가장 부유한 지역에서 공직자로 선출된 사람들이 저질렀던 강력 범죄행위였다. 돈이 많은 입주민의 지갑에서 세금이 흘러나왔지만, 그렌펠타워에서 잃어버린 생명은 소모품처럼 취급되었다. 화재 조사를 통해 분명하게 드러났듯이, 켄싱턴 첼시 왕립구위원회가 화재 이전에 입주민들과 그 외 사람의 요구에 응하기에 충분한 재원을 확보하고 있었지만, 이에 응하지 않기로 결정했다. 구위원회가 내화성이 높은 외장재를 사용하거나 스프링클러를 설치하고 새로운 소화기를 구매하는 데 수천 파운드를 지출하는 대신, 가장 부유한 구민들에게 100파운드를 환급해주기로 결정했던 것이다. 결국 그렌펠타워에서 벌어진 대참사는 영국 정부가 2010년에 도입된 긴축 프로그램에 가장 취약한 시민들에게 보여준 무자비하고도 사라져야 할 잔인성을 상징하는 셈이 되었다. 그렌펠타워 화재는 재원이 부족해서가 아니라 영국 정부가 (지원할 가치가 없다고 간주하는) 사람들의 생명을 경시한 데서 비롯된 비극이었다.

아마도 그렌펠타워 화재는 긴축의 영향을 가장 두드러지게 보여주지만, 이것이 금융 위기 이후로 영국 사회에서 심각하게 떠오르는 불의를 보여주는 유일한 사건은 결코 아니다. UN의 어느 조사 위원이 최근 보고서에서 강조했듯이, 긴축은 다음과 같이 이것을 견뎌내기 가장 힘든 사람에게 가장 큰 피해를 입힌다.[2] 무료 급식소 사용자의 수가 사상 최고 수준을 기록한 것으로 나타났다.[3] 유니버설 크레딧Universal Credit(16~64세의 근로연령층을 대상으로 하는 주요 사회보조 프로그램들을 하나의 체계로 묶는 영국의 사회복지제도─옮긴이)을 전면적으로 실시하고 있는 지역에서는 무료급식소 사용자 수가 50%나 증가했다.[4] 지금 영국은 노숙자가 많아지는 위기를 겪고 있다. 2016년 노숙자 수는 16%가 증가했고, 2010년부터 2016년 사이에 그 수가 2배나 증가했다.[5] 어린이 400만 명이 빈곤 상태에 놓여 있으며 집이 없는 어린이는 12만 3,000명에 달하는데, 이는 2010년 이후로 65%나 증가한 것이다.[6] 영국 노숙자의 평균 수명은 남성은 43세, 여성은 47세인 것으로 나타났는데, 이는 지구상에서 가장 가난한 국가의 평균 수명보다 낮다.[7]

　세계에서 다섯 번째로 부유한 국가인 영국은 국민의 기본적인 욕구를 충족시키기에 충분하고도 남는 자원을 가지고 있다. 그러나 영국 정부는 위기를 초래했던 부자들에게 이에 대한 대가를 세금으로 납부하게 하는 대신에, 평범한 국민이 의지하는 공공서비스를 줄이면서 금융부문에 수십억 파운드를 쏟아부었다. 영국의 지방 정부와 중앙 정부가 취한 조치들은 정치인들이 유니버설 크레딧과 사회복지서비스의 축소로 사망한 사람들과 마찬가지로, 그렌펠타워 화재로 사망한 사람들을 부자들을 위한 감세정책을 추진하기 위해 치러야 할 약간의 대가 정도로 생각하고 있는 것을 여실히 보여준다. 오늘날 우리는 은행을 위한 사회주의와 그 밖의 모든 사람에게는 긴축이 활개를 치는 세상에서 살고 있다.

그러나 이 모델이 더 이상 가장 빈곤한 사람들만을 골라서 고난에 빠져들게 하는게 아니라, 현재 상황을 유지하는 데 버팀목이 되어줄 자산을 소유한 계급의 미래에도 영향을 미치기 시작했다. 금융 위기 이전의 임금 하락과 국가의 쇠퇴를 은폐시켜주던 부채 수준의 증가가 없는 상황에서 경제가 침체되고 있다. 성장은 더디고 투자는 위축되었으며 사람들은 이전보다도 못한 수준의 생활을 유지하기 위해 그 어느 때보다도 더 힘들게 일하고 있다. 어쩌면 가장 심각한 것은 오늘날의 젊은이들이 자신의 미래가 부모 세대보다 더 나아지지 않을 것으로 생각한다는 사실이다. 그들은 자신이 성인이 되어 침체의 늪에 빠진 경제 속으로 들어가게 될 뿐만 아니라 썩어가고 있는 지구 속으로 들어가게 될 것이라는 사실을 예리하게 인식하고 있다. 금융 주도 성장을 떠받치던 정치적, 경제적 거래는 틀어지고 있고, 경제 붕괴 이후로 서구 세계에서 경험한 정치적 혼란은 금융 주도 성장의 종말을 보여주는 한 가지 증상에 불과하다.

금융 주도 성장의 모순이 커지면서 이것의 지속적인 존재로부터 혜택을 얻는 사람들의 결속력이 약화될 것이다. 지금의 경제와 정치 제도의 철저한 변혁을 요구하는 목소리는 커질 것이다. 현재의 체제를 유지하려는 사람은 자신이 고립된 소수라는 사실을 깨닫게 될 것이고, 현재의 상황을 유지하기 위한 시도 속에서 비열한 모습을 드러낼 것이다. 우리는 혁명의 시기에 살고 있다. 다음에 오는 것은 그동안 쉬고 있던 사상뿐만 아니라 그것을 지켜낼 수 있는 강력한 힘이 있는가에도 달려 있다.

기나긴
회복 기간

금융 위기에서 회복되는 데에는 대공황 이후로 발생했던 주요 위기 중에서 가장 오랜 시간이 걸렸다.[8] GDP는 결국 예전 수준으로 회복되었지만, 사람들이 받는 임금은 그렇지가 않았다. 오늘날 우리는 나폴레옹전쟁 이후로 가장 오랫동안 전개되는 임금 정체의 시기를 살아가고 있다. 현재 대부분의 사람이 2007년과 비교해 더 많이 벌지는 못한다. 일부는 그보다 더 적게 번다. 물론 그 금액이 모든 사람에게 우울했던 것은 아니다. 〈선데이 타임스〉 '1000대 부자' 명단에 등장하는 사람들의 부는 2008년부터 2015년 사이에 2배로 증가했다.[9] 대처 총리 시절에 불평등이 빠른 속도로 심화된 이후, 10년에 걸친 안정의 시기가 지나 또다시 심화되기 시작했다. 2018년에는 하위 20%의 소득이 1.6% 감소했지만, 상위 20%의 소득은 4.7% 증가했다.[10]

많은 사람이 지금 영국의 고용률이 사상 최고치를 기록하고 있다고 주장하면서 소득과 임금에서 나타나는 이처럼 우울한 이야기에 반박하려고 했다. 그러나 일을 하면서도 빈곤한 가정의 비율이 증가하고 있다. 이것은 어느 정도는 앞에서 설명했던 소득의 정체 때문이기도 했지만, 위기 이후로 나타난 고용 관행의 변화 때문이기도 했다. 일을 해도 임금을 적게 받았을 뿐만 아니라 고용 자체가 더욱 불안정해졌다. 시간제, 비정규직, 영시간 계약 zero-hour contract(회사가 부를 때만 나와서 일한 만큼만 보수를 받는 것—옮긴이)으로 근무하는 사람의 수가 모두 증가했다. 우버 Uber 혹은 딜리버루 Deliveroo와 같은 플랫폼을 통해 긱 경제활동을 하는 사람은 연금과 병가수당과 같은 혜택을 받지 못한다. 이는 그들이 실제로 받는 보수가 주요 임금 통계에 나오는 것보다 훨씬 더 낮다는 것을 의미한다. 지금은 빈곤 상태에 있는 800만 명의 노동자들이 어쨌든 일을 하고 있다.[11] 고용과 생활 수준 향상의 연결고리는 이미 단절되었다.

높은 고용률은 (한 시간 일해서 생산하는 상품의 양을 의미하는) 생산성이 정체되는 현상과 동시에 일어났다. 영국의 생산성은 금융 위기 이후로 정체되어 G7 국가 평균보다 13%가 더 낮다. 이렇게 된 한 가지 주요 원인은 금융과 전문직 서비스의 생산성이 떨어진 데 있다. 예전에는 이처럼 수익성이 상당히 높았던 산업이 생산성 증가를 이끌었던 것으로 여겨졌지만, 이것은 결국 환상에 불과했다. 경제의 나머지 부문에서 생산성 증가율이 낮은 것으로 드러났던 것이다.

실제로 경제의 나머지 부문에서 생산성이 거의 정체된 원인을 금융부문 그 자체에서 찾을 수 있다. 영국 자산시장으로 자본

이 유입되면서 영국 파운드화의 가치가 상승함에 따라, 영국의 여러 지역에 기반을 둔 생산성이 높은 제조업부문이 거의 초토화되었다. 오늘날 한때 영국의 제조업을 지탱하던 기술, 자본, 공급체인은 위기 이후로 환율이 하락함에 따라 영국의 제조업 기반을 되살리지 못할 정도로 악화되었다. 런던의 생산성은 전국 평균보다 30%가 더 높고, 생산성이 가장 낮은 지역과 (국가는) 전국 평균보다 20%까지 더 낮다. 제조업이 쇠퇴되면서, 오늘날 비전문직 고용이 판매와 고객접대 같은 생산성이 훨씬 더 낮은 저임금 서비스부문에 집중되고 있다. 영국의 여러 지역에 기반을 둔 생산성이 낮은 기업의 롱테일long tail(전체 결과의 80%가 전체 원인의 20%에서 일어난다는 파레토법칙을 그래프에 나타냈을 때, 꼬리처럼 긴 모양을 형성하는 80%에 해당하는 부분—옮긴이)은 전체적인 생산성 정체에 중요하게 작용한다.

금융화에 따른 또 다른 결과로서 투자 감소도 생산성 정체에 기여하고 있다. 2장에서 강조했듯이, 고정자본 투자는 이미 경제 붕괴 이전에 감소하고 있었는데 2008년 이후로 또다시 감소했다. 영국의 (GDP 대비 기계와 기술과 같은 유형자산에 대한 투자를 의미하는) 총고정자본형성률은 17%로 OECD 국가 평균보다 5%가 낮다.[12] 민간투자는 감가상각률보다 더 낮다. 이것은 기업이 시대에 뒤떨어진 자본을 대체하고 있지 않고, 생산할 수 있는 양이 사실상 감소하고 있다는 것을 의미한다. 실제로 고정자본에 대한 민간투자는 1997년 GDP의 11%에서 2014년 8%로 감소했다. 영국 기업들은 수익을 고정자본에 투자하지 않고서 현금으로 쌓아 두거나 금융자산에 투자하는 방식으로 저축을 한다. 공공투자를 살펴보면, 투자 지출을 재정 적자 산출에 포함시켰던 이전 총리의 결정이 이번 위기 이후로 투자가 급격하게 감소하는 결과를 초래 했다. 영국에서는 물질적 사회기반기설을 확충하지 않을 뿐만 아 니라 기존 시설조차도 대체 속도보다 더 빠르게 악화되고 있다.

게다가 지금 영국의 소비자와 기업은 엄청나게 많은 빚을 깔 고 앉아 있다. 2008년에 가계부채는 가계 가처분소득의 148%에 달했다. 이는 가계가 빚을 갚으려고 하면서 2015년에 127%로 감 소했다. 그러나 다시 증가하기 시작해 2018년에는 133%에 달했 다.[13] 2009년에 GDP 대비 101%로 최고 수준을 기록했던 기업부 채는 또다시 증가해 2017년에는 GDP 대비 85%를 기록했다.[14] 수 익 대비 부채를 살펴보면, 영국 기업들은 매년 벌어들이는 수익보 다 부채가 6.5배가 더 많은 것으로 나타났다. 이것은 선진국 중 영 국의 기업부채가 상당 부분을 차지한다는 것을 의미한다.[15]

미국에서도 비슷한 추세가 나타났다. 특히 생산성이 정체되 었는데, 많은 분석가가 미국의 생산성 퍼즐 productivity puzzle(혁신경제 의 핵심적 역할을 하면서 기술 발전을 주도하는 국가들이 정작 그에 따 른 생산성 증가는 보이지 않는 현상—옮긴이)의 근원을 조사하기에 이르렀다. 지금 미국 노동자의 구매력은 1980년과 비교해 정체되 었는데, 이것은 지난 40년 동안 그들의 생활 수준이 실제로 달라 지지 않았다는 것을 의미한다.[16] 미국의 GDP 대비 공공투자와 민간투자는 금융 위기 이전과 비교해 여전히 더 낮은 수준을 기록하고 있다.[17] 금융 위기 이후로 미국의 가계부채는 안정되고 있지만, 기업부채는 사상 최고 수준에 이르렀다. 느슨한 통화정책에 힘입어서 비금융기관에 제공하는 총신용은 2017년에 GDP 대비 73%로 최고 수준에 도달했다.[18]

장기 침체인가, 자본주의의 위기인가

이러한 추세는 앵글로아메리카에서 위기 이후의 문제들을 설명하기 위해 온갖 종류의 이론들을 내놓았던 주류 경제학자들을 당혹스럽게 만들었다. 경제 붕괴 이전에 그들은 금융순환을 길들이는 방법을 찾았고 호황과 불황이 반복되는 문제를 해결한 것으로 생각했다. 그러나 오늘날 경제학자들은 이런 장밋빛 안경을 쓰지 않고서 경제 붕괴 이전의 시기를 되돌아보고 있다. 그들 중 가장 두드러진 사람이 세계은행 수석 이코노미스트와 미국 재무장관을 지냈던 래리 서머스Larry Summers이다. 2013년 11월, 그는 워싱턴에 위치한 IMF에서 했던 강연에서 위기 이후의 글로벌 노스 경제가 전통적인 처방에 반응하지 않는 특별한 고통을 겪고 있다고 경고하면서 이 고통을 '장기 침체'라고 불렀다.[19]

장기 침체의 증상이 더욱 뚜렷하게 나타나고는 있지만, 이것은 새로운 질병이 아니다. 병이 호전된 상태에서 수십 년 동안 잠복해온 것이다. 경제 붕괴 이전에는 사상 유례가 없는 수준의 부채가 미국 경제가 계속 돌아가게 만드는 유일한 요인이었고, 적당한 수준의 경제 성장을 이뤄내기에는 이것만으로도 충분했다. 특히 영국을 포함해 그 밖의 가장 금융화된 경제에서도 비슷한 추세가 나타났다. 서머스는 이것이 선진국 경제에서 완만하게 진행되는 기술과 인구 변화로 인해 희망할 수 있는 생산량이 오랫동안 감소한 것에서 비롯되었을 수도 있다고 주장했다. 위기 이전의 호황은 단순히 수십 년 전에 이미 자리 잡은 침체를 향해 가는 근원적인 추세를 숨긴 것에 불과했다. 그리고 위기 이후로는 문제가 더욱 악화되기만 했다. GDP 성장률, 임금 수준과 고용률이 하락했지만, 서머스가 가장 걱정했던 것은 자본주의 경제에서 성장의 장기적인 원동력이라 할 생산성이었다.

서머스의 주장을 두고서 경제학자들이 두 갈래로 나뉘어졌다. 케네스 로고프Kenneth Rogoff와 같은 경제학자들은 엄청난 금융 위기의 여파로 저성장과 생산성 정체를 예상할 수 있다고 주장한다.[20] 가계와 기업은 부채를 끌어다가 자산을 매입하는 행위를 중단할 것이고, 케인스주의자들의 (정부, 가계, 기업이 지출을 줄일 때 나타나는 경제 승수의 반전인 국민소득의 감소를 의미하는) '절약의 역설paradox of thrift'을 낳을 것이다. 이러한 효과는 부채 과다로 나타나는 리처드 쿠Richard Koo가 일컫는 '대차대조표불황Balance Sheet Recession(가계와 기업이 부채를 줄이는 데 집중하다가 나타나는 불황현상이다. 가계와 기업은 자산 가치가 하락하면 수입이 생겨도 최우선적으로 빚을 갚는 데 쓴다. 이로 인해 소비와 투자가 위축되면, 이것이 경기 침체와 자산 가치의 추가적인 하락을 가져올 수 있다―옮긴이)' 시기에 더욱 악화된다. 그러나 절약의 역설 그 자체로는 저성장을 설명할 수가 없다고 주장하는 경제학자들도 있는데, 적어도 성장률이 서서히 하락하는 현상이 금융 위기 이전에 이미 나타났기 때문이라는 것이다.

실제로 위기 이전의 자산 가격 인플레이션과 금융부문에서의 높은 수익이 경제의 다른 부문에서 오랫동안 지속되던 침체가 드러나지 않도록 했다. 일부 경제학자들은 이런 현상이 기술 변화의 침체에서 비롯되었다고 주장한다.[21] 또 다른 경제학자들은 인구 변화를 지적한다. 글로벌 노스에서 출생률이 떨어지고 물질적으로 풍요로워지면서 평균수명이 길어져서 생산가능인구가 줄어들고, 이에 따라 장기적으로 저성장 국면에 접어들었다는 것이다.[22] 그러나 장기 침체 가설을 지지하는 경제학자들 모두가 한 가지 의견에는 동의한다. 그것은 양적완화와 같은 정부의 특별한 개입이 없이는 글로벌 노스의 경제가 작동을 멈추게 된다는 것이었다. 오늘날의 경제학자들은 모두 '지금 무슨 일이 일어나고 있는가?'와 같이 시급한 문제에 관심을 모으고 있다.

대안정기에 관한 이론과 마찬가지로, 장기 침체 가설은 신고전파 경제학의 가정 중에서 많은 것들을 당연하게 받아들였다. 임금 정체에 관한 주장을 예로 들어보자. 신고전파 경제학자들은 노동자가 자신의 한계 생산성에 따라 임금을 받는다고 주장한다. 자신이 일하는 기업에서 자신이 창출하는 가치보다 더 낮은 임금을 받는 노동자가 있다고 하자. 노동자를 얻기 위한 경쟁이 있는 경우에는 다른 기업이 이 노동자에게 조금 더 높은 임금을 주면서 데려가도 여전히 수익을 낼 수 있다. 경쟁 압박은 임금이 평균적인 노동자의 한계생산성을 향해 수렴하게 만든다. 전체적으로 보면, 이것은 임금이 생산성에 따라 증가한다는 것을 의미한다. 위기 이후로 임금이 정체된 것은 생산성이 (인구 변화에 의했든, 저조한 기술 진보에 의했든) 정체되었기 때문이다.

그러나 이 이론은 위기 이전에 글로벌 노스에서 나타났던 임금과 생산성이 따로 움직이는 현상을 설명하지 못한다. 신고전파 경제학자들조차도 임금과 생산성의 관계에 관한 그들만의 특별한 합의를 의미하는 소득 분포의 한계생산성이론이 왜 옳은지에 대해 제대로 설명하지 못한다. 신고전파 성장 모델의 창시자라 할 로버트 솔로Robert Solow는 생산성과 임금의 관계에 관한 가정이 왜 정당한지를 묻는 질문에 이렇게 대답했다고 한다. "만족할 만한 이유를 찾을 수는 없었습니다. 그러나 이론과 현실이 대체로 일치하기 때문에, 어느 누구도 이 가정에 대해 크게 신경 쓰지 않았습니다."[23] 현실이 더 이상 이런 가정과 일치하지 않으면 이제는 그 이론을 다시 생각할 때다. 생산성 정체가 임금 하락의 원인이 되지 않고서 임금 하락이 이윤 하락, 투자 저하, 생산성 정체의 원인이 된다면 어떠한 일이 발생할까?

마르크스는 노동자들이 자신의 한계 생산성에 따라 임금을 받는 것은 아니라는 사실을 정확하게 알아차렸다. 사실은 노동자들이 받는 임금과 그들이 자본가를 위해 생산하는 가치의 차이가 자본가의 이윤에 해당한다.[24] 마르크스의 통찰은 노동자와 자본가의 상대적인 권력에 관해 신고전파 경제학자들이 보여준 것보다 훨씬 더 세련된 이해에서 나온 것이다. 신고전파 경제학자들은 대체로 권력을 배제했지만, 마르크스 경제학은 자본주의 경제에서 고용주와 노동자 사이, 특히 기업에서 존재하는 권력의 차이를 분석의 중심에 두었다. 추상적인 경제 모델을 가지고서는 우리가 지금 겪고 있는 질병에 대해 제대로 설명할 수 없다. 그것의 근원이 정치에 있기 때문이다.

1970년대 이후로 앵글로 아메리카에서는 자본가가 노동자보다 훨씬 더 강력해졌다.[25] 2차 대전 이후로는 강력한 노동조합과 완전고용을 유지하기 위한 정부의 노력에 힘입어 노동자는 생산성 증가에 따라 임금 인상을 요구할 수 있었다. 결과적으로 노동자의 권력이 자본가의 권력보다 더 커지면서 자신의 뜻을 관철시킬 수 있었다. 그러나 이것은 역사적으로 보기 드문 상황이었다. 토마 피케티Thomas Piketty가 지적했듯이, 자본주의의 황금시대는 예외적인 시절이었다. 1970년대가 지나고, 자본 이동성의 증대, 금융부문에 대한 규제 철폐, 기업 지배 구조 모델의 변화로 기업 경영에서 특히 대규모 투자자와 같은 주주들의 권력이 커지게 되었다. 노동자들은 반노동조합 법안이 채택되고 이와 동시에 완전고용을 유지하려던 케인스주의자들의 경제정책이 좌절되면서 권력을 빼앗겼다. 결과적으로 자본주의 국가는 자본가에게는 생산을 통한 이윤에서 더 많은 몫이 돌아가고 노동자에게는 그들보다 훨씬 더 적은 몫이 돌아가는 역사적으로 표준적인 상황으로 되돌아갔다. 효율성 임금이론Efficiency Wage Theory은 임금 하락이 생산성이 하락하는 원인의 한 부분이 될 수는 있지만, 그 반대는 아니라고 주장한다.

그러나 앞에서 설명했던 고정자본에 대한 투자율이 저하된 것에서 알 수 있듯이, 기업은 생산에서 새롭게 얻은 이윤을 장기적으로 생산성이 증가하도록 해주는 곳으로 투자하지 않는다. 대신에 새롭게 권력을 얻은 주주들은 금융 투자와 인수합병을 통해 기업의 중기적 수익성을 확보함과 동시에, 배당금 지급을 증액시켜서 기업으로부터 뽑아낼 수 있는 양을 극대화하는 데에만 집중했다.[26] 대규모 독점기업이 등장했고, 이들은 평범한 소비자의 희생을 바탕으로 하는 독점지대를 통해 이익을 얻었다. 한편, 금융부문은 이자와 수수료 수입을 포함해 그 밖의 착취 수단을 통해 이러한 경제 모델에서 엄청나게 많은 이익을 챙겨갔다. 지주와 새롭게 등장한 거대 외주업체는 과거에는 훨씬 더 저렴하거나 심지어는 무료로 제공되던 서비스를 제공하면서, 비슷한 방식으로 착취하는 데 참여했다. 이런 움직임은 힘의 균형에서 또 다른 변화를 일으켰는데, 이번에는 무엇보다도 자본가의 유형이 다양해졌다. 국민소득에서 지대추구 계급이 차지하는 몫이 증가했고, 다른 자본가들도 더욱 지대추구자처럼 행동하려고 했다.

임금이 차지하는 비중이 감소하고 임금 노동자들 사이에서도 불평등이 심화되고 지대추구자의 몫이 커지는 현상은 소득 분포의 최상위에 있는 사람들에게서 현금이 빠져나오지 않는 문제를 일으킨다. 케인스는 사회의 최빈층에서 소득 증가분에 대한 한계소비성향이 훨씬 더 높다는 사실을 보였다. 이것은 빈곤한 사람일수록 추가적인 소득을 저축보다는 지출하려는 경향이 있다는 것을 의미한다. 더 많은 현금이 지출되지 않고 저축되는 것은 기업이 생산한 제품과 서비스에 지출되는 현금이 더 적다는 것을 의미하고, 이에 따라 장기적으로 이윤이 감소하게 된다.

　　단기적으로는 이러한 추세가 생산성이나 이윤에 커다란 영향을 미치지 않는 것으로 보였지만, 이것은 주로 자산 가격 인플레이션과 금융부문에 대한 규제 철폐로 기업의 이윤과 소비자의 지출 능력이 증가했기 때문이었다. 사유화된 케인스주의는 임금에 대한 하방 압력이 드러나지 않게 했다. 기업은 금융 수익과 자산 가격의 증가로 고정자본에 대한 투자 수익률의 하락을 감출 수 있었다. 그러나 버블이 걷히면서, 투자 저하와 임금 정체로 인한 생산성 정체가 수면으로 떠올랐다. 기업은 위기 이후로 미래의 수요 감소를 예측하고는 투자를 축소했고, 이에 따라 전형적인 케인스주의자들이 말하는 하방 악순환downward spiral을 일으켰다. 이들은 미래의 생산성을 증가시켜주는 고정자본에는 투자하지 않고, 더 저렴하고 유연한 노동자를 고용하거나 수익을 부동산과 금융시장에 투자할 것이다.

이와 동시에, 금융화는 앵글로아메리카가 국제 금융 시스템에서 새로운 방식의 식민지 착취를 추진할 수 있도록 했다. 이것은 글로벌 노스와 그 밖의 지역의 노동자에게 커다란 피해를 주었다.[27] 1970년대와 1980년대에는 글로벌 사우스의 많은 국가가 국제적인 투자자들에게 시장을 강제로 개방해야 했고, 국내 자본이 높은 수익을 쫓아서 호황기에 접어든 미국과 영국의 자산시장으로 떠나는 모습을 속절없이 지켜봐야만 했다.[28] 이로 인해 국내 자본은 고갈되고 외국인들의 국내 투자에 의존하게 되었고, 영원한 종속과 저개발의 지위에 갇혀 있게 됐다. 글로벌 사우스에서 빠져나오는 상당한 금액의 자본 도피는 자금이 조세피난처로 불법 유입되는 형태를 띠기도 했는데, 때로는 시티오브런던이 주요 통로가 되기도 했다.[29] 2012년에 글로벌 사우스에서 불법 유출된 자금은 1조 달러가 넘었는데, 대부분이 아프리카 지역에서 유출되었다.[30] 그러나 앵글로아메리카 경제도 이러한 상황이 빚어낸 불균형으로부터 어려움을 겪고 있다. 자본 유입이 자국 통화의 가치를 상승시켜, 케인스의 방정식에 나오는 마지막 항인 순수출을 감소시키면서 국내 수요를 감소시켰던 것이다. 영국과 미국은 환율 때문에 국제 경쟁력을 잃으면서 무역 적자가 사상 최고 수준으로 증가했다.

이러한 정치적인 경제 요인들이 장기 침체를 설명한다. 국민소득에서 노동자가 차지하는 몫이 감소하는 대신 지대추구자가 차지하는 몫이 증가하고 민간부채가 지나치게 많이 모여 가계의 소비 감소를 초래하면서 지대추구자의 주주 가치 이데올로기에 의해 이미 제약을 받고 있던 기업 투자의 감소로 이어졌던 것이다. 전체적으로 보면, 요인들이 합쳐져 국내 수요 부족이라는 심각한 문제를 일으켰고, 영국에서는 이 문제들이 긴축정책으로 인해 더욱 악화되었다. 노동자와 기업, 정부는 경제를 되살리기에 충분한 지출을 하지 않았다. 미국에서도 비슷한 추세가 관찰되었다. 위기 이전에는 이런 양상이 새로운 부채가 발생하면서 드러나지 않았다. 소비자는 충분한 보수를 받지 않았지만, 어쨌든 부채 증가와 자산 가격의 상승에 힘입어 지출을 유지할 수 있었다. 앵글로아메리카에서는 자본 유입이 수출업체와 제조업체에게는 피해를 입혔지만, 높은 수준의 지출을 유지할 수 있도록 했다. 그러나 부채가 더는 증가하지 않았지만 장기적인 경향이 드러났다. 자산 가격 인플레이션이라는 괴물과 금융부문에서의 투기 수익이 사라지자마자, 앵글로아메리카의 금융 주도 성장 실험은 중단되고 말았다.

긴축경제

대체로 이런 상황에서는 정부가 개입해 활력을 불어넣을 것으로 기대할 수 있다. 케인스는 수요가 부족할 때에는 정부가 나서서 금리를 인하하고 재정 지출을 증가해 낮은 투자와 소비라는 파멸의 고리를 끊어버릴 수 있다고 주장했다. 자본주의의 황금시대에는 전 세계의 사회민주주의 정부가 정확하게 케인스의 주장대로 했다. 그러나 지금 각국 정부는 긴축정책을 선택해서 상황을 훨씬 더 악화시켰다.[31] 1970년대와 1980년대에 글로벌 사우스에 극단적으로 가혹한 긴축 프로그램을 부과했던 것으로 유명한 IMF는 최근 '긴축의 혜택을 (중략) 입증하기가 상당히 어렵지만, 불평등의 심화라는 관점에서 그 피해가 뚜렷하게 나타난다'는 결론의 보고서를 발표했다.[32] IMF는 단기적으로 정부 지출을 GDP의 1% 줄이면, 장기적으로 실업률이 0.6% 증가한다고 주장했다.

실제로 영국은 자기파멸적인 긴축정책을 9년에 걸쳐서 추진하고 나서, 글로벌 노스에서 최악의 국가 재정을 보여주고 있다.[33] 정부는 미래의 성장을 위한 투자를 하지 않고 현재의 부채를 갚기 위해 수익을 창출하는 자산을 매각해 미래의 수입이 줄어들게 했다. 경제 붕괴 이후로 주로 민영화와 자산 매각으로 인해 공공부문의 부가 GDP의 50%에 해당하는 거의 1조 파운드만큼 감소했다. 공공투자의 부족과 공공자산의 염가 매각은 영국 경제의 생산적인 기반을 심각하게 손상시켰다. 정부가 도로와 학교, 대학의 건설을 기피하면서 물적, 인적, 지적 자본이 감소했다. 영국이 생산 능력에 투자하지 않은 것은 미래 세대의 부채 부담을 줄이기는커녕 영국 경제가 지금보다 훨씬 더 빈곤해지는 것을 의미한다. 이것이 바로 긴축이 미래 세대에게 물려주게 될 실질적인 유산이다.

한편으로는 정부가 생산적인 투자를 늘리지 않고서 공공서비스 제공에서 손을 떼고 공공주택을 대량 매각한 것이 가계의 생활

비가 늘어나는 결과를 낳았다. 공공요금과 대중교통비, 의료비의
상승이 이미 쪼들리고 있던 가계에 큰 부담이 되었다. 경제 붕괴
이후로도 주택의 가격이 올라, 저렴한 주택의 공급을 늘렸을 때보
다 임대료가 훨씬 더 많이 오르는 결과를 낳았다. 공공주택이 감소
해 많은 사람이 임시숙소에서 지내야 했다. 제롬 로저스와 같은 사
람들은 기본적인 욕구를 충족시키려다 엄청난 부채에 시달렸다.
이것은 금융기관이 우리 공동의 부가 감소한 데서 이익을 보도록
했다. 그나마 형편이 나은 사람은 퇴직 이후의 생활과 의료서비스
에 필요한 자금을 스스로 마련해야 한다는 것을 알고는 더 많이 저
축하려고 했다. 위험에 대한 부담을 개인에게 지우는 상황에서 빈
부격차가 더욱 커졌다. 일부는 엄청난 부채에 시달리고 있지만 또
다른 일부는 비생산적인 현금을 쌓아놓고서 주로 부동산시장과
금융시장에만 쏟아붓는 상황이 벌어지면서 문제가 훨씬 더 심각
해졌다.

그렇다면 긴축의 목적은 무엇인가? 어떤 사람은 남아있는 돈
이 없다고 주장한다. 정부는 가계와도 같아서, 조세로 벌어들이는
수입보다 더 많이 지출할 수 없다. 금융 위기로 발생한 부채는 상
환되어야 한다. 그렇지 않으면, 그리스와 같은 결과를 맞이한다.
그러나 이 비유는 완전히 잘못되었다. 역사상 국가부채 위기를 겪
었던 국가는 아르헨티나와 같이 부채가 외환으로 표시되었던 국
가나 그리스처럼 통화정책권이 없는 국가였다. 자국에서 돈을 빌
릴 수 있는 강력한 조세 시스템을 갖거나 자국 통화를 발행할 수

있는 부유한 국가는 사실상 채무불이행에 빠져들 수가 없다. 투자
자들은 국가의 정부 채권을 금융 시스템에서 가장 안전한 자산으
로 취급한다. 실제로 영국 정부는 양적완화를 통해 부채의 3분의
1을 조달했고, 이를 통해 자금조달비용이 사상 최저 수준에 이르
게 했다. 영국이 국가부채 위기 직전에 놓여 있다는 생각은 터무니
없다. 오히려 투자자들은 영국 같은 국가가 발행하려는 양보다 더
많은 정부 채권을 원한다.

　긴축에 대한 두 번째 주장은 높은 수준의 부채가 경제 성장
의 발목을 잡는다는 것이다. 이러한 주장은 재무장관 조지 오스본
George Osborne의 긴축 의제에 정당성을 부여하기 위해 자주 인용되
는《이번에는 다르다This Time Is Different: Eight Centuries of Financial Folly》의 저자
들인 카르멘 라인하트Carmen Reinhart와 케네스 로고프 덕분에 긴축에
관한 논쟁에서 아주 많이 등장한다. 이 책에서는 정부부채가 GDP
의 90% 수준을 넘을 경우, 통계적으로 유의미하게 성장에 부정적
인 영향을 미친다고 주장한다. 이 주장은 오랜 역사를 지니고 있
다. 데이비드 리카도David Ricardo는 정부 차입이 결코 성장을 증가시
켜주지 않는다고 적었다. 그 이유는 완전히 합리적이고 효용을 극
대화하는 행위자는 미래의 어느 시점에 증세가 있을 것으로 예상
하므로, 저축을 하는 방식으로 정부 지출의 증가에 반응한다는 것
이다. 하지만 이 분석은 불확실성이 인간의 행동에 미치는 영향을
고려하지 않는, 인간의 심리에 관한 잘못된 견해에 바탕을 두고 있
다. 과소 소비의 기간이 지나면 과열의 기간이 온다. 이것은 경기

순환의 상승과 하락을 특징짓는 역학이다. 소비자는 과소 지출 혹은 과다 지출을 하고, 기업은 과소 투자 혹은 과다 투자를 한다. 케인스는 이러한 상승과 하락을 완화하는 것이 정부의 역할이라고 생각했다. 과소 소비의 기간에 정부 지출의 확대나 금리 인하는 기업의 이윤을 증가시키고 경제 행위자가 미래에 대한 믿음을 갖게 해서 다시 지출을 시작하게 만든다.

긴축의 정치학을 이해하려면, 긴축이 주장하는 경제적 근거 이상의 것을 살펴봐야 한다. 그것은 혜택이 누구에게 돌아가는지를 살펴보는 것이다. 칼레츠키의 분석에서 알 수 있듯이, 노동자를 지원하기 위해 너무 많은 일을 하는 자본주의 국가는 자본가와 노동자 사이의 힘의 섬세한 균형을 깨뜨릴 위험이 있다. 노동자로 이뤄진 산업예비군의 존재는 기업의 이윤과 정치적 권력을 결정적으로 보장해준다. 완전고용을 뒷받침하는 시스템에서 이윤이 더 많이 발생하더라도, 자본가는 이보다 더 낮은 이윤과 노동자에 대한 더 많은 통제력을 선호한다. 어떤 사람은 이와 같은 분석에 대해 지금은 1970년대와 비교해 고용주가 노동자보다 훨씬 더 많은 권력을 갖고 있고, 정부 지출이 증가한다고 해서 수십 년에 걸친 균형을 완전히 무너뜨릴 것 같지는 않을 것이라는 점을 지적할 수도 있다. 그러나 이런 정치적 문제들은 별개로 발생하지 않는다. 앞에서 강조했듯이, 많은 기업이 지금의 경제 환경에서 이윤을 얻기 위해 분투하고 있다. 오늘날의 고용주들은 이 문제를 노동자들의 임금을 줄이고 고용을 불안정하게 하는 방식으로 처리하고 있다. 하지만 노동자의 힘이 커지면 고용주가 위기 이후의 비용을 노동자에게 떠넘기지 못하게 만들 것이다.

그러나 자본가와 정부 간의 합의는 금융화의 여건에서는 훨씬 더 깨지기 쉽다.[34] 투자자들이 자산시장에 쏟아붓기 위해 저축한 자금은 불평등의 심화에서 비롯되었다. 최상위에 있는 사람들에게 부가 집중되고 최하위에 있는 사람들에게 부채가 쌓이는 대신 이렇게 저축한 자금이 생산에 재투자된다면 전체적으로 경제가 훨씬 더 잘 돌아가고, 투기를 위해 남겨진 부는 감소할 것이다. 금융시장으로 가는 자본이 감소하면 모기지대출에 제한이 가해지고, 따라서 주택 가격이 하락하여 금융화된 현재의 상황이 계속 유지되기를 바라는 자산소유자의 부와 소득도 감소할 것이다. 또한 정부 지출의 증가는 지대추구 계급과 정부의 합의에 위협을 가할 것이다. 여기서 정부 지출이 국민소득에서 아주 많은 비중을 차지하고, 특히 이것이 민간부문의 후원으로 진행되지 않는다면 금융 수익을 얻기 위한 또 다른 길을 차단하게 된다.

나중에 밝혀졌지만, 라이하트와 로고프는 오류를 범했다. 그들의 데이터에 심한 오류가 있었던 것이다. 그들의 분석이 정확했더라도, 그들은 정부부채와 성장률 사이의 일반화된 관계를 발견하지 못했다. 물론 이것이 정치인들의 행동에 영향을 미치지는 않았다. 긴축이 결코 증거에 바탕을 둔 것이 아니기 때문이었다. 긴축은 자본가가 경제를 파괴하고 있는 바로 그 순간에도 노동자가 계속 복종해야 하는 위치에 있도록 하기 위한 정치적 프로젝트였다. 2010년 이후로 영국에서 가장 가난한 사람들이 긴축의 칼날에 정면으로 노출되면서, 통계는 이처럼 야만적인 정치적 프로젝트의 실상을 고스란히 보여주었다.[35] 피해를 가장 많이 입은 집단은 자녀가 있는 생산가능인구의 가계였다. 2020년에 자녀 둘이 있는 저소득 가계는 복지 혜택의 축소로 2010년과 비교해 연간 2,800파운드의 소득이 줄어들 것이다. 그리고 한부모 가계는 연간 700파운드의 소득이 줄어들 것이다.[36] 한편, 부자들은 2016년에 조지 오스본이 시행한 세제tax system 변경으로 인한 혜택의 80%를 챙겼지만, 세 번째 하위층 가계가 피해의 거의 70%를 떠안았다. 이것은 하위층과 중위층 가계에서 상위층 가계로 부의 엄청난 이전이 일어났음을 시사한다.[37] 긴축이 시행되고 나서 9년이 지나, 정부는 단지 작은 정부가 된 것뿐만이 아니라 완전히 새로운 형태로 변모했다.

이제 정부는 핵심 유권자들을 고통으로부터 보호하는 것이 점점 더 어려워지고 있다는 것을 알게 되었다. 일반 가계의 지출에서 교통비가 상당히 많은 비중을 차지하는 상황에서, 영국의 무너져가는 사회기반시설은 정치적으로 커다란 문제가 되고 있다.[38] 도로의 상당 부분은 거의 절망적인 상태에 있다. 철도 네트워크는 엄청나게 비싸고, 런던을 벗어나면 품질도 떨어진다. 사회기반시설에 대한 투자 부족은 생산성에 영향을 미치고, 런던과 그 밖의 지역 간 생산성 격차의 중요한 원인으로 작용한다. 또한 이것은 사람의 정신과 신체의 건강에도 영향을 미친다.[39] 최근 어느 보고서에 따르면, 장거리 출퇴근이 스트레스와 우울증과 관련이 있고 그 시간이 30분이 넘으면 노동자의 생산성에 악영향을 미친다고 한다.[40]

특히 맞벌이 가정에서 정부의 교육 지출 삭감으로 현재 상황에 대한 불만이 커지고 있다. 테리사 메이Theresa May 총리가 과거의 중등학교grammar school(공부를 잘하는 11~18세의 학생들이 다니던 학교—옮긴이) 제도를 다시 도입하는 것에 관심을 보이고 아카데미화academisation(지방 당국의 통제하에 있는 영국의 모든 학교가 재정과 커리큘럼에 대한 통제권을 더 많이 갖는 아카데미가 되게 하는 것—옮긴이)와 교육과정에 구애받지 않는 자유학교를 도입한 것은 모두가 긴축에 반대하는 정서가 확산되는 것을 방지하기 위한 것이다. 정부가 교육 시스템 내에서 분할을 일으키면, 실질적인 공공서비스를 중산층에 제공하는 것에 예산을 사용하는 결과를 낳을 수 있다. 이때 소득 분포에서 하위에 있는 사람들은 무너져가는 학교 건물에서 부족한 자원을 감수하면서 질이 낮은 수업을 들어야 하는 상황에 몰리게 된다. 2010년 이후로는 퇴학생이 급증했다.[41] 이는 학교에서 일종의 계급 차별을 낳을 뿐만 아니라, 또 다른 우려해야 할 문제라 할 범죄를 증가시킨다. 퇴학생이 증가하고 청소년을 위한 서비스를 중단하고 어린이를 위한 사회복지 예산을 철회하는 것은 모두가 청소년이 저지르는 강력범죄가 증가하는 원인이 된다.[42] 흉기를 든 범죄자가 급증하는 것은 아마도 이러한 추세를 가장 두드러지게 보여주는 예가 될 것이다.

국민보건서비스는 예산의 직접적인 감축 대상에서는 제외되었지만, 긴축과 관련해 빈곤과 불평등이 심화됨에 따라 공중보건 실태가 악화되었는데도 예산 부족에 따른 어려움을 지속적으로 겪고 있다. 영국의학협회British Medical Association에 따르면 국민보건서비스는 한계점에 도달했다고 한다. 2018년 국민보건서비스 신탁 병원들은 9억 6,000만 파운드의 적자를 기록했다.[43] 그 대기자 명단에 있다가 사망하는 환자 수는 지난 5년 동안 1만 명이 증가했고, 2017년에는 응급실에서 4시간을 넘게 기다린 환자가 200만 명이 넘었다. 정부가 일처리를 잘못해서 실제로 도움을 받아야 할 젊은 의사와 심지어는 컨설턴트, 경영진, 지역 보건의와도 소원하게 지냈다. 또한 노부모를 보살필 형편이 안 되는 노동자도 커다란 압박을 받고 있다. 성인을 위한 사회보장 예산이 삭감되면서 사람들은 지역 당국으로부터 보살핌을 받기가 어려워졌다. 가난한 노인들과 그 자녀들까지도 빈곤에 내몰리게 된다. 부자들은 긴축을 단순히 저축량과 자녀들에게 물려줄 유산이 감소한 것으로 본다. 긴축은 가난한 사람과 부자, 모두에게 현재의 상황에 대한 불만을 갖게 한다.

자산 소유의
과두제

장기적으로 보면, 영국 정계는 훨씬 더 중요한 문제인 주택 문제를 어떻게 다뤄야 할 것인가에 직면해 있다. 어떤 사람은 이것을 가지고 실존의 문제라고 말한다. 지금까지 살펴봤듯이, 주택 소유는 대처 총리의 권력을 유지하기 위한 선거 거래에서 핵심적인 부분이었고, 이후로도 표심을 나타내는 지표로서 중요한 역할을 하고 있다. 또한 금융 주도 성장에서 경제적 지대의 주요 원천이다. 주택 소유의 여부는 지금도 여전히 표심을 예측할 수 있는 최선의 지표다. 2017년에 주택을 소유한 가계의 유권자 중에서 53%가 보수당에 투표했고 임차인의 51%는 노동당에 투표한 것으로 나타났다.[44]

금융 위기 이후로 주택 가격이 급락했을 때에, 많은 사람이 영국의 주택시장 버블이 종식되는 시대에 살게 될 것으로 생각했다. 그러나 2007년 이후로도 극단적으로 느슨한 통화정책에 힘입어서 주택 가격과 가계부채는 계속 증가했다.[45] 은행에 유동성을 제공해 대출을 활성화하려는 목적으로 양적완화를 도입했지만, 1970년대 이후로 대출을 제공할 수 있는 양에서 거의 제한을 받지 않았다. 대신에 양적완화는 포트폴리오 재조정의 수단으로 작용했다.[46] 정부 채권의 수익률을 감소시켜 투자자들이 고위험, 고수익의 금융자산을 사도록 만들었으며, 자산을 보유한 사람은 더욱 부유해지고 지출을 많이 해서 결과적으로 (특히 주식시장과 같은) 금융시장에서 호황을 초래하여 주택 가격까지도 끌어올렸다.

　주택 가격이 오른 것은 재산소유민주주의 이미지를 유지하는 데에는 도움이 되었지만, 정작 속살을 들여다보면 썩은 내가 진동한다. 영국에서 1980년부터 2007년 사이에 나타나던 주택 소유자의 증가와 주택 가격의 상승은 결코 되풀이되지는 않을 것이다. 지금 주택 소유자는 줄어들고 있다.[47] 주택 가격은 임금과는 동떨어져, 대부분의 젊은이들은 주택을 구매할 형편이 안 되는 상황이다. 20년 전에는 25~34세의 젊은이 중 주택을 소유한 사람이 65%였지만 지금은 27%이다.[48] 지금 젊은이들은 자신이 절대 집을 갖지 못할 것이라는 사실에 익숙해져 있다. 임금이 정체된 데다 연금 위기와 국가의 공동의 부의 감소로 오늘날의 젊은이들은 1980~2007년에 선배들이 타던 배를 완전히 놓쳤고, 지금은 죽어가는 지구뿐만 아니라 부모 세대를 부유하게 해주던 경제 모델의 난파선을 물려받았다.

　현재의 위기를 다루는 엘리트의 전략은 자기 자신을 보호하기 위해 노동자 계급을 양분하고 중산층과 상류층을 보호하면서 빈곤층을 압박하는 것이다. 그러나 이 전략은 완전히 실패할 것이다. 현대의 젊은이들은 부모 세대가 자신이 보유한 자산의 가치를 지키기 위해 현재 상황을 고수하고 있지만, 이것이 지속되면 본인들이 얻을 것이 거의 없다는 것을 잘 알고 있다. 그러나 주택 가격이 하락하고 연금 위기가 증폭되고 임금이 계속 정체되면, 부모 세대조차도 경제를 운영하기 위한 더 나은 방법이 있다는 것을 인정할 수도 있다. 환경 붕괴가 임박한 것도 이 모든 쟁점에 시급성을 더해준다. 지금 우리가 경제가 작동하는 방식을 철저하게 바꾸지 않으면, 지구상에서 여러 지역이 순식간에 거주할 수 없는 곳으로 바뀔 것이다. 기후 재앙을 예방하기 위한 유일한 방법은 정부가 실물경제에 금융 주도 성장의 시대에서는 전혀 생각할 수 없을 정도로 대규모로 개입하는 것이다.

오늘날 많은 이들이 미래가 침체되고 쇠퇴될 것으로 바라본다. 노동자들은 불안하게 다가오는 기후 재앙의 위협에 직면한 채, 박봉에도 오랜 시간 동안 노동에 시달리며 생존만을 위해 소득에 비해 예전보다 훨씬 많이 지출해야 하는 금융 주도 성장의 시대에서는 더 이상 훌륭한 삶을 보장받을 수 없다. 일부는 우리 자신의 삶과 자녀와 손자, 손녀의 삶이 정치적으로나 경제적으로 철저한 변화에 달려 있다는 것을 인식할 수 있을 정도로 뛰어난 통찰력을 갖고 있다. 금융 주도 성장으로부터 혜택을 받는 사람들의 연대가 약화되면서, 정치에서는 현 상황이 계속 유지되기를 원하는 사람들과 과거와의 철저한 단절을 원하는 사람들 간의 양극화가 그 어느 때보다도 더 심하게 나타날 것이다.

다가오는
위기

영국 경제에 대한 단기 전망은 좋지 않다. 소비자들은 부채에 깊이 빠져든 상태인데도 더 이상 돈을 빌릴 수가 없다. 근간에 임금이 오르기 시작했지만, 10년 동안의 정체를 상쇄할 정도는 아니다. 저금리로 기업과 가계 모두 대출이 증가했고, 2018년에는 30년 만에 처음으로 가계 지출이 수입을 능가했다.[49] 영국 가계의 적자 총액은 250억 달러를 기록해 GDP의 1%를 조금 넘겼다. 하지만 소득 분포 전반에 걸쳐 임금 상승이 물가 상승을 충분히 상회하지 않는다면, 이 추세는 지속이 불가능할 것이다.

주택 가격 상승으로 나타나는 부의 효과 덕분에 주택 소유자는 자금을 더 많이 빌릴 수 있었지만, 이제는 그 효과가 반전될 것으로 보인다. 2017년, 런던의 주택 가격은 금융 위기 때 하락한 이후 처음 하락했다.[50] 런던의 주택 가격에 맞춰 영국 나머지 지역의 가격도 따라간다. 따라서 2018년이 끝날 무렵에는 영국 전역의 주택 가격은 0.1% 하락했다.[51] 금융 위기 이후로는 소비 지출이 경제 성장의 거의 대부분을 견인했기 때문에 주택 가격의 하락이 경기 순환에서 반전을 재촉할 것이다. 이것이 금융 위기를 초래할 것 같지는 않지만, 성장과 고용에는 틀림없이 영향을 미칠 것이다.

한편, 기업의 투자율은 한심할 정도로 계속 낮았다.[52] 투자 저하는 기업이 미래를 낙관하지 않는다는 것을 의미한다. 즉, 자사

제품에 대한 수요가 많지 않을 것으로 예상하기 때문이다. 이윤을 내는 기업은 그것을 고정자본이 아닌 금융시장에 다시 투자하기 시작했다. 그러나 국내외 수요가 낮은 상황에서 경제는 크게 성장하지 않을 거라, 기대한 만큼의 성과를 올릴 것으로 보이지는 않는다. 한편으로는 기업의 부채 부담도 계속 커지고 있고 파산하는 기업이 5년 만에 최고치를 기록 중이다.[53]

이처럼 단기적으로 우울한 경제 전망을 하게 되는 국가는 영국 외에도 많다. 실제로 세계 경제는 먹구름이 자욱하다.[54] 총고정자본형성률로 본 세계의 투자 증가율은 2005년 5.7%에서 지금은 1.6%에 불과하다.[55] 글로벌 노스에서 위기 이후로 10년 동안의 생산성 증가(시간당 생산량)는 이전 10년과 비교해 현저하게 더디게 진행되었다. 이처럼 생산성이 낮은 수준에 머물게 되면 세계 자본주의는 생존의 문제에 직면한다. 결국 지금까지 자본가에게 익숙했던 이윤 창출을 계속할 수 있는 방법을 찾기가 어려워진다. 금융화를 통한 해법은 국민소득에서 노동자에게 돌아가는 몫을 줄이고 부채를 통해 미래로부터 이윤을 뽑아내는 방식으로 이 문제를 피해가는 것이었다. 그러나 이 방식은 더 이상 지속이 불가능하다.

어느 정도는 이러한 문제의 결과로 100년 전에 레닌Lenin이 예상했던 것과 같이 경쟁적 자본주의가 독점적 자본주의로 빠르게 전환되었다. 오늘날의 기술을 독점한 거대기업은 투자를 하기보다는 다른 기업을 합병하거나 인수하는 방식으로 성장하면서 영향력을 키워갔다. 이들은 지대를 얻으려고 독점력을 행사해 서비스에 대한 가격을 높게 설정하고, 노동자에게는 생산성에 기초한 임금을 지급하지 않는다. 세계 경제에서 대기업의 지대 착취와 임금 억제는 금융 주도 성장과 관련된 문제를 더욱 악화시키고 있다. 이들 중 상당수가 세금을 회피할 목적으로 이전 가격 조작transfer pricing(특수 관계에 있는 둘 이상의 기업 간 거래에서, 설정하는 가격을 조작해 조세 부담을 경감하려는 행위—옮긴이) 등의 여러 방법을 사용하고 있고, 일부는 규제의 대부분을 피해갈 수 있을 정도로 막강한 영향력을 가지고 있다. 거대기업들은 현대 경제에서 가장 가치 있는 자원 중 하나인 데이터를 통제하고, 이것을 혁신이나 공익을 목적으로 사용하기보다는 이윤 극대화를 위해 독점한다.

글로벌 노스에서 금융 주도 성장 모델이 무너지고 투자와 생산성을 제한하는 글로벌 독점기업들이 등장하고 있는 상황에서, 중국이 금융 위기 이후로 세계 경제 성장의 동력 역할을 하고 있다. 중국 정부의 경기진작 프로그램은 뉴딜정책 이후 가장 규모가 큰 케인스주의자들의 실험이었고, 그 효과가 있었다. 일반적인 생각과는 다르게, 적어도 지난 10년 동안에 보여준 중국의 성장은 수출이 아니라 정부와 국영 기업의 지출과 국영 은행의 대출에 기반을 둔 것이었다. 이처럼 잘 통합된 경기진작 프로그램의 성과는 엄청났다. 중국이 정부 투자 프로그램의 한계가 우리가 생각하는 것보다는 훨씬 양호하다는 것을 보여주었지만 어쨌든 그 한계는 있었다. 오늘날 정부 지출의 승수효과가 점점 떨어지고 있다는 증거가 나오는데, 이것은 중국의 경기진작 프로그램이 효력을 점점

잃어가고 있다는 것을 의미한다.[56]

세계적인 저성장은 경제 붕괴 이후로 발생한 세계 부채의 증가 때문에 더욱 걱정스럽다. 가계와 비금융기관의 부채, 정부부채를 포함한 세계의 부채총액은 2007년 97조 달러에서 2018년 3분기에 244조 달러로 증가했다. 이것은 세계 경제 규모의 3배가 넘는다.[57] 이것은 기업부채가 증가해 세계 GDP의 92%에 달한 것에서 비롯되었다. 그런 상황에서 (금리와 양적완화가 그 대상인) 세계 통화정책의 고삐를 바짝 죄는 것은 특별한 우려를 자아내게 한다. 지금 금리는 사상 최저 수준에 있고, 국제통화 시스템은 중앙은행이 양적완화를 통해 풀어놓은 수조 달러에 달하는 자금으로 넘쳐난다. 한편으로는 이것이 글로벌 노스에서 대부분의 정부에 차입금 조달에 따르는 비용을 줄여주었다. 정부 채권이 점점 더 적게 유통되는 상황에서, 투자자들은 정부 채권을 보유하면서 저금리를 기꺼이 받아들이고 있다. 다른 한편으로는 투자자들에게, 특히 미국 주식과 회사채와 같이 보다 높은 수익률을 기록하는 더욱 위험한 자산에 투자하게 만든다. 이것은 주식 가격의 상승을 초래했고, 최근 미국 주식시장은 역사상 가장 오랫동안 지속되는 가격 상승기를 누렸다.[58]

자산 가격이 계속 상승하려면, 투자자들이 자신이 투자하고 있는 기업이 장기적으로 계속 수익을 낼 것이라는 믿음을 가져야 한다. 이것은 앞에서 설명했던 투자와 생산성의 추세를 고려하면, 보통의 기업에게는 불가능할 것 같은 일이다. 이 말의 의미는 주식시장이 과대평가되고 있고, 다음 세 가지 요인들이 투자자들도 이러한 사실을 알고 있다는 것을 시사한다. 첫째, 주식시장은 변동성이 심해 버블을 예고할 때가 많다.[59] 둘째, 또 다른 경고신호는 채권의 수익률 곡선yield curve에서 나타난다. 이것은 투자자들이 같은 정부의 만기일이 다른 채권에서 받는 이자를 보여준다. 장기적으로 빌려주는 것이 단기적으로 빌려주는 것보다 위험이 더 크기 때문에 장기 채권일수록 높은 이자를 받게 된다. 따라서 투자자들은 더 높은 수익으로 보상 받아야 한다. 그러나 지금 미국에서 수익률 곡선이 반대로 나타난다. 단기 수익률이 장기 수익률보다 더 높은 것은 투자자들이 미래를 불안하게 여긴다는 사실을 의미한다.[60] 마지막으로 GDP 대비 시가총액 혹은 실물경제 대비 주식시장의 규모가 얼마나 큰가를 표시하는 버핏 지수Buffett indicator가 그 시장이 과대평가되고 있다는 것을 보여준다. 최근에 발생한 불황 이전에는 GDP 대비 시가총액이 100%가 넘었는데 지금은 140%를 넘겼다. 이것은 금융 위기와 닷컴 버블 이전보다 더 높다.[61]

양적완화의 수도꼭지를 잠그면 무슨 일이 일어날 것인지는 분명하지 않다. 중앙은행이 지난 몇 년 동안 매입했던 정부 채권을 매각하기 시작하면 자산 가치에 어떤 영향을 미칠 것인지 알 수가 없다. 그리고 중앙은행이 매각해서 얻은 그 자금으로 무엇을 할 것인지도 마찬가지로 알 수 없다. 특히 일본의 중앙은행을 포함한 일부 국가의 중앙은행들은 대차대조표를 위기 이전 수준으로 결코 축소하지 않을 수도 있다. 통화정책의 고삐를 바짝 죄면 (즉 양적완화를 중단하고 금리를 인상하면) 채무자들이 훨씬 더 높아진 금리에 직면하게 될 것이다.

중국에서 부채가 제일 빠른 속도로 증가했고, 미국에서는 기업부채가, 캐나다와 호주, 북유럽 국가들, 유로존의 일부 국가들, 글로벌 사우스에서는 가계부채가 증가했다. 지금 중국의 민간부채는 GDP의 270%에 달한다.[62] 또한 중국의 금융 시스템은 상당히 취약하다. 중국의 국영 은행들은 엄청난 규모의 악성 부채에 노출되어 있고, 가장 위험한 부채 대부분이 그 규모가 GDP의 약 70%에 달하는 그림자금융 시스템에 집중되어 있다.[63] 여기서 주의해야 할 것이 두 가지가 있다. 중국의 은행과 대기업은 대부분 국가 소유이다. 이것은 국가가 개입해 어려운 상황에 처한 채무자나 채권자에게 구제금융을 지원할 수 있다는 것을 의미한다. 비록 지금은 국가의 부채 수준이 상당히 높기 때문에, 예전에 경기진작 프로그램을 추진할 때와 비교해 이것을 추진할 능력을 훨씬 덜 갖추고 있다고 하더라도 말이다. 또한 중국의 금융 시스템은 외부 세계와는 비교적 단절되어 있다. 따라서 미국 은행에 충격이 가해졌을 때와는 다르게, 중국 은행에 충격이 가해진다고 해서 국제 금융 시스템에 연쇄적으로 영향을 미칠 것 같지는 않다. 그러나 영국은 HSBCHong Kong Shanghai Banking Corporation를 통해 중국에 크게 노출되어 있다.

지금 미국 비금융기관의 부채는 GDP의 73%에 달한다. 이것은 최근 금융 위기 이전보다 더 높은 수준이다.[64] 저금리는 투자자들이 미국 회사채에 투자하게 만들었고, 기업에게 신용을 쉽게 얻을 수 있도록 했다. 어떤 이들은 이것이 생산성 퍼즐을 설명해준다고 주장한다. 취약하고 생산성이 떨어져서 평상시라면 파산할 기업이 금리가 낮은 부채 덕분에 사업을 계속할 수 있다는 것이다.[65] 그러나 적어도 미국 기업들은 부채를 생산적인 투자에 사용하지 않고, 자사주를 매입하거나 배당금을 증액하거나 다른 기업을 인수, 합병하면서 주식 가격을 끌어올리는 데 사용했다.[66] 또한 그들은 트럼프 대통령의 감세정책으로 이윤이 증가하는 혜택을 입고 있다. 따라서 긴축통화정책을 추진할 경우에는 신용등급이 낮고 부채가 많은 기업일수록 신용을 얻기 훨씬 더 어려워질 것이고, 그로 인해 많은 기업이 파산할 수도 있다.

호주와 캐나다도 위기 이전의 미국과 영국과도 같은 상황에 놓여 있었다. 두 나라도 가계부채 증가, 주택시장 호황, 경상수지 적자를 경험했던 것이다. 모기지대출 덕분에 부동산 가격이 오르면서 다른 국가로부터 자본이 유입되었고, 이것이 금융 불안정을 더욱 악화시켰다.[67] 위기 이전에 부채의 대부분이 그 규모는 작지만 앵글로아메리카의 모기지부채와 같은 방식으로 증권화되었다. 북유럽 국가의 대다수가 경상수지 흑자를 기록하고 있지만, 그들의 가계부채도 상당히 높은 수준에 있다. 이것은 부채가 주로 국내에서 발생하고 있고, 조정 과정이 더 쉽다는 것을 의미한다.

글로벌 사우스의 신흥국가들은 지금까지는 국제 금융시장에서 낮은 금리로 자금을 빌렸는데, 만약 긴축통화정책을 추진하면 심각한 영향을 받을 것이다. 2017년에 미국의 중앙은행인 연방준비제도가 금리를 인상했는데, 그해 터키와 아르헨티나 같은 국가들이 이로 인해 이미 영향을 받고 있었다. 그들 중 상당수가 외환으로 표시된 자금을 빌렸는데, 이것은 그 국가들이 자본 도피에 취약하다는 것을 의미한다. 투자자들이 금리 인상에 반응해 그들이 가진 자금을 글로벌 노스로 되돌려 놓는다면, 지난 20년 동안에 세계 경제가 경험하지 않았던 일련의 국가부채 위기를 맞이할 수가 있다.

이런 상황에서 국제 금융규제의 지속적인 취약성은 커다란 우려를 갖게 한다. 위기 이후에 나온 바젤 협약은 이전 것만큼이나 결함이 있었다. 바젤 III에는 일부 긍정적인 조치가 포함되어 있기는 하지만, 규제에 관해서는 필요하지만 충분하지는 않은 개선으로 평가되었다.[68] 또한 개별 국가들은 자체적으로 거시건전성 정책macroprudential policy(미시건전성에 대한 상대적인 용어로, 금융기관 단위가 아닌 경제 전체에 문제가 발생하지 않도록 금융 시스템 전반의 장애 예방을 목적으로 하는 금융규제—옮긴이)을 확대했지만, 이것은 위험이 집중되어 있는 신흥국가보다 글로벌 노스에서 더욱 두드러지게 나타났다. 따라서 위험은 신흥국가의 그림자금융 시스템으로 번져갔다. 최근 잉글랜드은행 총재 마크 카니Mark Carney는 이것을 두고 미래의 세계 금융 안정성에 가장 커다란 위협이라고 지적한 적이 있다.

부채 중에서 얼마나 많은 금액을 상환하게 될 것인가를 예상하기는 어렵다. 지난 80년 중에서 대부분에 해당하는 기간에 세계 경제 성장을 견인했던 글로벌 노스에서는 소비자들이 낮은 임금과 계속 오르는 생활비, 심화되는 불평등으로 고통받고 있다. 대부분의 기업과 금융부문에서는 생산성이 정체되었고, 이는 부채 부담을 견뎌내는 것을 훨씬 더 어렵게 만들었다. 이런 혼란의 시기에도 이윤을 계속 내는 글로벌 독점기업은 그 이윤을 생산적인 투자를 위해 사용하지 않음으로써 자신들의 성공의 원천을 서서히 파괴하고 있다. 영국과 미국 경제에서 거의 대부분의 지역과 부문이 수요 부족과 낮은 이윤으로 어려움을 겪고 있지만, 축적의 몇몇 중심부들은 과열되어 불안정을 일으켜 다른 곳의 성장에 제약을 가하고 있다.

세계 경제의 부채 버블이 결국 터지겠지만, 미래의 성장이 어느 곳에서 나타날 것인가는 분명하지 않다. 영국과 미국에서는 위기 이전에 나타났던 부채를 기반으로 하는 자산 가격 인플레이션이 지금은 끝이 났고, 이에 따라 두 국가의 다른 국가 상품에 대한 수입이 감소하게 될 것이다. 중국은 수요가 사라진 상태에서 수출주도 성장 모델로 되돌아가기 위해 분투하게 될 것이다. 위기를 맞이할 경우 여전히 증가하게 될 정부부채가 부족한 부분을 계속 채워줄 것 같지는 않다. 중국의 신흥소비자 계층이 세계 경제 성장 지탱에서 미국 소비자의 역할을 대신하기에는 아직은 그 규모가 충분히 크지도 않고 그 정도로 부유하지도 않다. 중국이 장기적으로 침체에 빠져들면, 독일뿐만 아니라 동남아시아와 오스트랄라

시아Australasia(호주, 뉴질랜드, 서남 태평양 제도를 포함하는 지역―옮긴이)의 대중국 수출에 크게 의존하면서 성장하는 경제에 영향을 미칠 것이다. 장기적으로 글로벌 사우스에서 글로벌 노스를 따라잡을 수 있을 만큼의 충분한 일자리가 창출될 가능성은 상당히 낮다. 그 대신에, 글로벌 노스의 글로벌 독점기업이 이전보다 훨씬 더 많은 자본을 축적할 것이다. 마르크스가 말했던, "(이윤율이) 저하하는 자본의 유기적 구성declining organic composition of capital"(생산 과정에서 노동자를 덜 사용하는 것을 말한다)이 궁극적으로는 시스템의 몰락을 입증할 수 있다.

그러나 이런 지경에 결코 이르지 못할 수도 있다. 세계 경제가 계속 위기를 맞이하면서 휘청거릴 때, 인류의 삶을 지탱하는 환경도 무너지고 있다. 기후 변화는 빠른 속도로 진행되고 있고, 세계가 지구의 재앙을 피하려면 2030년까지 탄소배출량을 적어도 45%만큼 줄여야 한다. 우리 앞에는 엄청난 과제가 놓여 있다.[69] 탄소배출량이 현재의 속도대로 계속 증가한다면, 2030년까지 지구는 지금보다 3도는 더 더워질 것이다. 이것은 기후 변화에 관한 정부 간 패널Intergovernmental Panel on Climate Change, IPCC이 안전하다고 정해놓은 1.5도를 훨씬 뛰어넘는다. 지난 22년 중 20년 동안 연평균 온도가 사상 최고치를 기록했다. 그리고 같은 기간 동안 극단적인 기후 재앙의 가능성과 심각성이 엄청나게 커졌다. 이러한 추세를 중단시키지 않으면 대재앙이 일어날 것이다. 지구는 온실로 변할 것이고 환경 붕괴로 인해 지구상의 많은 지역이 지금과는 완전히 다른 모습일 것이다. 이것이 초래하는 인명 손실과 정치적 혼란은 지구의 종말을 암시한다.

그러나 두려워해야 할 것은 탄소배출만이 아니다. 지금 우리는 인간의 행위가 환경에 영향을 미치는 가장 중요한 요인이 되는 지질학적 시대에 살고 있다. 해양권, 대기권, 생물권에 이르기까지 지구의 모든 환경 시스템은 상호의존적으로, 환경의 어느 한 부분에서 변화가 발생하면 반드시 다른 부분까지 영향을 받게 된다는 것을 의미한다. 극단적인 시나리오에 따르면, 환경 시스템의 어느 한 부분에 충격이 가해지면 모든 환경 시스템에 연쇄적으로 영향을 미치고 이것이 예측하지 못했던 충격으로 이어진다. 인간이 환경에 미치는 영향에 속도가 붙으면서, 지구의 모든 환경 시스템이 영향을 받고 있다.

앞에서 설명했듯이, 우리는 지금 해마다 거의 6만 종이 사라지는 대량 멸종의 시대에 살고 있다. 살충제의 사용으로 곤충이 전례가 없는 빠른 속도로 죽어가고 있고 먹이사슬에서 조류 및 다른 동물들의 삶에 위협을 가하고 있다. 대양의 이산화탄소 농도를 의미하는 대양산성도가 지난 150년 동안에 25%가 넘게 상승했다. 일정 시점이 되면, 대양은 이산화탄소를 더 이상 흡수할 수 없고 대기권으로 방출되는 양이 급상승하는 티핑포인트에 도달하게 된다. 또한 오늘날의 질소 과잉 농산물 때문에 질소 순환이 지장을 받고 있다. 질소화합물이 급수 시스템으로 흘러 들어가면 조류 농도가 증가해서 수계의 산소를 고갈시키고 해양 생물에도 피해를 줄 수 있다. 토양은 대체되는 속도보다 10~40배나 더 빠르게 훼손되고 농산물 생산량은 심각하게 감소할 수 있다.

자본주의가 발전하면서 변화에 속도가 붙는 것은 우연이 아니다. 우리의 경제 모델은 이윤의 제단에 바치는 것이라면 지구 자체를 포함해서 그 어느 것도 아깝지 않다고 가르친다. 이러한 환경 문제의 규모를 생각하면 정책을 조금 변경하는 것으로는 해결할 수 없다. 정치적, 경제적 시스템이 갖는 논리에 변화를 주는 것만으로는 시스템 자체를 허물 수 없다. 오직 최근 미국에서 알렉산드리아 오카시오코르테스Alexandria Ocasio-Cortez가 주장하는 그린 뉴딜Green New Deal(녹색산업 지원과 구축을 통한 일자리 및 시장의 창출―옮긴이)에 따라 사회의 자원을 대량으로 동원하는 것만이 기후 재앙을 피하는 해법이 될 것이다. 그리고 이것은 금융 주도 성장의 경제학에서는 도저히 생각할 수 없었던 그린 생산, 그린 기술을 위한 연구 개발, 탈탄소에너지 개발과 교통 인프라 구축에 정부 지출을 증가할 것을 요구한다. 우리가 지구를 맡아서 책임질 사람을 바꿀 때까지 지구의 운명을 결코 은행의 운명과 동급으로 취급해서는 안 된다. 이제 우리가 자유시장자본주의를 보호하는 것과 인류의 미래를 지키는 것 중에서 선택해야 할 때라고 해도 전혀 과언이 아니다.

마르크스는 자본주의가 확장할 수 있는 공간이 결국에는 사라질 것이라고 예언했다. 이 이론은 자유시장 체제의 종말을 예측하기 전에 여러 번 소환되었고 새로운 해법도 항상 등장했다. 가장 최근에 나온 해법은 자본주의가 공간적으로 확장할 수 있도록 할 뿐만 아니라 일시적으로는 금융화가 부채를 통해 미래로부터 이윤을 뽑아낼 수 있도록 하면서, 궁극적으로 수십 년 동안의 성장을 지탱한 이후에 금융 위기를 초래하게 만드는 것이었다. 이런 해법을 또다시 찾을 수 없다고 생각하는 것은 현명하지 않다. 그렇다고 하더라도, 금융 주도 성장에서는 생각할 수 없었던 통합된 정부 투자, 세제 변경, 규제 변경을 요구하는 대규모의 탈탄소 프로그램이 없이는 자본주의와 인류 문명은 우리가 살아 있는 동안 종말을 고할 것이다. 이제 우리를 구하는 것은 우리 자신에게 달려 있다.

7장 미래를 어떻게 바꿀 것인가

어느 정도 미치지 않고서는 근본적인 변화를 일으킬 수 없다. 변화는 현재의 체제에 순응하지 않고 과거의 공식에 등을 돌려 미래를 위해 투자할 수 있는 용기에서 나온다.

-토마스 상카라 Thomas Sankara

금융 위기의 직접적인 여파로, 세계의 엘리트들이 뿌리까지 흔들리기 시작했다. (생각만큼 많지는 않지만), 몇몇은 재산을 잃었고 또 다른 몇몇은 일자리를 잃었으며, 자본주의의 장점에 대한 믿음까지도 잃었다. 분석가들은 다음과 같이 말하며 지난 20년 동안 그들이 당연시했던 가정에 의문을 제기하기 시작했다. "역사는 끝났다. 그리고 유일하게 남아 있는 것은 자본주의다." 그러나 이처럼 숨 가쁜 발언이 종말을 고하기까지는 그리 오래 걸리지 않았다. 이는, 마찬가지로, 자본주의가 기적적으로 살아남는 능력, 심지어는 뒤떨어진 경제 시스템을 중단시키는 위기를 통해 적응하는 능력에 관한 숨 가쁜 발언으로 대체되었다.

10년 후, 자유시장 체제의 운명에 관해 낙관하는 사람은 거의 없다. 세계 경제는 중국의 전례 없는 경기진작 프로그램과 세계 주요 국가의 극단적으로 느슨한 통화정책에 바탕을 두고 회복을 꾀했으나 이것으로는 충분하지 않았다. 그리고 주식시장이 불안정해졌고, 민간부문에서는 부채 버블이 발생했다. 자본주의 경제에서 성장의 원동력이라 할 생산성은 정체되었다. 글로벌 노스 밖에서는 지난 수십 년 동안 단 한 가지 정책만 변경하더라도 따라잡기에서 멀어진다는 말을 들었던 많은 국가가 비슷한 수준의 정체를 경험했고, 지금은 글로벌 노스에서 긴축통화정책을 추진하면서 자본 도피의 위협에 직면하고 있다. 그 사이에 글로벌 독점기업(특히 기술기업)은 위기 이후의 얼마 안 되는 성장으로부터 얻은 이윤을 축적했고, 부정으로 얻은 이득을 조세피난처에 보관했다. 그들은 자기들에게 규제를 가하려는 국민국가에 영향을 미치기 위해 막강한 경제 권력을 행사했다.

이러한 상황에서 1930년대 이후로 볼 수 없었던 수준의 극우 포퓰리즘이 다시 등장했다. 국가주의자들은 유권자들이 고난에 시달리고 생활 수준이 나빠진 것을 나와는 다른 아무런 잘못이 없는 사람들에게 책임을 뒤집어씌우기 위해 그들만의 인종주의를 동원한다. 극우파를 자극하는 불만을 잠재우기 위한 운동으로서 유일한 것은 생활 수준이 나빠진 것에 대해 마땅히 책임을 져야할 사람들은 엘리트들이라는 사실을 밝히는 것이다. 전통적인 사회민주주의 정당 중 이 과제에 부응하는 곳은 거의 없고, 대신 그들은 자유와 착취 사이에서 노동자를 위한 '제3의 길'에 관한 오래된 담화에만 집착한다. 결과적으로 이들은 그리스의 사회민주주의 정당인 파속PASOK, Panhellenic Socialist Movement(그리스의 사회민주주의 정당인 범그리스사회주의운동을 지칭—옮긴이)처럼 선거에서 밀려서 극우파가 경제적 선동을 주도할 수 있는 공간을 남겼다.

그러나 주목할 만한 몇 가지 예외도 있다. 금융 위기가 있은 후 11년이 지나 미국과 영국처럼 가장 심하게 금융화된 경제에서, 좌파가 지난 40년과 비교해 그 어느 때보다도 더욱 막강해졌다는 것이다. 한편으로는 경제 위기의 심각성이 컸기 때문에, 다른 한편으로는 다수결 선거제도가 갖는 특징 때문에, 앵글로아메리카에서 좌파 사회운동 세력은 정치에 분열을 일으키기 위해 전통적인 정당에 속한 구성원들과 보조를 같이했다.

이 전개는 분석가들을 충격에 빠뜨렸다. 어쩌면 위기 그 자체보다도 훨씬 더 큰 충격일 수도 있었다. 〈더 이코노미스트〉는 열띤 논조로 밀레니얼 사회주의Millennial socialism의 등장에 관한 기사를 썼다. 그리고 〈파이낸셜 타임스Financial Times〉의 기사에는 양적완화가 주택 가격을 올려놓았기 때문에 이런 새로운 현상이 일어난 것이라고 했다. 지난 수십 년 동안 사회주의를 '시대에 역행하는 전체주의 이데올로기이며, 진보적인 네트워크시대와는 어울리지 않는다'고 조롱하며 현재 상황을 고수하려 했던 사람들은 삶의 목표를 인간의 자유를 위한 오랜 투쟁의 한 부분으로 생각하는 민주사회주의자들의 새로운 물결을 보면서 아무런 목소리를 내지 못하고 있었다. 젊은이들은 자신이 부모세대보다 더 나은 삶을 살 거란 생각도 안 하면서, 왜 더 적은 임금과 복리후생에도 보다 오래 근무해야 하는가? 그들은 왜 단지 생존 때문에 빌린 돈을 갚기 위해 앞으로 남은 삶을 부채의 노예가 되어 일만 하며 보내야 하는가? 결국, 그들은 왜 자본을 소유할 것이라고는 전혀 기대하지 않으면서 자본주의를 지지해야 하는가?

특히 마지막 질문이 지배 계급을 걱정하게 만든다. 글로벌 노스에서 자산 소유의 민주주의가 자산 소유의 과두제로 썩어들어가는 상황에서, 권력을 가진 자들은 금융자본주의가 기반을 둔 정치적, 경제적 합의가 무너지고 있는 사실을 인식하고 있다. 그러나 그들에게는 답이 없다. 프랑스의 에마뉘엘 마크롱Emmanuel Macron 대통령처럼 자유주의적 질서를 복구하려는 사람들이 지키지 못할 약속을 하면서 갑자기 세상의 주목을 받고 있기는 하지만, 사람들의 관심을 끌 만한 정치 의제는 내놓지 못하고 있다.

금융 주도 성장의 종말은 이미 새로운 세상을 만들려는 사람들에게 많은 기회를 제공하고 있다. 우파 사람들은 자본을 축적한 부유층으로 가기 위한 길을 차단하려는 목적으로, 노동자들이 서로 등을 돌리도록 자본주의에 대한 반발을 활용할 것이다. 그들은 자본주의의 종말을 보는 것보다는 차라리 세상의 종말을 보겠다는 엘리트들에게서 용기를 얻을 것이다. 그들에게는 자본주의가 진정으로 역사의 종말을 의미한다(그리고 지금부터 우리에게 남은 것은 침체와 쇠퇴뿐이다).

그러나 또 다른 길이 있다. 1970년대에 신자유주의자들이 그랬던 것처럼, 우리가 이 순간을 장악하여 권력 관계를 재조정하고 새로운 제도를 심어놓을 수 있다면 새로운 경제 질서로 가기 위한 길을 닦을 수 있다. 이 프로젝트를 추진하려면, 담화와 선거정치, 사회적 세력이라는 서로 밀접한 관계가 있는 것들에 관한 계획을 수립해야 한다.

포퓰리스트의 담화를 개발하여 '소수 엘리트의 손에 부와 권력이 집중되는 착취와 수탈의 자본주의 모델로 인해 노동자가 더욱 가난해지고 지금의 상황이 그대로 유지되면, 그들의 상황은 더욱 악화만 된다'는 것을 보여줘야 한다. 우리는 강력하고도 다양한 사회운동 세력의 지지를 기반으로 노동자가 정부기구를 장악하게 될 선거연합을 이뤄야 한다. 이와 동시에, 고용주, 지주, 금융기관의 권력에 도전하기 위해 노동운동과 급진적인 사회운동 세력을 형성해 사회에서의 권력 균형을 변화시켜야 한다. 그리고 부에 의지하여 살아가는 사람이 아니라 일에 의지하여 살아가는 사람의 이익을 위해 작동하는 새로운 정치적, 경제적 합의를 제도화하기 위해 그 권력을 사용해야 한다.

금융 주도 성장이 서서히 쇠퇴함으로써 우리에게 그것을 뛰어넘는 방법에 관한 단서를 제공한다. 또한 부채가 증가하고 임금과 생산성이 하락하고 환경 붕괴가 코앞에 다가오면서, 이 모든 것들이 사회주의자들에게는 개입을 위한 전략적 기회를 제공한다. 그리고 이 모든 문제들을 다루기 위한 최선의 방법은 금융자본 자체에 도전함으로써 이것을 만든 시스템의 중심부에 타격을 가하는 것이다. 이번 장에서는 금융을 사회화하기 위한, 즉 금융 시스템을 공동소유권과 민주적 통제에 두기 위한 일련의 조치들을 주장할 것이다. 이는 은행 시스템을 적절히 규제하고, 민간에 의한 신용 창출을 대체할 새로운 '공공 금융기관'을 설립하고, 경제 전체에 걸쳐 소유권을 지속적으로 사회화하는 역할을 담당할 '국민을 위한 자산관리자people's asset manager'를 양성하는 것을 의미한다. 경제제도의 민주화는 금융이 특권을 가진 엘리트만을 위해서가 아니라 사회 전체를 위해서 작동할 것을 보장해줄 것이다. 금융의 사회화는 고용주와 노동자 사이의 차이가 서서히 사라지게 해줄 것이고, 머지않아 우리가 자본주의를 완전히 뛰어넘게 해줄 것이다. 역사가 유머감각을 가지고 있다면, 자본주의의 종말은 자신이 태어난 곳인 영국에서 시작될 것이다.

부유세의
의미

마르크스가 같은 제목의 저작을 발간한 지 146년이 지난 2013년에 토마 피케티가 《21세기 자본 Capital in the Twenty-First Century》을 출간했다.[1] 이 책은 비록 서문 다음까지 읽은 사람이 별로 없지만 금방 베스트셀러가 되었다. 피케티는 이 책에서 '우리 시대의 가장 핵심적인 문제가 부에서 나오는 수익률이 경제 성장률을 능가하는 경향에 있다'고 주장했다. 자본주의 체제에서는 부가 매우 불평등하게 분배되어 있어서, 이는 불평등을 더욱 심화시킨다. 이 경향이 유일하게 잠시 중단된 때는 전후 자본주의의 황금시대였다. 당시에는 전쟁으로 인한 파괴와 전후 합의에 의한 정치의 조합이 부의 불평등을 상당히 감소시켰다. 1970년대 이후 부의 불평등은 급격하게 증가했고 이것이 아직 2차 대전 이전 수준에 도달하지는 않았지만, 피케티는 지금의 추세를 보면 머지않아 그 수준에 도달하게 될 것을 우려한다. 실제로 그는 150년 전에 마르크스가 확인했던 문제인 자본주의 체제에서 노동자가 창출한 가치와 그가 받는 임금의 차이에서 이윤이 발생하는 것에서 경험적 증거를 찾아냈다. 거의 모든 경우, 자본주의 체제에는 자본에 대한 수익이 노동에 대한 수익을 능가하는 경향이 내재되어 있다는 것을 의미한다. 이러한 경향은 금융 주도 성장의 특징에서 알 수 있듯이, 이윤과 소득이 금융시장으로 갈 경우 혹은 지대추구 계급으로 넘어갈 경우에 더욱 강화된다.

피케티는 마르크스에 대해 많은 지면을 할애하지 않았다. 실제로 그의 저작은 상당히 경험적인 내용을 담고 있어서, 주류 경제학이나 다른 경제학이론에 대한 언급은 별로 없다. 그로 인해 분석의 품질을 떨어뜨리지 않으면서도 거기에는 뚜렷한 결론이 들어 있다. 피케티는 이런 추세에 합리적으로 대처하려면, 자본세를 인상해야 한다고 주장했다. 그가 주장하는 부유세는 국가가 완전고용을 제공하거나 복지제도를 확충하는 데 필요한 재원을 제공할 것이다.

그러나 마르크스는 자본주의를 이해하기 위한 경제학의 틀을 제시했을 뿐만 아니라, 다양한 사회적 세력 간의 권력 균형과 그들 사이에서 벌어지는 싸움에 의해 경제적 결과가 형성되는 정치경제학이론을 제시했다. 자본주의 사회에서 가장 부유한 사람은 자본뿐만 아니라 권력도 가진 자들이다. 그 어떤 것에도 복종하려는 부자들에 관해 이야기하는 것조차도, 우리가 자본가가 아니라 노동자의 이익을 위해 작동하는 정부에 대해 말하지 않으면 아무 의미가 없다. 대기업과 시티오브런던이 장악한 정부가 무엇 때문에 자신의 핵심 지지층의 이익에 반하는 정책을 추진하려고 하겠는가. 정치인들은 글로벌 부유세를 추진할 능력은 두말할 것도 없고 동기조차도 없다. 실제로 권력기구의 정치인들은 지금의 위기에 대처하려는 동기가 전혀 없고, 바로 이 사실이 오늘날에 널리 퍼져 있는 특이한 정치적, 경제적 조건을 창출하고 있다.

피케티의 부유세는 현재의 제도 구조를 수정하면 세상의 모든 문제를 해결할 수 있다는 해결주의solutionism를 보여주는 주요 사례다. 그는 권력이나 정치, 또는 다른 변화를 일으키는 원인에 대해서는 별로 신경 쓰지 않았다. 현대통화이론modern monetary theory, 토지가치세land value taxation, 보편적 기본소득universal basic income처럼 최근에 유행하는 급진적인 사상에 대해서는 다음과 같이 똑같은 이야기를 할 수 있다. 이것들은 위로부터 사회가 변화할 수 있고, 한두 개의 급진적인 정책 변화로 경제를 완전히 바꿀 수 있다는 가정에 바탕을 둔 일종의 기술관료주의적인 유토피아주의라 할 수 있다. 이 정책들은 대부분이 타당하고 바람직하다. 그러나 이를 지지하는 사람들은 우리가 지금 있는 곳에 어떻게 도달했는지를 먼저 생각하지 않은 채 이것들을 때론 세상의 모든 문제에 대한 해답으로 규정한다. 부유세에서 토지가치세, 금융 개혁, 주택 개혁에 이르기까지 모든 정책 처방들은 이들이 처한 정치적, 경제적 상황 속에서 자리매김되어야 한다. 권력을 이야기하지 않고서 정책을 이야기하는 것은 아무런 의미가 없기 때문이다.

신자유주의 정부는 그들의 주요 지지층이 부유한 엘리트라서 근본적인 경제 개혁에는 관심이 없다. 금융 주도 성장을 지지하기 위한 연대는 자산소유권에 기반을 둔다. 부에 의지해 살아가는 사람들, 즉 이미 가지고 있는 자산을 투자하거나 임대해서 많은 수익을 창출할 수 있을 정도로 많은 부를 소유한 사람들이 가장 높은 자리를 차지하고 있다. 이들은 부유세 증액 같은 의미 있는 금융 개혁에 절대로 승복하지 않는다. 그들은 노동자와 자본가의 권력 균형이 무너지고 정부가 채권소유자에게 신세를 지고 있다는 생각이 서서히 퇴색되는 것이 두려운 나머지, 위기를 종식시키기에 충분할 정도로 정부의 지출을 늘리길 반대한다. 그들은 1980년대에 등장한 금융자본주의 체제로부터 많은 혜택을 받아왔기 때문에, 이것이 종식되는 모습을 가만히 보고만 있진 않을 것이다.

부자들이 이러한 연대 속에서 가장 강력한 집단을 대표하고 있지만 수적으로 가장 우세하진 않다. 3장에서 설명했듯, 금융 주도 성장 모델의 장기적인 지속이 가능하기 위한 유일한 방법은 중산층에게 이것이 지속되는 것에 대한 지분을 제공하는 것이었다. 이것은 (연금과 공공주택의 민영화를 포함해) 민영화와 모기지대출의 증가를 초래한 은행에 대한 규제 철폐의 조합을 통해 달성할 수 있었다. 이러한 연대를 유지하려면, 자산 가격 인플레이션과 함께 임금 억제가 요구되었다. 여기서 자산 가격 인플레이션은 자산을 소유한 계급에 금융 주도 성장을 계속 지지하게 만드는 물질적 기반을 제공했다. 그러나 오늘날에는 주택소유 비율이 감소하고, 주택 가격도 하락하고, 세계적으로는 연금펀드도 위기에 처해 있다. 다시 말해, 합의가 깨지고 있다. 이것이 지속 불가능한 수준의 자산 가격 인플레이션을 일으키는 양적완화에 의해 유지되고는 있지만, 자산시장에서 조만간 터지게 될 버블을 일으키기도 했다. 이것은 정치적 모순이 어떤 모습을 하고 있는지를 보여준다. 그것은 두 개의 유권자 집단의 타협할 수 없는 분열이며, 양쪽 모두를 지지하라는 것은 바로 지금의 상황을 유지하라는 것이다.

부유세를 추진하면 유권자들 중 가장 강력한 분자인 부유한 엘리트들을 소외시킬 수 있을 뿐만 아니라 자본소유권 정치화로 금융 주도 성장을 지지하는 유권자들을 분열시킬 수도 있다. 부유세는 자본주의 사회에서 가장 근본적인 분열을 노출시킨다. 그것은 일에 의지해 살아가는 사람과 부에 의지해 살아가는 사람 사이의 분열이다. 금융화의 정치적 목표는 분열을 가리고, 그렇게 함으로써 일부 노동자들이 부자들에게 혜택이 되는 체제를 지지하도록 설득하는 것에 있다. 부유세 증액은 경제에서 본질적인 적대 관계를 보여줄 것이고 노동자들의 의식을 고양시켜줄 것이다. 이것이 바로 신자유주의 정부가 부유세를 절대 추진하지 않는 이유이다.

민주사회주의로의 대체

위기 이전의 정치로 결코 돌아갈 수는 없다. 그것은 주택시장 버블이 걷히기 전으로 결코 돌아갈 수 없기 때문이다. 그만큼의 새로운 부채(새로운 신용)를 또다시 창출하는 것은 절대 불가능할 것이다. 그리고 부채가 증가하지 않고 자산 가격이 상승하지 않으면, 금융 주도 성장의 경제학은 무너지기 시작할 것이다. 사람들은 생활 수준이 정체되면서 현재 상황을 유지하는 것이 자신의 이익을 가장 잘 충족시켜주기 위한 최선의 방법이란 생각에 의문을 품기 시작할 것이다. 그리고 젊은 사람들은 환경 붕괴를 바라보면서, 당장의 이윤을 위해 자신의 미래를 희생하는 경제 체제에 반발할 것이다.

우리는 엘리트에 맞서기 위해 노동자를 단결시키는 선거연합을 결성함으로써, 지금과 같은 정치적, 경제적 수렁에서 빠져나오는 길을 모색해야 한다. 이것은 일에 의지해 살아가는 사람과 부에 의지해 살아가는 사람 간의 싸움이다. 오직 재분배에만 의존하여, 소수에게서 권력과 부를 가져와서 다수에게로 전달하는 방식으로 재조정을 시도하는 것은 지속 불가능할 것이다. 경제 투쟁의 기본적인 노선은 소유권에 있다. 대처 총리가 권좌에 오르고 나서는 영국의 공동으로 소유한 부를 민영화하는 작업을 시작했다. 그것은 자신의 선거연합을 안정시키는 데 필요한 표를 제공해줄 중산층에게 단기적인 혜택을 제공하기 위해 영국의 소중한 자산을 매각하는 것이었다. 또한 대처 총리는 자본 이동에 대한 통제를 철폐해서 이러한 모델을 되돌리려는 모든 시도가 자본 도피에 직면하도록 했다. 또한 부자를 위한 감세정책을 추진했고, GDP에 대한 비율로 나타낸 세금 부담이 감소하도록 했다. 그러나 이러한 경제 변화는 정치적, 경제적 권력의 균형을 바꿔놓은 훨씬 더 광범위한 정책들에 의해 쉽게 진행되었다. 이후로 신노동당이 불안정하고 불평등한 시스템을 약간 더 공정하게 만들려고 시도하면서 세금과 지출에 관한 커다란 논쟁이 벌어졌다.

우리는 국가, 공동체, 노동자의 지분과 소유권을 확대하는 방식으로, 사회에서 권력 균형이 자본가에게서 노동자에게로 이동시키는 데 주안점을 둬야 한다. 이것은 단순히 도덕적, 정치적 발언이 아니라, 필요에 의한 발언이다. 부를 사회화하기 위한 계획이 없이는 현재의 모델이 갖는 (불평등에서 기후 변화에 이르기까지) 경제적 모순은 계속 커지기만 할 것이다. 피케티는 자본주의 체제에는 자본에 대한 수익이 노동에 대한 수익보다 더 빠르게 증가하는 추세가 있다는 것을 보여주었다. 금융자본주의는 부채를 기반으로 지구의 자원을 고갈시키는 거대한 투기적 버블을 일으킴으로써 한동안 더욱 빠르게 진행되도록 했다. 이것은 비효율성과 낭비를 조장하다가 결국 터지고 만다. 부의 사적 소유와 불평등한 분배가 계속되는 한, 이러한 양상이 경제를 계속 해롭게 할 것이다. 이후로 등장하는 것은 버블, 불평등의 심화, 사상 유례가 없는 부채 수준으로 규정되고 이윤 추구와 함께 환경 붕괴를 동반하는 금융화된 세상이 될 것이다. 결국 이 모델은 장기적으로 안정적일 수가 없다.

이런 문제를 정부가 경제의 어느 한구석에 개입하면 해결할 수 있는 '시장 실패market failure'의 사례라고 보는 사람들도 있다.[2] 이들은 소유의 구조 변화가 정답이 아니라 기업에 대한 규제가 가해져야 하고 사회와 환경에 이익이 되도록 세제를 개선해야 한다고 주장한다. 이들의 관점은 환경 붕괴, 독점력 강화, 불평등 심화가 자본주의 체제에 내재된 것이 아니라는 생각에 바탕을 두고, 시민의 이익을 위해 작동하는 계몽된 정부가 문제들을 해결할 수 있다고 본다. 그러나 자본주의 국가는 지난 40년 동안 세상의 주요 문제들의 대부분을 해결하지 못했다. 예를 들어, 탄소가격제Carbon pricing가 기후 변화를 중단시키지 못했고, 경쟁 규제는 글로벌 독점기업의 등장을 가로막지 못했다. 그리고 재분배가 불평등을 완화하는 것에 분명히 일정한 역할을 했지만, 이것이 세계에서 가장 부유한 26명이 세계 인구의 절반에 해당하는 가난한 사람들 혹은 거의 40억 명에 달하는 사람들이 소유한 만큼의 부를 갖게 되는 상황을 가로막지는 못했다.

진실을 말하자면, '시장 실패'와 같은 것은 존재하지 않는다. 순수 경쟁시장은 존재하지 않기 때문이다. 소비자가 사과를 구매하는 것에서 기업이 새로운 공장에 투자하는 것에 이르기까지, 모든 시장 거래는 정부가 감독하는 제도적 구조 속에서 발생한다. 정부는 시장을 조성함에 따라 거기서 발생하는 문제에 대해 어느 정도의 책임을 져야 한다. 현대 자본주의는 신자유주의 시장과 신자유주의 정부 사이의 일종의 조인트벤처라 할 수 있다. 따라서 시장 실패는 자본주의의 실패라고 보는 것이 훨씬 더 이해하기 쉽다.

시장 실패를 자본주의 체제 내에서는 해결할 수 없다. 기후 변화, 불평등, 금융 불안정을 해결하기 위해 정부가 개입하면, 금융 주도 성장을 떠받치는 권력 관계에 위협이 될 것이다. 오늘날 기업이 조세와 규제 회피, 임금 인하와 같은 이윤을 극대화하기 위한 모든 기회를 활용하지 않으면, 미래에는 존재하지 못할 수도 있다.

나눠 먹을 게 많을 때는 이런 역학 관계가 뚜렷하게 드러나지 않을 수 있다. 그러나 위기와 결핍의 시기에는 자본주의의 경쟁이 갖는 다윈의 진화론적 특성이 두드러지게 나타난다. 경쟁할 것인가 아니면 죽을 것인가를 선택해야 할 때는 사적 이윤의 제단에 바치는 것이라면 지구 자체를 포함해 그 어느 것도 아깝지가 않다. 기업은 임금, 세금, 규제에서 세계적인 바닥치기 경쟁race to the bottom(국가가 외국 기업의 유치나 산업육성 때문에 감세와 노동, 환경 기준의 완화 등을 겨루는 것으로, 자연환경 또는 노동의 환경, 사회복지 등이 최저 수준으로 향하는 것을 의미한다—옮긴이)을 일으키고, 그 과정에서 지구를 파괴하며 규제를 회피할 것이고, 정부를 대상으로 특혜를 얻기 위해 로비활동을 펼치고 또 다른 관할구역으로 가기 위해 지금의 그곳을 떠날 것이다.

오늘날 2008년 이전의 부채 버블이 존재하지 않은 상황에서, 정치적, 경제적 거래는 제로섬게임이 되었다. 1980년대에 불평등이 심화되었지만, 대다수는 주로 신용을 얻을 기회가 확대되었기 때문에 형편이 좋아지고 있었다. 부채 버블이 결코 지속되지는 않았지만, 자본주의가 침체되어 가는 추세를 가리는 데에는 잠시나마 기여했다. 오늘날 우리는 저성장, 저임금, 저생산성의 세상에 살고 있다. 대다수 기업에게는 이 모든 것들이 수익성을 저해하는 요소들이다. 글로벌 독점기업이 여전히 수익을 내고는 있지만, 이들이 장기적으로는 경제적, 정치적 불안정을 일으킨다. 한편, 지주와 금융기관은 노동자와 기업으로부터 엄청나게 많은 금액을 뽑아내면서 지출과 투자는 훨씬 적게 한다. 자본가들이 해마다 점점 더 느리게 증가하는 자원 안에서 자기 몫을 늘리기 위해 경쟁할 때, 사회의 나머지 사람들은 침체와 쇠퇴를 경험한다. 우리는 기후 변화를 멈춰야 한다는 사실을 알고 있지만, 기후 변화에 맞서 싸우는 것이 금융 주도 성장 모델에서 투자자들에게 익숙한 우발 이익을 창출하지 않기 때문에, 이토록 명백한 진실을 계속 회피하게 될 것이다.

개인 주주들은 사회 이익보다 기업의 이윤 극대화를 항상 우선시할 것이다. 그들이 개인으로서 기업의 윤리적 행위를 장려하더라도, 세계 자본의 대부분을 독점하고 있는 대형 기관 투자자들은 수익을 극대화하기 위한 투자를 하면서, 경쟁 원리에 이끌리지 않을 수 없다. 우리는 오직 하나의 집단으로서 환경과 사회를 우려하면서 이윤 동기를 완화해야 한다는 정당한 동기를 가진다.

이에 대해, 우파 사람과 심지어는 좌파 사람 일부도 사회주의 사회가 오더라도 공익을 추구하기 위해 정부에 의존할 수는 없다고 주장한다. 주주와 노동자는 그들이 생각하기에 자신에게 이익이 되는 것을 추구하기 위해 기업에 대한 통제권을 행사할 것이다. 공직자는 스스로 부자가 되기 위해 자신이 가진 경제적 통제권을 행사할 것이고, 경영자는 기업 제국을 건설하기 위해 자신이 가진 정치적 권력을 행사할 것이다. 또한 정치인은 정부의 연장선에서 기업을 바라보기 시작할 것이다. 경영자는 주주에 대한 책임을 지기보다는 국영 기업이 친구의 일자리를 제공하게끔 하거나 자신의 선거구에 투자하거나 정부를 위해 (심지어는 정치인 자신을 위해) 돈을 벌어줄 것을 요구하는 정치인과 공직자를 책임지려고 할 것이다. 그리고 지역주의에 빠져든 정치인은 환경과 사회의 폭넓은 문제에 거의 관심을 보이지 않을 것이다. 기업지배 구조에서는 경영자가 노동자를 통제하는 하향 방식의 문제가 여전히 남아 있을 것이다. 이것은 노동자가 임금을 더 많이 받고 더욱 안정적으로 근무하더라도 민간기업의 노동자와 마찬가지로 여전히 소외되는 것을 의미한다. 한편으로는 여기에 문제를 제기하려는 어떠한 시도도 이로부터 혜택을 얻는 사람들의 강력한 저항에 부딪힐 것이다. 흔히 듣는 말은 사회주의가 1970년대의 경제 문제를 되살릴 조짐을 보여준다는 것이다. 즉, 노동조합 위원장과 정치인이 사회 전체를 볼모로 삼아 비효율적인 기업을 상대로 자신의 통제권을 행사한다는 것이다.

1970년대의 영국을 이런 식으로 묘사하는 것은 일종의 파스티셰pastiche(그림 등이 여러 스타일을 혼합한 작품―옮긴이)에 해당하지만, 여기에는 나름의 진실도 있다. 때로는 국유화가 노동 조건과 기업지배 구조를 개선하고 환경 목표를 달성하는 데 기여하는 것이 별로 없다. 또한 규모가 큰 글로벌 국영 기업 중 일부는 가장 비도덕적이고 착취적이다. 다행히도 우리는 주주나 정치인의 이익에 따라 지배되는 기업 중에서 선택해야 하는 것은 아니다. 바로 이 지점이 (기업이 국영 기업이든 상호회사이든, 혹은 다른 형태의 공동소유 기업이든 상관없이) 민주사회주의에서 '민주'라는 단어가 들어오는 대목이다. 이에 따라 노동자는 자신이 의사결정을 담당하거나 다른 의사결정자에게 엄격하게 책임을 물어야 한다.

최근 노동당이 영국 경제에서 소유권을 민주화하기 위한 일련의 정책들을 제안했다. 이것은 협동조합부문에 대한 지원을 강화하기 위한 것으로 국유화에서 종업원소유권기금에 이르기까지 다양한 내용을 담고 있다. 영국 사회기반시설의 주요 부문이라 할 교통, 전기, 가스, 수도 부문은 기업지배 구조에 관한 민주적 모델에 기반을 두고 차기 노동당 정부 아래 국유화될 전망이다. 또한 대기업의 수익과 연계하여 주식 일부를 노동자에게 이전하는 종업원소유권기금이 설립될 예정이다. 상호회사와 협동조합부문에 대한 금융 지원도 강화될 것이고, 소유권을 민주화한 기업이 우대를 받을 수 있도록 공공조달에도 변경이 가해질 것이다. 그리고 만성적인 자금 부족에 시달리고는 있지만, 잠재적인 생산성이 높은 부문을 대상으로 직접적인 금융 지원을 제공하기 위해 국립 투자은행National Investment Bank을 설립할 것이다.

그러나 앞으로 해야 할 것은 이보다 훨씬 더 많다. 현재 상태에서는 노동당의 선언문이 전후 합의로 되돌아가는 것처럼 읽힌다. 이것은 21세기 금융자본주의의 관점에서는 급진적으로 보이지만, 실제로는 사회민주주의로 되돌아가는 것이다. 지금 우리는 그처럼 방어적인 입장을 취할 여유가 없다. 그보다 훨씬 더 급진적인 민주사회주의를 위해 싸워야 한다. 이것이 더 나은 체제일 뿐만 아니라, 자본주의 모델로는 더 이상 할 수 있는 것이 없기 때문이

다. 우리가 대체하지 못하면 이것의 붕괴가 어떤 파멸을 초래할 것
인지 예측도 불가능하다.

금융의
사회화

민주사회주의의 잠재력은 엄청나게 크다. 문제는 어떻게 하
면 그것을 쟁취할 수 있는가에 있다. 자산소유자들에게 신세를 진
정부가 도대체 왜 자신의 주요 지지층에게 자본 손실을 초래하는
방식으로 자본을 사회화하려고 하겠는가? 새로운 정부가 들어서
서 새로운 집단에 우호적인 반응을 보이더라도, 중앙 정부와 지방
정부 공무원, 공공기관 종사자가 자신의 경제적 이해관계와 이데
올로기의 관점에서 현 상황이 계속 유지되기를 바라는데, 무엇 때
문에 그들이 노동자들의 이해관계에 우호적인 반응을 보이겠는
가? 그리고 이 문제를 해결할 수 있다고 하더라도, 새로운 정부가
사회 전체가 아니라 자신의 이해관계에 따라 경제를 운영하면 어
떻게 될까?

질문은 모두 권력에 관한 것이다. 그리고 이것이 바로 민주사
회주의로의 이행이 무엇으로 귀결되는지를 말해준다. 유토피아주
의가 미래의 비전을 그리는 데 도움이 되기는 하지만, 기존 체제를
뒷받침하는 권력 관계에 대한 일관적인 분석 없이는 아무런 의미

가 없다. 이렇게 민주사회주의를 그리면 많은 진보주의자들이 그랬듯이 일종의 해결주의에 직면할 수 있다. 오늘날 우리가 질문해야 할 것은 좌파운동이 어떻게 하면 민주사회주의 경제학을 뒷받침하는 정치학을 개발할 수 있는가에 있다.

이 책에서 설계하는 사회변혁론은 경제의 본질에서 나타나는 광범위하고 구조적인 변화를 인간의 행위주체성과 연결시키는 것이다. 모든 자본주의 경제 모델은 모순이 발생하기 마련이고 궁극적으로는 그 모순이 위기를 초래한다. 위기가 진행되는 동안에는 시스템의 정상적인 작동을 뒷받침하는 제도가 무너지고, 사회는 시스템의 붕괴라는 연장된 기간으로 진입한다. 이 시기에는 좌파든 우파든 반란운동을 일으켜서 사회적, 경제적, 정치적 권력 균형을 변화시키고 자기 집단의 영향력을 강화하는 새로운 제도를 정립한다. 오늘날 앵글로아메리카 자본주의에서 연장된 위기는 권력이 자본가에서 노동자에게로 가는 재조정의 기회를 제공한다.

과거에 지금과 비슷한 변화가 어떻게 일어났는가를 분석하면, 이 시기를 장악하기 위한 방법을 알 수 있다. 우리는 1980년대에 발생했던 금융 주도 성장으로의 이행을 통해 교훈을 얻어야 한다. 대처주의Thatcherism를 통해 교훈을 얻으면, 담화, 선거 정치, 사회적 세력이라는 세 가지 수준에서 정치 논쟁을 위한 전략을 개발할 수 있다.

금융 위기가 초래한 10년이 넘는 침체기가 지나고, 시티오브런던의 금융 엘리트는 좌파 포퓰리스트의 모든 이야기에서 당연히 악당으로 등장한다. 공동의 부가 증가하고 개인의 부채가 감소하면, 다수 유권자의 생활 수준이 금방 높아질 것이다. 그리고 사회주의 정부는 기존 금융기관에 대한 규제를 꾸준히 강화하고 사회주의자들의 대안을 도입함으로써, 기존의 금융 주도 성장 체제를 떠받치는 권력 구조를 약화시키는 동시에 새로운 경제가 자리 잡도록 지원해야 할 것이다. 금융을 사회화하는 것은 대처주의자들의 계획을 뒤집는 것을 의미한다. 대처가 노동조합을 상대로 싸웠던 것처럼 사회주의자들도 은행을 상대로 싸워야 한다.

이렇게 세 가지 수준에서 개발된 전략은 상향식과 하향식 모두를 적용해야 효과를 얻을 것이다. 최근 좌파를 중심으로 등장한 사회주의운동 세력은 노동운동 세력과 결합해서, 과거에 금융 엘리트들이 금융 주도 성장을 낳기 위한 핵심 기반이 되었듯이, 오늘날 사회주의 변혁운동의 핵심적인 정치 기반으로 자리를 잡았다. 운동에서 필연적으로 나타나는 다양성이 통합된 플랫폼의 구축을 어렵게 했다. 엘리트들이 배후에서 협력하는 것보다 다수가 사회 변화를 요구하기 위해 협력하는 것이 훨씬 더 어려운 법이다. 그러나 이 또한 운동이 갖는 힘의 원천이다. 영국에는 착취와 억압의 개별적인 사례에 저항하고, 투쟁하고, 시위하기 위해 조직을 결성할 수 있는 활동가들이 수백만 명이나 있다. 2011년부터 2012년까지 일어난 점령운동 occupy protest에서 멸종 저항 Extinction Rebellion(국제 기후 대책을 요구하는 환경단체로 2018년 영국에서 시작됐다. 이들은 기후 위기로부터 인간을 포함한 모든 생물의 멸종을 막기 위해 저항한다. 멸종을 막기 위한 운동 자체를 뜻하기도 한다—옮긴이)과 딜리버루 시위에 이르기까지, 위기 이후로 좌파의 사회운동 세력은 투쟁에서 승리하고 폭넓은 담화를 만들고 사회 변혁을 일으키기 위한 그들의 특별한 능력을 보여주었다.

　다양한 종류의 사회운동 세력들은 서로 협력하면서, 닉 스르니체크Nick Srnicek와 알렉스 윌리엄스Alex Williams가 "조직들의 생태계 ecology of organizations(좌파 활동가들로 구성된 싱크탱크, 시민단체, 노동조합 등—옮긴이)"라고 일컬었던 것을 형성하기에 이르렀는데, 이것은 금융 주도 성장을 지원하던 담화, 선거 정치, 사회적 세력에 도전하기 위해 정당 내에서, 또는 정당과 함께 작용할 수 있다.[3] 이러한 운동 세력은 노동자가 착취적인 금융 엘리트를 상대로 투쟁하도록 담화를 만들어내고, 이러한 담화를 민초들과 미디어를 상대로 하는 그들의 캠페인의 중심에 둠으로써 널리 전파할 수 있다. 그들은 정당들과 협력하여 실현 가능한 선거 프로젝트의 개발을 지원하고, 정당들이 주요 지지층을 동원할 수 있도록 지원하면서 이들에게 자신의 지지 기반에 대한 책임을 질 것을 요구할 수 있다. 그러나 어쩌면 금융 주도 성장 체제 아래 사회운동 세력의 가장 중요한 역할은 현재의 체제를 강화하는 제도와 권력 관계를 무너뜨리기 위해, 더불어 권력 구조를 무력하게 만들고 운동 역량을 강화하는 데 기여하게 될 집단의식을 형성하기 위해 사람들을 직접 동원하는 것이다. 예를 들어, 작업장에서 발생하는 단체행동이 고용주를 무력하게 만들고 이에 참여하는 사람들의 집단의식을 형성하는 데에 기여한다.

그러나 이런 상향식의 정치적 동원이 효력을 발휘하려면, 금융 주도 성장을 떠받치는 권력 관계에 대한 일관적인 이해에 바탕을 둬야 한다. 작업장에서 사람들을 조직하는 것만으로는 충분하지 않으며, 자산소유권을 정치화하고 착취적인 지대추구주의를 드러내는 새로운 전략과 기본 전략이 결합되어야 한다. 예를 들어, 영국의 모멘텀 활동가Momentum Campaigner(2015년경 노동당의 제3의 길 노선과 블레어주의자들의 우경화를 비판하며 만들어진 노동운동가와 청년당원들의 의견 그룹―옮긴이)들은 최근에 화석 연료에 투자하는 금융기관을 표적으로 하는 하루짜리 단체행동을 기획하면서, 기후 변화에 맞서기 위한 싸움이 우리의 공동 자원을 관리하는 이들과의 정면승부가 되도록 했다. 세계의 임차인협의회는 사회 전반에 걸쳐서 임차인보호정책을 위해 싸움을 벌일 뿐만 아니라 착취적인 임대인에 맞서서 임차인을 보호하기 위한 조직을 결성하고 있다. 아일랜드에서는 노동조합, 정당, 공동체 운동단체가 수자원 민영화에 저항하여 대규모 시위를 벌이고는 승리를 거두었다.[4] 글로벌 노스의 학생운동단체는 학생들에게 등록금을 부과해 고등교육을 상품화하려는 시도에 저항했다. 시위들이 모두 목표를 달성하지는 못했지만, 지난 수년 동안에 글로벌 노스의 여러 지역에서 일어났던 사회주의 부활의 최전선에서 활동할 운동 세력을 형성하는 데 꼭 필요한 역할을 한 것은 분명하다.

또한 이런 '조직들의 생태계'는 기존 정당 내에서도 책임을 물을 수 있는 내부자나 외부자의 입장을 견지함으로써 중요한 역할을 하게 될 것이다. 운동 세력은 주요 기관, 개인과 비판 능력을 계속 유지하면서 (항상 지지하지는 않더라도) 강력한 연대를 유지해야 한다. 지난 반세기 동안 활발하게 진행되었던 의회 사회주의의 가능성에 대한 논쟁은 사회주의 정부가 정권을 쥐고 있는 동안 급진적인 입장을 유지할 수 있는가에 달려 있다. 각료들의 개인적인 성향과 리더십과는 무관하게, 권력에 얼마나 근접하고 있는가가 이들이 직면한 물질적인 동기를 변화시킨다는 것은 명백한 사실이다. 영국 고유의 보수적 성향이 급진적인 경제변혁 프로그램에 커다란 장애가 될 것이다. 숨은 권력집단이 힘을 합쳐서 이를 방해하려고 할 것이다. 한편으로는 이른바 중위 투표자median voter의 마음을 얻기 위해 강령을 변경하려는 유혹이 여전히 강하게 남을 것이다. 강력한 '조직들의 생태계'는 사회주의 정당이 정권을 쥐고 있을 때에도 반란자의 성향을 유지할 수 있도록 정치적 압박을 가할 수 있다. 정당 내에서 그리고 정당에 대항해서 활동하는 사회주의운동 세력은, 정부 내에서 그리고 정부에 대항하여 활동하는 정당을 설립하는 데 필요하다.

또한 강력한 사회주의운동 세력이 떠받치는 사회주의 정당들은 그들의 지지 기반을 강화하기 위한 일환으로 하향 방식을 통한 변화에도 영향을 미칠 수 있다. 그들은 민간 금융기관의 권력에 도전하고 이에 대해 공공의 대안을 마련하기 위한 일련의 정책들을 개발해야 한다. 우선, 민간 금융기관에 대해서는 적절한 제약이 가해져야 한다. 금융 위기 이후로 세계의 정책 입안자들이 금융규제를 바라보는 관점이 변하고 있는 것을 감안하면, 지금은 그렇게 하기 위한 기회가 그 어느 때보다도 더 많다. 앞으로는 세계적으로 인정받는 규제 수단을 사용해 금융기관의 권력을 급격하게 약화시키는 것이 가능할 것이다. 민간 금융기관의 권력에 제약을 가하는 것은 금융 불안정을 줄일 뿐만 아니라 금융자본에 대한 일종의 리들리 플랜과도 같은 작용을 할 것이다.

이 정책들은 민간 금융기관들 사이의 대출을 축소시킬 것이고, 따라서 민간은행 시스템이 위축되면서 공공은행 시스템이 구축될 것이다. 이 시스템의 첫 번째 업무는 매우 경쟁력이 있는 소매금융서비스를 모두에게 무료로 제공하는 공공 소매금융이 될 것이다. 이 시스템은 부채에 시달리는 소비자와 중소기업에게 부채를 차환하게 해주고, 일부 경우에는 부채의 상당 부분을 완전히 탕감해주는 부채 감소를 위한 국가 프로그램 시행에도 이용될 수 있다. 이와 함께, 기업에 직접 대출을 제공하는 국립 투자은행도 설립해야 할 것이다.

공공은행 시스템이 민간은행 시스템을 관리하는 규제의 대상이 되어서는 안 된다. 그 대신 그때까지는 민주화된 잉글랜드은행과 연결될 것이고, 잉글랜드은행은 이 기관들이 불황기에는 대출을 확대하고 호황기에는 대출을 억제하도록 지시하여 경제 전체의 대출 수준을 관리하는 기능을 담당할 것이다. 또한 국립 투자은행이 제공하는 직접 대출은 중앙은행이 금리가 제로 수준이 되고 더는 낮출 수가 없을 때 경기를 부양하기 위해 정부 채권을 매입하는 역할을 대신할 수 있다.

플랜이 가진 가장 변혁적인 측면은 국립 투자은행이 국민을 위한 자산관리자의 투자부문을 담당하게 하는 것이다. 국민을 위한 자산관리자는 새롭게 신설된 시민자산펀드Citizen's wealth fund를 관리하고, 공공소유권을 확대하고, 연금펀드와 보험펀드를 대신하여 투자하고, 경제 전체에 걸쳐서 소유권을 사회화할 것이다. 결국 시민자산펀드는 보편적인 기본 배당금universal basic dividend을 지급하여 시민들에게 공공소유권을 통한 손에 잡히는 혜택을 제공함으로써, 구매할 수 있는 권리를 통한 자본 이득이 금융 주도 성장을 지지했던 것처럼 체제에 대한 지지를 굳건히 할 것이다. 이는 오늘날의 투자은행과 그곳에서 일하는 자산관리자의 관계를 그대로 반영한다. 이때 투자은행은 자산관리자에게 기업에 대출을 제공하는 방식으로 투자를 하게 한다. 국립 투자은행과 국민을 위한 자산관리자의 조합은 공공투자가 개인 주주를 부유하게 해주기보다는 사회 전체에 혜택이 돌아가도록 한다. 그럼 지금까지 제시한 해결책들을 구체적으로 짚어보도록 하자.

1. 민간은행의 시스템 규제

금융 위기 이후로 거시건전성정책 혹은 금융 시스템에 내재된 체계적 위험을 억제하기 위한 규제에 대한 요구가 커져갔다.[5]

정책의 목표는 은행이 경제 규모나 보유자본에 비해 부채를 지나칠 정도로 많이 발생시키지 않도록 하는 것이다. 다가오는 사회주의 정부로서는 민간은행 시스템의 권력을 제한하기 위해 또 부채수준을 줄이고 자산 가격을 통제하기 위해, 이 정책의 활용이 중요해질 것이다.

가장 중요한 규제는 잉글랜드은행의 새로운 목표라 할 자산가격 인플레이션 목표제를 중심으로 입안될 것이다.[6] 잉글랜드은행은 금융순환의 상승과 하락을 완화하기 위해 국내 자산 가격을 감시하고 금융 시스템 내의 신용의 규모를 통제하기 위해 기존의 규제 수단뿐만 아니라 새로운 수단도 이용해야 할 것이다. 잉글랜드은행은 은행이 호황기에는 대출을 지나치게 많이 제공하고 불황기에는 지나치게 적게 제공하는 사실을 인식하고는 활발한 규제 개입을 통해 민간부문의 대출행위를 감독해야 한다. 예를 들어, 가계의 부채 수준이 급격하게 증가하기 시작하면 잉글랜드은행이 민간은행에 모기지대출을 주택 가치의 80%까지만 제공할 수 있다는 지침을 내릴 수 있다. 이는 그 자체로도 모기지대출을 받지 않고서 주택을 구매한 사람에게 특혜를 줄 수 있다. 따라서 개입은 분배에 미치는 영향을 제한하기 위해 소득, 부, 자본 이동에 대한 광범위한 세제 개혁과 함께 진행되어야 한다.

금융 시스템에서 위험을 관리하기 위한 또 다른 수단으로는 금융순환의 상태에 따라 자본 요건을 오르내리게 하는 것이다. 모든 은행은 국내의 규제에 따라 대출을 제공한 금액의 일정 비율을 현금, 주주 지분을 포함하여 다른 규제기관이 정해 놓은 유동자산을 보유해야 한다. 자본 요건을 높게 부과하면 은행이 대출을 덜하게 되므로 수익도 제한된다. 결과적으로 금융 주도 성장 시기에는 은행이 보유해야 할 자본의 질과 양에 끊임없는 하방 압력이 가해졌다. 자본 요건이 경기 역행적이기 때문에, 규제기관은 금융순환의 호황기에는 은행이 보유해야 할 자본의 양을 인상하고 불황기에는 인하한다. 잉글랜드은행은 자본 요건에 나오는 자본의 정의를 현금 혹은 주주 지분으로만 제한하고, 그 외 자산을 단계적으로 제외해야 한다. 이것은 개별 은행들을 건전하게 할 뿐만 아니라 이들이 파산할 가능성을 낮추고 잉글랜드은행이 대출을 통제할 능력을 강화한다.

소매은행과 투자은행은 분리되어야 한다. 고객 예금이 은행의 투자은행 업무에 의해 떠안게 되는 위험에 노출되지 않아야 하기 때문이다. 영국에서 하나의 은행이 기존의 은행 업무와 투자은행 업무를 겸업할 수 있는 유니버설 뱅킹 시스템universal banking system은 일반 고객의 저축이 투자은행의 투기적 행위에 얽혀들게 했을 뿐만 아니라 정치적, 경제적으로 엄청난 권력을 획득한 거대 독점은행이 등장하게 했다. 2012년에 은행들이 금리를 둘러싸고 사기행각을 벌였던 리보LIBOR, London Interbank Offered Rate(런던 은행 간 자금 대출 금리—옮긴이) 스캔들은 규모가 큰 소수의 행위자들이 지배하는 시스템에서 예상할 수 있는 담합행위를 보여주는 좋은 사례이다. 많은 은행이 대출을 제공하면서 높은 금리(때로는 금리가 은행이 중앙은행으로부터 자금을 빌릴 때 적용받는 금리와는 무관하다)를 부과하고 예금자에게는 낮은 금리를 제공하는 것도 과점행위의 증거가 된다. 2017년에는 소매은행과 투자은행에 링펜싱 ringfenc-ing (투자은행과 소매은행 간의 위험 이전을 막는 규제 조항으로, 소매 금융 업무의 보호를 의미한다—옮긴이)이 취해졌지만, 이들이 명시적으로 분리된 것은 아니었다. 오직 사회주의 정부만이 이들을 완전하게 분리할 수 있을 것이다.

영국의 그림자금융 시스템도 훨씬 더 엄격한 규제 대상이 되어야 한다. 미국의 도드-프랭크 월스트리트 개혁 소비자보호법에는 일부 비은행 금융기관들도 전통적인 은행 시스템을 대상으로 하는 규제의 적용을 받도록 하는 잠정적인 제안들이 나와 있었다. 시스템적으로 중요한 비은행 금융기관들이 자본 요건, 레버리지 비율 leverage ratio (기업이 타인 자본에 어느 정도로 의존하고 있는가와 타인 자본이 기업에 미치는 영향을 측정하는 모든 비율—옮긴이), 유동성 요건, 투명성 평가의 대상이 될 것이다. 영국에서도 비슷한 접근 방식이 채택될 것이다. 규제 차익거래를 실현하기 위한 독창적인 방법을 찾아낸 역사가 있는 금융기관들은 이 영역에서 어떠한 엄격한 규제라도 피해갈 수 있을 것이다. 따라서 규제는 가능한 한 광범위한 표현으로 작성되어야 할 것이고(이것은 거시건전성 규제의 일반적인 원칙이 되어야 할 것이다), 규제기관과 중앙은행의 이에 따르는 위험에 대한 감시와 그들의 권한에 대한 해석에 근거하여 실행되어야 한다. 잉글랜드은행의 수석 이코노미스트 앤디 할 덴Andy Haldane은 2012년 강연에서 이렇게 주장했다. "복잡한 환경이 때로는 (중략) 단순한 의사결정 원칙을 요구합니다. (중략) 무지한 사람도 이런 원칙을 이해할 수 있기 때문이죠."[7] 그러나 이러한 접근 방식은 규제기관이 다양한 전문가의 민주적이고도 지속적인 감시의 대상이 될 것을 요구한다.

금융 시스템에 대한 과세도 근본적인 개혁이 요구된다. 금융위기 이후로 시행된 은행에 대한 과세는 매년 같은 수익을 발생시키기 위해 오르내리도록 작성된 은행의 국제 대차대조표를 근거로 하는 것이었다. 오늘날 과세는 은행의 국내 대차대조표만을 근거로 세액이 대폭 감소하는 결과를 낳았다. 또한 이것은 대형 은행에는 크게 영향을 미치지 않는 법인세 부가세corporation tax surcharge와 결합되었다. 이러한 과세는 은행과 그림자은행의 완전한 국제 대차대조표가 포함되도록 확대되어야 한다.

이 조치들은 금융시장에서의 행위를 제한하고 자본 흐름을 억제하기 위해 도입된 거래세와 결합되어야 한다. 지금 세계적으로 급격하게 유행하고 있는 금융거래세financial transactions tax는 이보다는 덜 유행하고 있는 외환거래세currency transactions tax와 결합돼야 한다. 외환거래세는 자본 유입과 유출의 동기를 없애는 질적 자본통제의 한 가지 형태가 될 것이다. 평상시에는 외환거래세가 금융거래세와 마찬가지 방식으로 작동해야 한다. 다시 말해, 낮은 수준으로 과세하고 모든 일상적인 외환 거래와 파생상품 거래에 적용해야 한다. 잉글랜드은행은 자본 유입이나 유출이 급격하게 진행될 때 금융 시스템의 안정을 도모하기 위해 외환거래세를 인상할 권한을 가져야 한다.

이런 개입이 은행의 수익성을 제한할 것이고, 이에 따라 은행의 주요 이해관계자들 사이에서 안 좋은 평판이 생길 것이다. 따라서 각국의 중앙은행은 규제 포획regulatory capture(규제기관이 규제 대상에 의해 포획되는 현상—옮긴이)으로부터 보호받아야 한다. 앞에서 설명했듯이, 중앙은행의 독립성은 중앙은행이 금융기관에 신세를 지게 하면서 민주적 책임을 떼어놓고 의사결정을 하는 데 기여했다. 따라서 중앙은행의 민주화는 여기에 나오는 제안들이 성공하기 위한 중요한 요인이 될 것이다.

2. 공공 소매금융의 구축

지금까지의 이야기를 종합하면, 제안들은 금융부문의 권력과 수익성을 축소하는 것들이다. 금융기관 경영자들은 이러한 개입을 받아들이지 않으려고 할 것이다. 자본이 파업하거나 도피할 수도 있기. 때문이다. 민간은행은 대출을 줄일 것이고, 투자은행은 국가를 떠난다고 위협할 것이다. 그들의 업무 중 상당 부분은 사회적으로 쓸모가 없지만, 경제에서 신용대출의 축소는 중요한 영향을 미칠 수 있다. 따라서 규제를 시행하기 전에 소비자와 기업에 서비스를 제공하는 공공은행 시스템을 구축하기 위한 조치들을 취해야 할 것이다.

최근에 영국 노동당이 내놓은 한 가지 제안은 우체국은행post bank 네트워크를 구축하는 것이다. 이 아이디어는 우체국의 자회사 격인 우체국은행을 활용하여 분권화된 지역은행으로 영업하자는 것이다. 이 은행들은 고객에게 당좌 예금, 저축 예금, 보험, 개인 및 기업 대출 등의 표준 소매서비스를 제공하고, 고객 예금을 통해 자금을 조달할 것이다. 그러나 변혁을 가져올 공공은행 시스템을 구축하려면, 엄청난 규모의 개입이 요구된다. 우체국은행 네트워크의 구축은 공공 소매은행 시스템을 위한 야심찬 출발이다. 그러나 사회주의 정부는 스코틀랜드왕립은행의 지분을 축소하기보다는 완전히 국유화하고서 또 하나의 공공 소매은행으로 전환하여 같은 원칙에 따라 영업하도록 해야 한다. 그리고 이 은행의 투자은행 부문을 매각하거나 국립 투자은행이 이 은행의 기반시설을 흡수해야 한다. 이들은 앞에서 설명했던 거시건전성 개혁의 충격을 흡수하기에 충분한 규모의 대출을 지원하기 위해, 필요한 경우에는 중앙은행이 발행하는 통화 조절용 채권으로 자금을 조달해야 할 것이다.

여기서 말하는 공공소매은행 시스템에 대해서는 민간은행 시스템에 적용하는 규제를 똑같이 적용해서는 안 된다. 공공은행이 이윤 극대화의 책무에 따라 위험한 행동을 하도록 압박해서도 안 될 것이고, 어떠한 경우에도 민간은행보다 훨씬 덜 위험하게 영업해야 한다. 왜냐하면 공공은행이 제공하는 대출을 정부가 보증하기 때문이다. 그리고 계획의 목표가 민간자본의 규모와 세력을 제한하는 것이라면, 공공은행 시스템이 대다수 고객에게 더욱 매력적으로 다가갈 수 있도록 경쟁적 우위를 제공하는 것이 타당하다. 이렇게 하는 것이 장기적으로는 민간은행 시스템의 기준을 강화하면서, 고객과 기업이 새로운 공공은행 시스템의 서비스를 사용하는 방향으로 조직적으로 옮겨갈 수 있도록 하는 데 도움이 될 것이다. 이는 기업과 가계가 지금의 시스템보다 더욱 저렴하고 공정하면서 민주적으로 신용을 활용할 수 있다는 것을 의미한다.

공공은행 시스템은 투자가 사회적으로 바람직한 분야에서 이뤄지도록 해야 한다. 중앙은행과 그 이해관계자들은 새로운 공공은행에 대출을 누구에게 얼마나 제공할 것인가에 대한 지침을 제공해야 한다. 금융순환의 호황기에는 공공은행들 사이에서 사회적으로 가장 필요한 활동을 제외하고는 대출이 제한되어야 한다. 불황기에는 공공은행이 민간의 신용 창출에서 발생하는 간극을 메워야 한다. 이런 관계는 공공은행이 잉글랜드은행에 신용 수요에 대한 최신 정보를 제공하고, 잉글랜드은행은 이에 따라 경제 전망을 조정하는 식으로 양방향에서 작용해야 한다. 대출 우선순위는 앞으로 설명하게 될 그린 뉴딜의 목표와 중앙은행의 새로운 민주적 설계에 참여하는 이해관계자와의 협의에 근거하여 민주적으로 결정해야 한다.

3. 부채 차환

거론한 개입들은 기존의 민간부채를 축소시켜주지 않고서 자산 가격에 영향을 미칠 것이다. 금융 위기를 초래하지 않고서 부채 문제를 해결하려면, 공공은행이 고객과 기업이 기존 부채를 까다롭지 않은 조건으로 차환하거나 완전히 탕감받을 수 있도록 개입해야 한다. 대출이자총액에는 예를 들어, 대출 원금의 150%처럼 대출금의 초기 가치의 일정 비율로서 상한을 정해야 한다.

새로운 공공은행 시스템에서는 (주택과 같은 자산을 담보로 정해놓지 않은) 무담보의 미지급 부채가 많은 사람에게 부채를 차환할 수 있는 선택권을 제공해야 한다. 공공은행은 민간은행으로부터 헤어컷을 부과하고서 그에 대한 부채를 인수해 이것을 훨씬 더 낮은 금리(어쩌면 마이너스에 해당하는 실질 금리)에 차환을 제공해야 한다. 부채로 극심한 어려움을 겪는 소비자 혹은 대출원금에 해당하는 금액을 이미 상환한 소비자를 대상으로는 부채 탕감을 고려해야 한다. 부채 차환과 탕감 사이의 균형에 대해서는 현재의 소비자의 상황과 자산 가격에서 나타나는 추세에 근거해 잉글랜드은행과 협의를 해야 할 것이다.

민간대출에 새로운 제한이 부과되면서 자산 가격이 하락할 수 있는데, 이것이 담보대출을 받은 사람의 지급 능력에 위협이 될 수 있다. 아마도 이 현상이 우선 가장 분명하게 드러나는 시장이 당시의 금융순환의 상태에 의존하는 주택시장일 것이다. 주택 가격이 하락하면, 대출자 중 일부는 지급불능 상태에 빠질 것이다.

새로운 공공은행은 조건을 엄격하게 적용하면서 고객의 모기지대출에 차환을 제공할 준비가 되어 있어야 한다. 또한 공공 은행은 모기지를 보유한 민간 금융기관의 지급 능력에 편견을 갖지 않고서, 미지급 모기지부채에 대해서는 가능한 한 적게 지출해야 한다. 공공은행은 타격을 받게 될 것이지만, 지급 능력을 위협할 정도로 큰 타격을 받지 않아야 한다. 대출자는 시장 금리에 따라 공공은행에 대출금을 모두 상환해야 한다. 결국 차환 선택권이 금융 위기를 방지하는 데 도움이 되어야 한다. 따라서 주택 가격이 적절한 수준을 유지하면서 천천히 상승하게 되는 바람직한 결과에 방해가 되지는 않아야 한다.

장기적으로는 새로운 시스템의 목표가 주택 가격을 소비자 가격에 맞게 유지하고 민간과 공공 임대주택의 세입자가 적절한 가격에 안정적으로 거주할 수 있도록 해, 개인의 주택 소유 욕구를 감소시키는 것이다. 주택은 금융자산이 아니고, 하나의 상품으로서 가치 저장을 나타내는 것이 되어야 한다. 제안은 (주로 공공주택으로 이뤄진) 대규모의 주택 건설 프로그램과 결합해야 한다. 이 프로그램은 이 나라의 특정 지역의 특정 산업에서 고용과 생산을 증진하고 탈탄소 성장을 추진하기 위한 산업 전략을 따라야 한다. 이는 다음에 설명하게 될 국립 투자은행을 통해 추진될 수 있으며, 세입자가 더욱 안정적으로 거주할 수 있도록 주택시장을 지배하는 규제의 전면적인 개혁을 요구하게 될 것이다.

또한 대다수의 영국 기업이 많은 부채를 지고 있고, 자산 가치가 떨어지면 비슷한 문제를 겪을 수 있다. 공공은행은 국립 투자은행과 협력해 부채에 가장 많이 시달리는 기업에 저렴한 조건의 차환 선택권을 제공하는 것도 고려해야 한다. 여기서 의사결정은 또다시 해당 기업의 규모와 성격에 근거하여 이뤄져야 하고, 힘든 분야이지만 사회적으로 유용한 활동을 하는 중소기업에 우선순위가 주어져야 한다.

4. 노동자의 권한 강화

일련의 개입이 진행되고 나면, 기존 민간부채의 상당 부분이 공공부문으로 이전될 것이고, 고객과 기업은 이전보다 훨씬 더 낮은 금리를 적용받게 될 것이다. 이것은 사람들의 생활 수준을 금방 높이면서 민간 금융자본의 권력과 이윤에 제한을 가하는 데 기여할 것이다. 그러나 금융자본을 대신하여 노동자의 권한을 강화하고 장기적으로 신용 수요를 줄이기 위하여 임금을 인상하고 생활 수준을 높이려면, 단기적으로 더 많은 것들을 해야 할 것이다.

영국 전역에서 그리고 모든 연령대에 실질적인 생활임금living wage(최저임금만으로는 보장하기 어려운 주거, 교육, 문화비 등을 고려해 실질적으로 노동자의 삶의 질 향상에 기여하기 위한 급여 개념—옮긴이)을 적용해 임금 분포의 맨 아래에 있는 사람들의 임금을 인상해야 한다. 주 4일 노동으로 가는 과정에서 시간당 임금을 인상하고, 지난 수십 년 동안 적용되던 반노동조합법을 폐지, 단체교섭을 의무화해야 할 것이다. 이것은 주요 노동조합이 민주적으로 운영되기 위해 이들에 대한 구조 개혁과 함께 진행되어야 하며, 신설되는 소규모 노동조합의 규모 확대를 지원해야 한다. 그러나 노동은 작업장에만 국한되지 않는다. 지금 우리 경제는 주로 여성이 담당하는 자녀양육 같은 무보수 노동에 크게 의존하고 있다. 이를 담당하는 사람에게는 재생산 노동에 대한 보수를 지급하거나 국가가 무료로 양육서비스를 제공해야 한다.

불평등을 해소하는 것도 세금과 복지 혜택에 대한 철저한 개혁을 요구한다. 여기서 세금은 너무나도 광범위한 주제가 되어서 제대로 다루기가 어렵지만, 최근 공공정책연구소Institute for Public Policy Research, IPPR가 부유세를 인상하고, 법인세를 개혁하고, 저소득층과 중산층의 소득세 부담을 줄이기 위해 가능성 있는 제안을 내놓았다.[8] 세제 개선은 앞에서 설명했던 자본이 대량으로 빠져나가는 것을 방지하기 위한 자본통제 시스템에 의해서도 가능해질 것이다. 그러나 나중에 설명하는 것처럼 조세 회피를 방지하기 위해서는 더 많은 조치를 취해야 한다. 사회보장의 축소는 반전되어야 하고, 유니버설 크레딧의 중심에 있는 징벌적 제재 조치는 폐지되어야 한다. 그리고 마지막으로, 영국은 공공서비스와 전기, 가스, 수도 서비스 중에서 무료로 제공하는 서비스가 훨씬 더 많아지는 방향으로 가야 한다. 마지막 목표는 교통, 에너지, 수도와 같은 주요 공공서비스의 국유화로 가능해질 것이다.

5. 국립 투자은행 설립과 그린 뉴딜 시행

기업과 부자를 대상으로 세금을 인상하고 다음에서 설명할 공공투자 시스템을 통해 공동소유권을 경제 전반에 걸쳐서 크게 확대하면, 장기적으로 지속가능한 시스템을 만드는 데 필요한 수익을 얻을 수 있을 것이다. 소득을 증가하고 불평등을 완화하고 환경친화적인 경제 성장을 달성하는 데 목표를 두고 투자를 현명하게 하면, 다양한 다른 목표를 달성할 수 있을 뿐만 아니라 조세 수입도 증가하게 될 것이다.

이러한 투자는 탈탄소경제를 향한 정부 투자의 급격한 증가와 함께 '그린 뉴딜'이라는 기치를 걸고 진행되어야 한다. 여기에는 국유화와 녹색 기술에 대한 연구개발 투자, 국내외에서 진행하게 될 탈탄소 생산에 대한 투자와 같은 환경투자 프로그램을 통한 탈탄소 교통, 에너지 및 그 밖의 사회기반시설이 포함돼야 할 것이다. 첫 번째 원칙은 직접적인 정부 지출을 요구하는 것이다. 그러나 그다음 원칙은 국립 투자은행을 통해 진행하는 것이다. 국립 투자은행의 대출에서 나오는 수익은 국민을 위한 자산관리자를 양성해서 평등하게 공유해야 한다.

최근 영국 노동당은 전통적인 은행과의 직접적인 경쟁을 피하기 위해 국립 투자은행의 신설을 제안했다. 우선 정부가 200억 파운드에 달하는 채권을 발행해 이 은행에 출자할 것이고, 그다음에는 자체적으로 금융시장에서 정부가 보증하는 채권을 발행해 대차대조표가 2,500억 파운드까지 확대될 것이다. 그 후에는 자신을 대신해서 대출 업무를 담당하게 될 다수의 지역 개발은행들 development banks에 자금을 넘겨줄 것이다. 따라서 이 은행은 기업에 대출을 직접 제공하는 대신 소규모 은행들의 네트워크에 자금을 제공하고, 이들이 고객에게 대출을 제공하게 된다. 이렇게 하면, 은행이 대출 관련 위험을 발생시키지 않고서 중소기업에 대출을 제공할 수 있다. 이 은행의 지배 구조는 전통적인 방식을 따른다. CEO가 정치인, 전문가, 투자자, 지역 개발은행의 지역 이사로 구성된 이사회에 대해 책임을 진다.

국립 투자은행이 충분한 규모를 갖고 올바르게 자금을 제공하고 경영하면, 이것이 민간 중소기업에 저렴한 자금을 지원하는 메커니즘으로 작용할 뿐만 아니라 경제 전체에 걸쳐서 자본을 사회화하고 그린 뉴딜의 출범을 지원하는 급진적인 방식이 될 것이다. 정부가 이 은행에 출자하기 위해 초기에 채권을 발행하는 것은 비록 200억 파운드로는 부족하지만, 어쨌든 현명한 조치다. 그러나 이들이 민간 자금시장에서 자금을 모집하고, 다른 민간기관에 대출을 제공하는 식으로 단순히 정부로부터 위탁받은 중개자처럼 행동할 필요는 없다. 이 은행은 사회기반시설이나 에너지 프로젝트에 투자를 제안할 뿐만 아니라 기업에 직접 대출을 제공할 수 있어야 한다. 국립 투자은행 발행 채권의 대부분은 국민을 위한 자산 관리자가 구매해야 할 것이다. 국립 투자은행에는 지역 공동체와 협력해서 설립, 경영되는 지역 개발은행들도 포함되어야 한다. 실제로 국립 투자은행은 정부와 국민을 위한 자산관리자가 구매할 수 있는 채권을 발행하고 이렇게 모집한 자금을 가지고 융자 지원이 꼭 필요한 곳에 직접 대출을 제공함으로써 정부의 대출사업이 되어야 한다.[9]

국립 투자은행은 민간은행에 적용되던 거시건전성 규제의 틀에 따른 제약을 받을 필요가 없어야 한다. 대신에, 잉글랜드은행의 지시에 따라 금융순환의 상태에 근거해서 경기 역행적으로 대출 제공을 늘리거나 줄여야 한다. 또한 국립 투자은행은 지역에 관한 지식과 연관성에 근거해 중소기업에 대출을 제공할 수 있는 지역의 금융기관들과도 연계되어야 한다. 그러나 경기 역행성에 대한 고려가 민간 금융기관에 대한 규제 강화로 대출과 투자를 줄이는 방식으로 균형을 찾아가야 할 경기순환의 상태와는 무관하게 사회주의 정부가 들어서자마자 시행해야 할 탈탄소 프로그램에 필요한 투자를 제한하는 결과를 낳아서는 안 된다.

국립 투자은행의 지배 구조는 민주적이어야 한다. 그 이사회는 정부 각료, 노동운동과 사회운동 세력 대표, 선거로 뽑힌 대표로 구성되어야 한다. 지역 개발은행들도 국립 투자은행 대표, 지역의 투자자, 선거로 뽑힌 지역 대표로 구성된 이사회를 설치해야 한다. 대출 규모는 새롭게 민주화된 잉글랜드은행의 지시에 따라 정해질 것이다. 그리고 자금이 제공되는 활동은 민주적으로 결정된 임무에 따라 정해질 것이다.

그러나 계획상 가장 급진적인 요소는 자산관리자가 활동하는 투자부문이라 할 수 있다. 오늘날의 투자은행이 대체로 자산관리자를 자체적으로 보유하고 있는 것과 마찬가지로, 국립 투자은행도 이 은행이 자금을 지원하고 있는 기업을 대상으로 자산관리자가 진행하는 투자를 협의하는 일에 도움을 줄 수 있다. 이것은 국립 투자은행이 제공하는 자금이 단순히 개인 주주들을 부유하게 하는 데 도움을 주는 것이 아니라 경제 전체에 균등하게 분배되도록 한다.

6. 국민을 위한 자산관리자 도입

수십억 달러에 달하는 다른 사람들의 자산을 관리하는 블랙록Blackrock 같은 기관 투자자들이 세계 경제에서 가장 유력한 실체가 되었다면, 사회주의 정부로서는 민주적으로 소유되고 경영되는 대안을 만드는 것이 대단히 혁신적인 프로젝트가 될 것이다. 경제 전체의 소유권을 지속적으로 사회화하기 위해, 글로벌 투자은행이 자산관리부문을 두고서 그들의 대출행위에서 발생하는 투자기회를 활용했던 것과 같은 방식으로 국립 투자은행과 함께 활동할 국민을 위한 자산관리자를 양성할 것을 제안한다.

자산관리자는 기존의 공동 자산을 사용해 출자하고 여기에 조세 수입과 민주적 금융 시스템을 통한 수익이 보태진 시민자산 펀드를 관리해야 한다.[10] 영국은 수십 년에 걸쳐 지속적으로 진행된 민영화 이후로, 상대적으로 자산이 부족한 국가가 되었다. 그러나 잉글랜드은행은 정부 채권의 형태로 엄청나게 많은 자산을 보유하고 있다. 이것이 잉글랜드은행이 양적완화를 축소하면서 시민자산펀드의 출자에 사용될 수 있다. 또한 공공정책연구소의 제안에 근거하여, 왕실 소유지와 다른 공동 자산의 이전으로 발생하는 수입뿐만 아니라 부유세 개혁으로 발생하는 수입이 시민자산펀드에 보태져야 할 것이다. 시민자산펀드가 그 규모가 충분히 커지고 안정되면, 여기서 발생하는 수익을 모든 시민에게 적당한 금액의 보편적 기본 배당금으로 지급해야 한다. 보편적인 기본 배당금은 소득을 증진하고, 구매할 수 있는 권리가 민영화에 대한 지지를 굳건히 했던 것처럼 공동소유권제도에 대한 지지를 굳건히 할 것이다.

그러면 국립 투자은행과 시민자산펀드는 경제의 전략적 부문에 대한 공동소유권을 장려하는 투자 기회를 확인하고, 사회적으로나 환경적으로 바람직한 활동에 대한 투자를 늘리는 이 두 가지 주요 목표에 따라 펀드의 수익을 극대화하기 위한 작업을 서로 함께해야 한다. 국립 투자은행이 어느 유망 기업에 대출을 제공하면, 국립 투자은행은 시민자산펀드가 그 대출에 힘입어서 발생하는 성장을 활용하기 위해 이 회사에 투자할 기회를 확인해야 한다. 또한 시민자산펀드는 그린 뉴딜의 일환으로 경제의 다른 전략적 부문에도 투자해야 한다. 이때 정부는 필요한 경우 시민자산펀드가 민간기업의 지분을 매입할 수 있도록 정부 채권을 제공할 수 있다. 또한 미래의 국유화는 시민자산펀드를 통해 진행될 수 있다. 시민자산펀드는 위험 조정 수익을 극대화하면서 그린 뉴딜이라는 목표를 뒷받침하는 국내 자산에 대한 투자와 외국 자산에 대한 투자 사이에서 균형을 유지해야 한다.

자산관리자도 공적 연금과 지금은 투자를 위한 자금을 민간 자산관리자에게 맡기는 뮤추얼펀드와 보험펀드를 통해 국내 저축자들의 민간자산을 관리하게 될 것이다. 이러한 펀드들은 자산관리자가 이들을 대신해서 자금을 투자할 수 있도록 세제 혜택이나 규제를 통하여 장려되어야 한다. 또한 정부는 자금을 인출해서 자산관리자에게 투자를 맡기는 저축자에게 세제 혜택을 제공하는 것도 고려해야 한다. 민간펀드의 목표는 그린 뉴딜을 이차적으로 고려하면서 위험 조정 수익을 극대화할 수 있어야 한다. 그러나 이것이 자산관리자와 뮤추얼펀드, 보험펀드 사이의 협상의 대상이 될 수도 있다.

이 두 가지 펀드는 별도로 그리고 민주적으로 관리되어야 한다. 그리고 각 펀드 매니저들은 주요 투자자와 시민으로 구성되고 선출된 이사회 이사들에 대해 직접적인 책임을 져야 한다. 자산관리자 중에서 의사결정자의 대다수는 직접 선출되어야 하고, 나머지 사람들은 정부, 노동조합, 공동체 내의 이해관계자들에 의해 선출되어야 할 것이다. 자산관리자의 규모와 중요성이 커지면서 선출 과정이 더욱 중요해질 것이고, 이에 따라 노동자들이 공동 투자에 관한 우선순위를 결정하게 될 것이다.

자산관리자는 자신이 주식을 소유한 기업에게 행동주의 투자자의 역할을 해야 된다. 그러나 주주 가치의 극대화를 위해 회사에 압박을 가하기보다는 그린 뉴딜이라는 목표를 위해 주식 지분을 활용해야 한다. 예를 들어, 지속 가능한 사업 관행과 사내 민주주의를 장려하고, 임금 격차를 해소하고, 특히 성별 임금 격차를 없애고, 책임 있는 세무 관행을 정착시켜야 한다. 또한 자산관리자는 장기적으로는 국내 기업에 대한 지분을 늘리면서, 정부 또는 노동자 소유 기업의 책임을 강화하는 데 (이들이 효율성을 증진하고 투자자의 이익을 위하여 행동하게 만드는 데) 중요한 역할을 할 수 있다.

7. 제도의 개혁

정책들을 실행하려면, 영국의 기존 금융 시스템을 민주화하는 작업이 필요하다. 과정상 맨 먼저 취해야 할 조치는 잉글랜드은행을 철저하게 바꾸는 것이다. 지금 잉글랜드은행은 독립적인 기관으로서, 재무부가 정해준 권한에 근거하여 작동하고 있다. 잉글랜드은행은 소비자 물가 인플레이션을 통제하고 금융 안정성을 유지하는 역할을 한다. 첫 번째 역할은 통화정책위원회monetary policy committee를 통해 통화정책을 조정하는 방식으로 수행하고, 두 번째 역할은 금융정책위원회financial policy committee를 통해 민간은행 시스템을 감시하고 지침을 제공하며, 때로는 금융 지원을 제공하는 방식으로 수행한다. 잉글랜드은행의 개념상의 독립성은 이 은행이 수십억 파운드어치의 정부 채권을 매입하는 양적완화를 통해 크게 훼손되었다. 이것은 재정정책과 통화정책의 차이를 약화시켰고, 부자들을 위해 자산 가격이 상승하게 함으로써, 통화정책이 분배에 엄청나게 중요한 영향력을 가지고 있으며, 따라서 이 은행이 자신의 의사결정에 민주적 책임을 져야 한다는 것을 보여주었다.

앞에서 주장했듯이, 경제정책 결정의 상당 부분을 민주적 책임으로부터 자유롭게 하는 것은 엘리트에 의한 정책 포획을 쉽게 한다. 민주주의에 입각한 반발이 없는 상황에서, 독립적인 잉글랜드은행과 그 밖의 금융부문을 감독해야 할 책임을 지는 기술관료주의적인 기관들은 막강한 금융부문의 이해관계를 반영해서 의사결정을 해왔다. 영국에서 가장 중요한 경제기관들이 민주화되지 않으면, 우리가 이러한 기관들을 통치할 때 그곳의 권력자들이 민주사회주의로의 이행을 방해하기 위해 자신들이 가진 통제력을 행사할 것이다.

따라서 잉글랜드은행은 개혁되어야 하고 민주화되어야 한다. 금융정책위원회가 자산 가격 인플레이션 목표제를 도입했지만, 이것은 통화정책위원회가 맡은 임무의 변화와 함께 진행되어야 한다. 통화정책위원회는 단순히 소비자물가 인플레이션을 감시하기보다는 산출갭 output gap, 즉 경제 전체에서 현재의 수요와 잠재적인 공급 사이의 갭을 감시해야 한다. 두 위원회는 소비자 물가와 자산 가격 인플레이션을 감시하고, 효과를 극대화하기 위한 차원에서 개입을 조정하기 위해 긴밀하게 협력해야 한다. 산출갭이 마이너스로 나오면 금리를 인하하고 공공은행 시스템에 전략적 부문에 대한 대출을 증가하라는 지침을 내려야 하고, 플러스로 나오면 반대 지침을 내려야 한다. 금융정책위원회와 통화정책위원회의 위원을 구성하면서, 정부와 노동운동 및 사회운동 세력과 기타 이해관계자의 대표를 포함해야 하고, 위원 대다수를 직접 선출해야 할 것이다. 시민으로 구성된 독립적인 위원단이 이들의 의사결정을 수시로 검토해야 한다. 이 위원단에는 정부에 보고하게 될 전문가들이 포함되어야 하고, 필요한 경우에는 이들이 잉글랜드은행의 의사결정에 직접적으로 문제를 제기해야 한다.

또한 지금 시티오브런던 법인이 누리고 있는 각종 특혜는 사라져야 할 것이다. 시티오브런던 법인은 영국에서 작은 부분에 불과한데, 민주적으로 선출된 정부가 이 법인에 대해 아무런 권한을 갖고 있지 않다. 그리고 법인의 대표가 하원의원 중에서는 유일하게 선출되지 않은 사람인데, 이것은 우연이 아니다. 시티오브런던 법인은 민주적 책임을 훨씬 초월한 곳에 있다. 정권은 수시로 바뀌지만 법인은 그대로 남아 있다. 정권이 바뀌더라도 그 권한은 아무런 영향을 받지 않는다. 사회주의 정부는 시티오브런던의 특별 지위를 폐지하고 지방 정부로 넘겨야 하고, 다른 지역과 마찬가지로 거주지에 입각해 선거권을 부여하고 대표를 민주적으로 선출해야 한다.

또한 영국은 해외 영토와 왕실령과의 관계를 개혁해야 한다. 이것은 금융 투명성 규제의 전면적인 개혁과 함께 진행되어야 한다. 은행에서 기업에 이르기까지 모든 민간기관은 규제기관이 이들이 조세 회피를 하고 있는지를 확인할 수 있도록, 수입, 수익, 직원, 비용에 관한 지역별 공식 보고서 작성 기관에 제출해야 한다.[11] 모든 금융기관과 그 자회사는 최고 수준의 투명성을 유지하면서 영업해야 하고, 규제기관이 요청할 경우 모든 정보를 제출해야 한다. 물론 이 요건은 영국의 해외 영토와 왕실령에도 적용되어야 한다. 영국은 호혜주의의 원칙을 기대하면서, 먼저 나서서 이 모든 정보를 다른 국가와 공유해야 한다. 또한 이것은 금융 범죄와 조세 회피에 대처하기 위한 자원의 확대와 함께 진행되어야 한다.

이 제안들의 대부분은 헌법의 상당 부분을 개정할 것을 요구한다. 따라서 금융기관의 민주화는 영국에 대한 광범위한 개혁과 함께 진행되어야 한다. 앞에서 다루지 않았던 다른 필요한 조치들로는 재무부 권한의 상당 부분을 축소하는 것을 포함해서 공직 사회의 개혁, 상원 개혁, 지역의 민주적 책임을 강화하고 중앙 정부의 권력을 분산하기 위한 지방 정부의 개혁 등이 있다.

8. 세계 경제의 탈금융화

이 조치들 중 대다수는 기존 국제기구들의 반대에 부딪힐 것이다. 이들이 집단적으로 결정한 원칙을 위반한 국가에 대해 제재를 가할 권한은 먼저 이런 국가가 해당 국제기구의 가맹국이라는 사실에 기초하고, 그다음에는 이 원칙을 강요하는 미국이 패권국이라는 사실에도 기초한다. 첫 번째 쟁점은 기존 국제기구에 의해 반전될 수 있다. 그러나 두 번째 쟁점은 사회주의 국가들이 미국 제국주의의 영향권에서 벗어남으로써 반전될 수 있고, 이 반전은 앞으로 수십 년 동안에 나타나게 될 미국 패권의 약화로서 가능해질 것이다.

두 가지 모두 금융자본과 미국 제국주의의 패권에 대한 도전에서 비슷한 이해관계를 가진 국가들의 동맹에 기초한 새로운 국제기구의 창설을 요구할 것이다. 이것은 글로벌 노스의 다른 사회주의 국가들과 함께, 글로벌 사우스 국가와의 대타협grand bargain을 전제로 할 것이다. 부채는 탕감되어야 하고 조세피난처는 문을 닫아야 한다. 또한 불공정 조약은 재협상되어야 하며 불평등한 국제기구는 개혁되거나 대체되어야 한다. 글로벌 노스와 글로벌 사우스의 착취적인 관계는 원조, 투자, 기술 지원의 관계뿐만 아니라 상호 혜택이 되는 무역 관계가 되어야 할 것이다.

전 세계적으로 국가의 권력 관계의 변혁을 시도하는 사회주의운동 세력에 대한 지원이 있어야 한다. 이런 프로그램은 새로운 국제 경제 질서의 탄생을 요구할 것이다. 이것은 1달러 1표가 아니라 1국가 1표의 원칙을 준수하는 순수한 다자간 기구를 통해 실현되어야 한다. 새로운 기구는 모든 주권 국가들이 동등한 비중을 갖게 하고, 이들이 자국민들의 권력과 번영을 뒷받침할 개발 모델을 추진하게 해줄 것이다.

국민을 위한
금융

지금까지의 이야기를 종합하자면, 이런 개입들은 소비자와 기업이 이용할 수 있는 금융서비스를 계속 유지하고 개선하면서, 금융자본의 권력을 억제하기 위한 것이다. 부채 차환과 같은 일부 개입은 새로운 사회주의 정부에 대한 지지를 강화하면서 생활 수준을 높이는 데 직접적인 도움을 줄 것이다. 금융자본은 이 개입들에 저항할 것이다. 따라서 사회주의 정부가 권력을 잡기 훨씬 전에 이에 대한 대책을 미리 준비해두는 것이 결정적으로 중요하다. 다가오는 민주사회주의 정부는 이 개입들을 금융 시스템에 대한 일종의 리들리 플랜으로 간주하고 그에 따라 준비를 해야 할 것이다.

이 모든 것들을 뛰어넘어 영국 민주사회주의 정부의 가장 중요한 역할은 전 세계에 희망의 등불을 제공하는 것이다. 세계 경제에서 가장 금융화된 국가의 사회주의 정부는 지금 시티오브런던에 집중해 있는 국제 금융자본에 심각한 타격을 가하겠지만, 동시에 전 세계의 사회주의자들을 집결시킬 것이다. 수십 년간 지속된 자본주의 리얼리즘capitalist realism(자본주의가 유일하게 존립 가능한 체제이며 이에 대한 대안은 상상조차 불가능하다는 주장—옮긴이)이 막을 내리면, 경쟁이 아니라 협력을, 무자비한 착취가 아니라 상호 원조와 우리의 공동 자원 관리에 기초한 세상을 그려보는 것도 가능할 것이다.

나가는 글

마지막 패배란 없듯이 마지막 승리도 없다. 똑같은 전투만이 있을 뿐
이다. 몇 번이고 계속해서 싸우기 위해서. 그래서 강해진다. 피를 흘리
면서 강해진다.

－토니 벤Tony Ben

2001년 여름, 세계사회포럼World Social Forum의 첫 번째 회의가 '또 다
른 세상이 가능하다Another World is Possible'라는 슬로건 아래 개최되었
다. 이처럼 세계경제포럼World Economic Forum에 맞서는 사회주의 대안
세력의 대표자들은 그들의 목표가 자본주의자들의 세계화를 무너
뜨리고, 글로벌 사우스의 권리를 옹호하고, 미국 제국주의에 저항
하는 것이라는 사실을 분명히 밝혔다. 그들의 외침에 관심을 갖는
사람은 거의 없었다. 불과 십여 년 전에 소련이 몰락한 이후로, 새
로운 세계 질서가 등장했다. 그리고 자유시장 옹호론자들은 너무
나도 즐거운 마음으로 이처럼 새로운 세계 질서가 영원히 변하지
않을 것이라고 선언했다. 역사는 끝났고, 자본주의가 승리했다. 세
계화라는 중립적이고도 필연적인 과정이 자유시장의 혜택을 낙후

된 국가로 전해줄 것이다. 이 국가들이 그것을 받아주기만 한다면 말이다. 세상은 마크 피셔 Mark Fisher가 지칭했던, 자본주의의 종말보다는 세상의 종말을 상상하는 것이 더 쉽게 여겨진다는 '자본주의 리얼리즘'이라는 급성 집단 우울증을 앓고 있었다.

이후로 7년이 지나, 두 가지 세상을 모두 겪을 것이라고 생각한 사람들이 옳았다는 것이 드러났다. 2008년의 금융 위기는 세계 경제를 철저하게 뒤흔들고는 경기순환을 길들일 수 있다는 경제학자들의 꿈이 공상에 불과하다는 것을 여실히 보여주었다. 미국 주택시장의 버블이 걷히면서, 세계의 은행 시스템을 지탱하던 금융 흐름이 갑자기 멈추었다. 지난 수십 년 동안에 자산시장에서 형성된 허구의 자본이 사라져버렸고, 결과적으로 대다수의 금융기관, 기업, 가계가 지급불능 상태에 놓였다. 미국 주택시장에서 시작된 금융 위기는 전 세계를 휩쓸면서, 1929년 이후로 가장 오랫동안 지속되고 가장 극심했던 세계적인 불황을 일으켰다. 무역과 투자 흐름이 급격하게 감소했고, 지금까지도 지속되고 있는 세계화의 정체가 시작되었음을 알렸다.

정치 지도자들은 당장 자본주의 리얼리즘에 대한 자기 방식의 담론을 내놓았다. 그들은 금융 시스템을 구원해야 한다고 주장했지만 대안은 없었다. 금융 시스템을 구원하지 않으면 평범한 노동자들이 고난을 겪게 된다. 정부는 금융 시스템에 유동성을 주입하고, 예금 보험 한도를 인상했으며, 고통받는 국내 은행들이 절실하게 필요한 자금을 지원했다. 그들은 당장 경기진작 프로그램을 실시해서 금리를 인하하고 양적완화라는 브레턴우즈 체제 이후로 규모가 가장 컸던 통화정책 실험에 착수했다. 통화정책권이 없는 국가들은 채권시장의 분노에 직면해야 했다. 금융 위기는 순식간에 국가적인 부채 위기로 변질돼, 특히 유로존 국가에 강렬한 영향을 미쳤다. 글로벌 노스 국가들은 공포에 떨면서 그리스의 비극을 바라보았다. 그들은 '긴축'이 유일한 길이라고 주장했다. 일부 국가에서는 긴축정책을 보수당-자유민주당 연립 정부가 예산감축 프로그램을 가혹하게 추진해서 지난 10년 동안에 12만 명이 사망하게 했던 영국만큼 신속하고도 잔인하게 추진했다.

전 세계의 중도좌파 정당들은 이런 일련의 불의를 무시했다. 그들은 이에 대처하기 위한 다른 방법을 생각해낼 능력이 되지 않았다. 경제 붕괴 직후에는 저항이 전혀 없는 것으로 보였다. 2015년이 되면서 거의 붕괴될 것처럼 보였던 세계 자본주의가 이를 지탱하고 있던 정치 시스템에 단 한 번의 위협도 가하지 않고서 자리를 잡아갔다. 그러나 모든 것이 겉으로 보이는 것과는 달랐다. 위기가 닥쳤을 때 학생들의 눈에는 자본주의 리얼리즘의 주문spell 이 끝장이 난 것으로 보였다. 그들의 인식은 극심할 정도로 불확실하고 정치적 담론이 양극화되고 금융기관이 무너지는 시대에 형성되었다. 그들은 번창하던 신자유주의가 무너지고 위기 이후의 침체가 시작되는 세상에서 살고 있었다. 기존 질서가 흔들리고 있는 것도 보았다. 갑자기 다른 세상이 또 한 번 가능해졌다. 그러나 그런 세상은 어떤 종류의 것일까?

리먼 브라더스가 파산하고 나서 10년 반이 지나, 세상에는 두 가지의 가능성이 있는 미래가 제시되었다. 2019년 3월 15일, 뉴질랜드의 크라이스트처치에서는 어느 백인 지상주의자가 회교사원에서 총기를 난사해 어린이와 노인을 포함한 49명이 사망하는 사건이 발생했다. 당시 범인이던 브렌턴 태런트Brenton Tarrant는 범행 이전에 트위터에 성명을 발표하면서, 백인 집단학살을 방지하기 위해서는 서구 세계에 사는 회교도에게 공포 분위기를 조성할 필요가 있다고 주장했다. 또한 그는 이민자와 이슬람에 대한 자신의 반감을 널리 알리기 위해 미국의 한 교회에서 총기를 난사해 9명의 흑인을 사망하게 한 딜런 루프Dylann Roof와 오슬로에서 차량 폭탄 테러를 일으켜서 8명을 사망하게 하고, 노동자청소년연맹 캠프에서 좌파 청년 69명을 대량학살한 안데르스 브레이비크Anders Breivik에게서 영감을 받았다고 주장했다.

같은 날에 전 세계에서 100만 명에 달하는 학생들이 기후 변화에 대해 아무런 행동을 하지 않는 정치인들을 규탄하기 위해 국제 학생 시위에 참여했다. 125개국에서 2,000건의 시위가 발생했는데, 그날 세계 전역의 학생들은 정부가 그들의 미래를 보호하기 위한 조치를 취할 것을 요구했다. 주류 언론사들의 시사문제 해설자들은 비웃기만 했지만, 영국에서는 학생들이 보수당 정부를 비난하는 현수막을 손에 쥐고 야당 지도자를 지지하면서 '제러미 코빈!Jeremy Corbyn'을 외쳤다. 영국 시위대는 그들만의 성명을 발표했는데, 슬로건은 '우리는 변화를 원한다. 지금 당장!'이었다.

이 사건들은 목표가 없지도 단발적이지도 않았다. 체제가 썩어가고 있다는 징후였다. 2007년에 금융 주도 성장은 무너지면서, 그 자리에 침체와 불확실성을 남겼다. 우리의 정치와 경제 제도는 호황기에 형성되었고, 경제 붕괴 이후로 나타나는 긴장을 다룰 준비가 되어 있지 않았다. 지배 엘리트들은 이런 현실을 받아들이지 않으면서, 죽어가는 모델의 유물을 필사적으로 지켜내려고 한다. 반면에, 다른 모든 사람은 고난과 쇠퇴의 관점에서 미래를 바라보려고 한다. 일반 시민들이 직면한 상황을 잘 모르는 언론이 주도적으로 창출해낸 의미는 이제 효과가 없다. 그 자리에는 새로운 정치 공동체 사이에서 인터넷상의 백인지상주의가 되었든 학생들의 기후 변화 시위가 되었든, 새로운 이야기가 등장했다. 세계 전역에서 사람들이 서로 의지하면서 같은 이야기를 나누었다. 그것은 "지금 이 상황이 계속 갈 수 없다."는 것이었다.

베를린 장벽이 무너진 이후로 안정된 시기를 살았던 사람들은 이 순간의 중대성을 파악하기 상당히 어렵다. 그러나 어쩌면 지난 수십 년에 걸쳐 일어난 사건들에서 얻을 수 있는 가장 중요한 교훈은 어떠한 자본주의 체제라도 그것이 오랫동안 안정적일 수 없다는 것이다. 세계 경제는 외부의 충격에 의해서만 정상적인 궤도를 벗어난다는 신고전파 경제학의 예측 가능한 법칙에 따라 움직이지 않는다. 대신에 자본주의는 복잡성을 낳았다. 이것은 가장 잘 조직화된 자본주의 경제조차도 필연적으로 혼돈상태에 빠져든다는 뜻이다. 자본주의의 정치와 경제 제도는 자본주의 사회가 자본을 가진 자가 부와 권력을 모두 차지하는 엄격한 계급사회로 만들어 이러한 복잡성을 억누르려고 한다. 그러나 마르크스가 주장했듯이, (사회민주주의에서 자유시장주의에 이르기까지 그 특징이 어떠하든) 그런 제도적 구성institutional configuration이 이윤 동기가 일으키는 혼란을 억누를 수 없다. 제도가 조정하려고 했던 모순을 더는 통제할 수가 없을 때는 그것이 저항에 부딪히고 심지어는 무너진다. 이런 시기에는 정치적, 법적, 사회적 격변과 빈번한 권력 이동, 심지어는 혁명이 일어난다.

금융 위기 이후로 10년이 바로 그런 시기였다. 금융 주도 성장은 임금 억제와 엘리트에 의한 지대 착취를 전제로 하는 시스템이다. 이 과정에서 자원이 하위층에서 상위층으로 이동하게 되지만 가치는 거의 창출하지 못한다. 자본가들이 훨씬 더 많은 자원을 관리하게 되면서, 경제 붕괴 이전에 앵글로아메리카 자본주의를 유일하게 지탱해주던 것은 사상 최고 수준의 부채였다. 그러나 부채가 고갈되면서, 불평등의 심화를 전제로 하는 시스템이 침체를 낳았다. 경제는 한 집단이 더 많이 가져가면 다른 집단이 덜 가져가는 제로섬게임이 되었다. 그리고 정치 권력을 가진 자들이 점점 줄어드는 성장의 혜택을 독점하기 위해 그 권력을 행사하고 있다. 결국 금융 주도 성장 모델의 기반이 변하지 않는 한, 모순은 점점 더 심화될 것이다.

이처럼 과열된 정치적 분위기 속에서, 현상 유지에만 몰두하는 이른바 '중도'는 설득력이 없다. 자유주의 기득권층이 포퓰리즘의 등장을 공공연히 비난한다면, 이는 그들이 현재의 정치 상황에 대한 이해가 부족하다는 것을 다시 한 번 여실히 드러내는 것이다. 자유민주주의의 '문명화된' 제도 밖에서 정치 변화를 시도하려는 사람들을 경멸하는 것은, 제도가 더는 제대로 작동하지 못하고 있는 사실을 전혀 이해하지 못하기 때문이다. 제도 안에서 편안하게 안주하고 있을 때는 그런 사실을 쉽게 잊어버린다. 자유주의 엘리트들은 새로운 사회가 어떤 모습을 할 것인가에 대한 분명한 비전을 제시하기보다는 시스템을 다시 작동시키기 위해 다양한 정책 분야에 대한 기술관료주의적인 변경을 제안하면서 스스로 위안을 삼는다. 과거의 체제가 침몰하고 있는데, 지배 계급은 갑판 의자를 재배치하고 있는 셈이다.

엘리트들은 계속 '대안이 없다'고 주장할 수도 있다. 그러나 그들도 마음속으로는 자본주의 리얼리즘이 사망했다는 것을 알고 있다. 지구의 사망에 항의하기 위해 시위에 참여했던 학생들은 '대안이 없다'는 주장에 얽매이지 않는다. 우리가 텔레비전에서 봤던 (권력의 자리를 차지하는 사람이든, 대량 학살과 같은 잔인한 행동을 하는 사람이든) 극우 극단주의자들도 그 주장에 얽매이지 않는다. 오직 새로운 세상이 다가오고 있다는 것을 아는 사람들만이 대안을 준비할 수 있다. 그리고 오늘날 우리는 사회주의와 야만행위 사이에서의 선택에 직면해 있다. 국제 금융 언론이 브라질에서 극우 대통령 자이르 보우소나루Jair Bolsonaro의 당선을 찬양하고 있을 때, 우리는 지배 계급이 실제로 무엇을 바라는지를 보았다. 기득권층은 사람들이 계급이 아니라 평등에 바탕을 둔 새롭고도 더 나은 세상을 건설하기 위해 협력하는 모습보다는 차라리 파시스트의 발작 증세 속에서 서로 등을 돌리는 모습을 보기를 훨씬 더 바랄 것이다.

결국 자본주의는 인류가 꺼져가는 시스템의 조각을 두고서 서로 싸우는 모습을 보기를 바라는 사람과 새로운 것을 건설하기를 바라는 사람 사이의 대규모 전투 속에서 종말을 고할 것이다. 파시즘의 재탄생을 저지하려는 사람에게는 사회주의가 유일하게 나아갈 길이다. 사회주의가 결코 제대로 작동하지 않을 것이라고 주장하는 사람은 사회와 경제가 너무나도 복잡해서 계획의 논리로는 지배할 수 없다는 점에서 근거를 찾는다. 오직 시장의 분권화된 논리만이 최적의 자원 배분을 보장할 수 있다는 것이다. 그러나 경제활동이 거대하고도 관료주의적이고도 위계적인 기업과 똑같이 거대하고도 관료주의적이고도 위계적인 국가에 점점 더 집중되면서, 그들의 주장은 그 어느 때보다도 설득력이 떨어진다. 실제로 위계와 복잡성은 서로 어울리지 않는다고 주장하는 것이 설득력이 있다. 인류가 그 어느 때보다도 기술 발전을 이루고 서로 연결되면서, 자본주의 모델은 생존 능력을 점점 잃어가고 있다. 복잡한 사회에 소유권의 집중에 바탕을 둔 자본주의 체제의 엄격한 위계를 부여하는 것은 불안정과 불의만을 초래하게 될 것이다.

자본주의는 자신이 일으킨 복잡성을 통제할 수 없다. 그러므로 사회주의에 반대하는 사람들이 소중하게 간직하는 기업과 국가의 위계를 통해 복잡성을 억누르기보다는 해방의 원리를 정치와 경제활동의 '모든' 영역으로 확장하려는 민주사회주의에 자리를 내놓아야 한다. 민주사회주의는 대중들이 고용주나 관료에 의해 속박되기보다는 공동의 노력을 추구하기 위해 스스로 조직을 구성하기 위한 길을 제시한다. 이처럼 평등하고 분권화되고 협력하는 방식으로 일을 하면, 세계가 직면한 거대한 도전을 맞이하여 인류의 창의적인 동력을 작동시킬 수 있다. 민주사회주의는 인류가 자신의 지역과 일터와 삶을 스스로 관리할 수 있게 해주며, 인류가 더 나은 세상을 만들기 위해 협력할 수 있게 해준다.

자본주의를 넘어서

여러모로 보아, 금융 주도 성장은 자본주의 발전의 절정을 나타낸다. 세계적으로 수조 달러에 달하는 자본이 아무런 가치를 생산하지 않으면서 또 다른 대규모의 투기적 수익을 좇아 떠돌아다닌다. 자본가는 이처럼 결함이 있는 시스템 덕분에 상상할 수 없을 정도로 엄청나게 많은 부를 축적했지만, 자기 자신의 무게를 감당하지 못하고 파산할 때에는 일반 대중들이 그 대가를 치러야 했다. 자본주의 리얼리즘의 종말은 이데올로기와 역사의 재탄생에 이르게 했다. 지난 10년 동안에 나타났던 정치적 격변은 우리가 어떤 종류의 사회에서 살아가기를 원하는가에 대한 근본적인 질문이 또다시 제기된 것에 대한 반응이었다. 이제 정치는 안정적인 시스템에 기술관료주의적인 변경을 가하는 문제가 아니다. 정치는 또다시 사상과 이를 신봉하는 운동 세력들 간의 거대한 싸움터가 되었다.

그러나 자본주의 리얼리즘의 종말과 함께, 이 시대의 자본주의 사회가 직면한 거대한 도전이 더는 다른 종류의 미래를 상상하는 것에만 그쳐서는 안 되고, 그곳으로 가는 방법을 찾는 것이 되어야 한다. 새로운 정치가 집권 정당의 교체만을 의미해서는 안 된다. 그것은 사회에서 권력이 자본가에게서 노동자에게로 넘어갈 수 있도록 근본적으로 재조정하기 위한 통합된 정치 프로젝트가 되어야 한다. 이렇게 하려면 우선 금융 주도 성장을 정립했던 정당이 추진하던 것들을 거울삼아서 이들에 상응하는 개입이 요구된다.

일에 의지해 살아가는 사람과 부에 의지해 살아가는 사람 사이의 분열이 문제의 중심에 있어야 한다. 자산을 소유한 사람과 그들을 위해 일하는 사람의 격차가 커지면서, 또다시 소유권을 정치 논쟁의 중심에 둬야 한다. 대중과 엘리트의 대립을 내세우는 좌파 포퓰리스트의 담화가 이러한 분열에 대한 훌륭한 분석의 틀을 제공하지만, 이것이 본질적인 것으로 채워지지 않으면 그것은 잘못 이용될 것이다. 소유권을 정치화하면, 엘리트들의 권력을 유지하기 위한 전략이 강력한 민주사회주의운동 세력의 등장을 저지하기 위해 노동자들 사이에 분열을 일으키는 것이라는 사실이 분명히 드러난다. 엘리트들의 이 전략은 현 상황에 대한 대중의 분노와 환멸이 그들보다 훨씬 더 많이 착취당하는 다른 집단을 향하게 만든다.

자본주의 권력 관계를 무너뜨리기 위해 헌신하면서 번성하는 '조직들의 생태계'와 함께, 우리에게는 경제에서 전망이 좋은 고지를 차지하기 위해 노력하는 운동 세력을 책임지는 정당이 필요하다. 신자유주의자들의 선거 전략은 많은 중산층이 자본가의 편을 들도록 자산소유권을 더 많은 유권자들에게로 확대하는 데 기초한다. 사회주의운동 세력의 과제는 노동자와 자본가의 차이를 없애기 위한 노력의 일환으로 자산소유권을 모든 노동자에게로 확대하면서 전략을 훨씬 더 강하게 밀어붙이는 것이다. 다음 과제는 이러한 급진주의가 정부와의 대립으로 인해 약화되지 않도록 하는 것이다. 사회주의 정당은 20세기에 많은 중도 좌파 정당이 추구하던 정치 참여의 카르텔 모델을 되풀이하지 않는 것이 중요하다. 대신에 사회주의정당은 정부 안팎에서 활동하는 사회주의운동 세력이 정당 지도자와 의회의원이 직면한 동기에 영향을 미칠 수 있는 다수의 다양한 지지층에 대한 책임을 지게 하면서 활동해야 한다.

정부에 대한 통제권은 기존의 질서를 떠받치는 권력 관계를 무너뜨리고 그 자리에 새로운 제도를 수립하기 위해 이용되어야 한다. 어떠한 사회주의 정부라도 금융자본의 견고한 권력에 맞서려면 리들리 플랜의 자체 버전이 필요할 것이고, 자본 파업 혹은 도피의 위협에 대처해야 한다. 차기 사회주의 정부는 금융 시스템을 사회화하기 위한 일관적이고도 명료하고도 포괄적인 계획을 수립해야 한다. 이러한 전략은 너무나도 부유해서 그로 인해 나오는 수입으로 살아가는 사람들인 지주, 금융업자, 투기업자와 일에 의지해서 살아가야 하는 나머지 모든 사람 사이의 분열에 주안점을 둬야 한다. 이것이 전하는 메시지는 '현재의 모델은 정체와 쇠퇴만을 낳는다'가 되어야 한다. 자산을 소유한 사람들은 2007년 이전에 경험했던 자본 이득을 기대할 수가 없게 되었고, 심지어는 경제가 정체되면서 그 가치가 감소하는 것을 예상해야 할 것이다. 수십 년에 걸친 금융 주도 성장의 시기에 서서히 감소했던 노동자들의 임금과 그들의 부채는 자신들이 느끼는 번영에 훨씬 더 중요하게 작용할 것이다. 사회주의 프로젝트는 노동자들의 이해관계에 기초해서 그들의 단결을 끌어낼 것이며, 임금 인상, 부채 탕감, 자본에 대한 소유권 사회화를 통해 이를 위한 물질적 동기를 제공하게 될 것이다.

다시 말해, 사회주의 정부는 대처 총리와 레이건 대통령이 노동조합을 상대로 싸웠던 것처럼 은행을 상대로 싸워야 한다. 오늘날의 금융 시스템은 자본가들이 경제에서 많은 영역을 통제할 수 있게 해주는 복잡하지만 목적에 부합하는 메커니즘을 창출했다. 금융자본에 대한 공동의 통제는 그에 대한 공동소유권을 보장하고, 지금 이것을 자신의 이익을 위해 독점하는 이들의 권력을 철저하게 제한하는 것을 의미한다. 이러한 계획은 사회주의 정부가 부와 권력을 차지한 사람들의 저항에 직면하게 될 것이고, 그 결과로서 만일의 사태에 대비한 계획을 수립해야 한다는 가정을 전제로 해야 한다. 새로운 제도의 정착은 과거의 제도를 지탱하던 권력자들과 싸워야 하는 엄청나게 힘든 과제이지만, 인터레그넘에 정권을 잡게 될 사회주의 정당에게는 핵심적인 과제가 될 것이다.

지금까지의 이야기를 종합하자면, 앞에서 제시한 개혁은 사회의 부와 권력을 독점하고 있는 자에게서 착취하는 엘리트들의 잘못된 행위에 대한 대가를 치러야 하는 자에게로 철저하게 이전하는 데 도움이 될 것이다. 이 전략은 사회를 더욱 공정하고 평등하고 번영하게 해줄 것이다. 그러나 이것은 훨씬 더 철저한 이전의 시작을 의미한다. 국민을 위한 자산관리자와 함께 공공은행 시스템이 등장하여 성장하면, 민간부문에서 공공부문으로의 소유권 이전이 꾸준히 진행될 것이다. 영국 정부가 탄소 배출을 제로 수준으로 줄이면서 성장, 고용, 평등을 증진하기 위해 전략적으로 투자한다면, 국민의 생활 수준이 개선되고 영국은 지속가능한 녹색 성장 모델이 될 것이다. 영국의 경제제도에 대한 민주적 개혁이 자리를 잡고 확대되면서, 경제적 의사결정에 대중의 참여가 확대되고 민주적 공동소유권이 실현될 것이다. 그리고 현재 국제 경제 시스템을 지배하고 있는 제국주의제도를 개혁하거나 대체한다면, 이 모델을 전 세계로 전파할 수 있는 조건을 마련하게 된다. 지구가 매우 위험한 상황에 놓여 있지 않다면, 그런 프로젝트는 유토피아적 공상에 불과한 것처럼 보일 수도 있다. 그러나 자본주의가 죽어가고 있고 이와 함께 착취적인 신식민지 국제 질서도 무너지고 있다.

이처럼 중요한 시기에 인류는 멸종과 유토피아의 갈림길에서 역사에 대한 지배권을 다시 가져와야 한다. 지난 수십 년 동안, 우리는 부자와 힘 있는 자들이 모든 이들을 위해 영향력을 행사할 것이라는 희망을 품고 그들이 우리의 미래를 결정하게 내버려 두었다. 그러나 금융 위기는 정계와 재계의 지도자들이 자신의 부를 조금이라도 포기할 바에야 차라리 지구가 뜨거워지는 것을 보겠다는 이기적이고 착취적이며 무분별한 엘리트라는 사실을 여실히 보여주었다. 이제 의지할 수 있는 것이라고는 우리 자신이 가진 힘뿐이라는 사실이 분명해졌다. 인간은 원래 이기적이고 변화를 싫어하며 협력하지 않는 존재라고 믿는 사람에게는 이 말이 절망의 원천이 되겠지만, 노동자가 역사를 바꿀 수 있다고 믿는 사람에게는 이 말이 희망의 등불이 될 것이다. 우리는 경쟁이 아니라 협력을 통해 세상을 만들어갈 기술과 자원을 갖고 있다. 이제는 정치가 그동안 못다 한 일을 해야 할 때이다.

주

들어가는 글

1 　다음 문헌을 보라. Sowerbutts, R., "The Demise of Overend Gurney", *Bank of England Quarterly Bulletin 2016 Q2.*, 2016. https://www.bankofengland.co.uk 참조; Ugolini, S., "The Crisis of 1866", in Dimsdale, N. and Hotson, A. (eds.) *British Financial Crises since 1825*, Oxford University Press, 2016, pp.76~93.

2 　다음 문헌을 보라. House of Commons, "Northern Rock's Business Model" in Treasury Select Committee Fifth Report Session 2007~2008, 2009. https://publications.parliament.uk/pa/cm200708/cmselect/cmtreasy/56/5605.htm 참조; Pym, H., *Inside the Banking Crisis: The Untold Story*, London: A&C, 2016.

3 　National Audit Office, "The Nationalisation of Northern Rock", Report by the comptroller and auditor general, HC 298 Session 2008~2009, 2009. https://www.nao.org.uk/wp-content/uploads/2009/03/0809298.pdf 참조.

4 　Epstein, G. "Introduction: Financialization and the World Economy", in Epstein, G (ed.) *Financialisation and the World Economy*, Cheltenham: Edward Elgar Publishing, 2005.

5 　다음 문헌을 보라. Boyer & Dore, R., "Financialisation of the Global Economy", *Industrial and Corporate Change*, vol. 17, 2000 & 2008; Blackburn, R., "Finance and the Fourth Dimension", *New Left Review*, 2006; Stockhammer, E., "Some Stylised Facts on the Finance-Dominated Accumulation Regime", *Competiton and Change*, vol. 12, 2008.

6 　예를 들어, 크리프너는 금융화를 "무역과 상품 생산이 아닌 주로 금융 경로를 통해 수익이 발생하는 축적 패턴"으로 정의한다. Krippner, R., *Capitalizing on Crisis:*

The Political Origins of the Rise of Finance, Cambridge: Harvard University Press., 2012; Stockhammer, 2008. 이 책에서는 '금융 중심의 축적 체제'에 관해 '금융 발전이 결정적으로 축적 패턴과 속도를 형성한다'고 설명하고 있다.

7   다음 예를 보라. Panitch, L. and Gindin, S., *The Making of Global Capitalism: The Political Economy of American Empire*, London: Verso, 2012; Konings, M., *The Development of American Finance*, Cambridge: Cambridge University Press, 2011; Krippner, R., *Capitalizing on Crisis: The Political Origins of the Rise of Finance*, Cambridge: Harvard University Press., 2012.

8   다음 문헌을 보라. Boyer, R., "The Global Financial Crisis in Historical Perspective: An Economic Analysis Combining Minsky, Hayek, Fisher, Keynes and the Regulation Approach", *AEL: A Convivium*, vol. 3, 2013; Hay, C., "The British Growth Crisis: A Crisis of and for Growth", *SPERI Paper* No. 1, 2013. http://speri.dept. shef.ac.uk/wp-content/uploads/2018/11/SPERI-Paper-No.-1-%E2%80%93-The-British-Growth-Crisis-FINAL1.pdf 참조; Green, J., "Anglo-American Financial Interdependence and the Rise of Income Inequality", in Green, J., Hay, C. and Taylor-Goodby, P. (eds.) *The British Growth Crisis: The Search for a New Model*, London: Palgrave, 2015.

9   Haldane, A.,"The Contribution of the Financial Sector—Miracle or Mirage?", speech at the Future of Finance conference, London, 14 July 2010. https://www. bis.org/review/r100716g.pdf 참조.

10   Haldane, A.,"The Contribution of the Financial Sector—Miracle or Mirage?", speech at the Future of Finance conference, London, 14 July 2010. https://www. bis.org/review/r100716g.pdf 참조.

11   Haldane, A.,"The Contribution of the Financial Sector—Miracle or Mirage?", speech at the Future of Finance conference, London, 14 July 2010. https://www. bis.org/review/r100716g.pdf 참조.

12   Financial Stability Board, *Global Shadow Banking Monitoring Report 2012*. http:// www.fsb.org/wp-content/uploads/r_121118c.pdf 참조.

13   Haldane, A., 2010.

14 금융화에 대한 해석은 다음과 같이 몇몇 마르크스주의자들과 케인즈 이후 사
상가들의 문헌에 의존한다. Lapavitsas, C., *Profiting Without Producing*, London:
Verso, 2013; Panitch and Gindin, 2013; Panitch L and Gindin S., 2008; Keynes,
J.M., *The General Theory of Employment, Interest and Money*, Basingstoke: Palgrave
Macmillan, 1936; Minsky H., *Stabilisng an Unstable Economy*, New York: McGraw
Hill Professional, 1989; Epstein, 2005; Boyer, 2013; Boyer, R., 'Is a Finance-Led
Growth Regime a Viable Alternative to Fordism? A Preliminary Analysis', Econo-
my and Society, 29, no. 1: 111~145, 2000; Stockhammer, 2008; Stockhammer, E.,
"Financialisation and the Slowdown of Accumulation", *Cambridge Journal of Eco-
nomics*, vol. 28, 2004; Palley, T., 'Financialization: What It Is and Why It Matters',
Working Paper No. 525, New York: The Levy Economics Institute at Bard College,
2007; Dumenil G. and Levy D., *Capital Resurgent: roots of the neoliberal revolution*,
Cambridge: Harvard University Press, 2004; Dumenil G. and Levy D., 'Costs and
benefits of neoliberalism: a class analysis' in Epstein, 2005; Dumenil G and Levy, D.,
The Crisis of Neoliberalism, Cambridge: Harvard University Press, 2011; Hudson,
M., *The Bubble and Beyond: Fictitious Capital, Debt Deflation and the Global Crisis*,
London: Islet, 2012.

15 다음 문헌을 보라. Hudson; Hudson, M., *Killing the Host: How Financial Parasites
and Debt Destroyed the Global Economy*, London: Isley, 2012 & 2015; Mazzucato,
M., *The Value of Everything: Making and Taking in the Global Economy*, London: Allen
Lane, 2018; Pettifor, A., *The Production of Money*, London: Verso, 2017; Keen, S.,
Can We Avoid Another Financial Crisis?, London: Polity, 2017; Epstein; Hein, E.and
Van Treeck, T., "Financialisation and Rising Shareholder Power in Kaleckian/
Post-Kaleckian Models of Distribution and Growth", *Review of Political Economy*,
vol. 22, 2005 & 2010; Onaran, O., Stockhammer, E. and Grafl, L., "Financialisa-
tion, Income Distribution and Aggregate Demand in the USA", *Cambridge Journal
of Economics*, vol. 35, 2011; Barba, A. and Pivetti, M., "Rising Household Debt: Its
Causes and Macroeconomic Implications—A Long-Period Analysis", *Cambridge
Journal of Economics*, vol. 33, 2008; Crotty, J., 'Structural Causes of the Global Fi-
nancial Crisis: A critical assessment of the 'new financial architecture'', *Cambridge
Journal of Economics*, vol. 33, 2008.

16 다음 문헌을 보라. IPPR, *Prosperity and Justice: A New Plan for the Global Economy*—

The Final Report of the IPPR Commission on Economic Justice, 2018; Blakeley, G., "The Next Crash: Why the World Is Unprepared for the Economic Dangers Ahead", *New Statesman*, 6 March 2019.

17   World Bank, 'Gross capital formation (% of GDP)', World Bank National Accounts Data, 2019.

18   다음 예를 보라. Teulings, C. and Baldwin, R. (2014) *Secular Stagnation: Facts, Causes and Cures*, London: CEPR Press.

19   Rogoff, K., "Debt Supercycle Not Secular Stagnation", in Blanchard, O., Rajan, R., Rogoff, K. and Summers, L. (eds.) *Progress and Confusion: The State of Macroeconomic Policy*, USA: MIT Press, 2015.

20   Giles, C., "Politics Is Failing on Brexit but Economics Has Been on the Money", *Financial Times*, 14 March, 2019.

21   다음 문헌을 보라. Marx, K., *Capital* Volume III, 1894; Mandel, E., "Introduction to Capital Volume III", in Marx, K., *Capital* Volume III, 1981; Grossman, H., *The Theory of Economic Crises*, 1922; Shaikh, A., "An Introduction to the History of Crisis Theory", *Union for Radical Political Economies*, 1978.

22   Perelman, M., *The Invention of Capitalism: Classical Political Economy and the Secret History of Primitive Accumulation*, USA: Duke University Press, 2000.

23   다음 문헌을 보라. Phillips, L. and Rozworski, M., *The People's Republic of Wal-Mart: How the World's Biggest Corporations Are Laying the Foundation for Socialism*, London: Verso, 2019.

24   다음 예를 보라. Bastani, A., *Fully Automated Luxury Communism*, London: Verso, 2019.

25   Marx, K., *The Communist Manifesto*, 1847.

26   다음 문헌을 보라. Meiksins Wood, E., *Democracy Against Capitalism: Renewing Historical Materialism*, London: Verso, 1995; Marx, K., *The German Ideology*, 1846; Mandel, E., *Introduction to Marxism*, London: Pluto, 1975.

27 다음 문헌을 보라. Marx, 1946 & 1984; Mandel, 1981; Shaikh, 1978; Meiskins Wood, 1995.

28 다음 예를 보라. Dumenil G. and Levy D., 2004.

29 다음 예를 보라. Fukuyama, F., *The End of History and the Last Man*, London: Penguin, 1992.

30 Marx, K., *The Poverty of Philosophy*, 1947.

31 Milburn, K., *Generation Left*, London: Polity, 2019.

1장 자본주의의 황금시대

1 다음 문헌을 보라. Conway, E., *The Summit: Bretton Woods, 1944: J. M. Keynes and the Reshaping of the Global Economy*, Cambridge: Pegasus, 2016; Steil, B., *The Battle of Bretton Woods: John Maynard Keynes, Harry Dexter White and the Making of a New World Order*, USA: Princeton University Press, 2014; Panitch and Gindin, 2012; Helleiner, 1994.

2 Keynes, 1936.

3 다음을 보라. Eichengreen, B., *The European Economy since 1945: Coordinated Capitalism and Beyond*, USA: Princeton University Press, 2008.

4 Pettifor, A., *The Production of Money*, London: Verso, 2017.

5 Eichengreen, B., *Exorbitant Privilege: The Rise and Fall of the Dollar and the Future of the International Monetary System*, Oxford: Oxford University Press, 2011.

6 Panitch and Gindin, 2013.

7 Panitch and Gindin, 2013.

8 다음 문헌을 보라. Keynes & Mann, G., *In the Long Run We Are All Dead* London: Verso, 1936 & 2016; Foster, 'The Financialization of Accumulation', *Monthly Review* vol. 62., 2010.

9   다음 문헌을 보라. Addison, P., *The road to 1945: British politics and the Second World War*, New York: Penguin Random House, 1975; Dutton, D., *British Politics Since 1945: The Rise, Fall and Rebirth of Consensus*, Hoboken: Wiley, 1997; Helleiner, E., *States and the reemergence of global finance: From Bretton woods to the 1990s*, New York: Cornell University Press, 1994; Dumenil and Levy, 2004.

10 다음 예를 보라. Addison, 1975; Dutton, 1997; Dumenil and Levy, 2004; Boyer, 2000.

11 다음 문헌을 보라. Marx, K., *Capital* Volume I, 1867; Marx, 1894; Mandel, 1981; Grossman, 1922; Shaikh, 1978; Harvey, D., *A Companion to Marx's Capital The Complete Edition*, London: Verso, 2018.

12 다음 문헌을 보라. Schenk, C., "The Origins of the Eurodollar Market in London: 1955~1963", *Explorations in Economic History*, vol. 35, 1998; Green, J., "Anglo-American Development, the Eurodollar Markets, and the Deeper Origins of Neoliberal Deregulation", *Review of International Studies*, vol. 42, 2016; Helleiner, 2004.

13 다음 문헌을 보라. Panitch and Gindin, 2013, *The Finance Curse: How Global Finance Is Making Us All Poorer*, London: Bodley Head, 2013; Pettifor, 2017; Epstein, 2005; Shaxson, N., 2018.

14 Panitch and Gindin, 2013.

15 다음 문헌을 보라. Eichengreen, 2011; Helleiner, 1994; Panitch and Gindin, 2013.

16 20세기의 시스템 변화는 금융의 성격을 바꾸는 데 중요한 역할을 한다. 이에 대한 이해는 주로 다음에 의한다. Lapavitsas, 2013.

17 다음 문헌을 보라. Dutton, "The Crises of Democratic Capitalism", *New Left Review*, vol. 71, September~October, 1997; Krippner, 2012; Dumenil and Levy, 2004 & 2011; Panitch and Gindin, 2013; Streek, W., 2011.

18 Hazledine, T., "Revolt of the Rustbelt", *New Left Review*, vol. 105, May~June, 2017. https://newleftreview.org/II/105/tom-hazledine-revolt-of-the-rustbelt 참조.

19 Dawney, K., 'A history of sterling', The Telegraph, 8 October, 2001. https://www.

telegraph.co.uk/news/1399693/Ahistory-of-sterling.html 참조.

20 다음 문헌을 보라. Johnson, H., "The Keynesian Revolution and the Monetarist Counter-Revolution", *The American Economic Review*, vol. 61, 1971; Mann, 2016.

21 Kalecki, M., "Political Aspects of Full Employment", *Political Quarterly*, 1943. https://delong.typepad.com/kalecki43.pdf 참조.

22 Harvey, D., *A Brief History of Neoliberalism*, Oxford: Oxford University Press, 2005.

23 다음 문헌을 보라. Mirowski, P. (ed), *The Road from Mont Pelerin: The Making of the Neoliberal Thought Collective*, Cambridge: Harvard University Press; Harvey, 2005; Slobodian, Q., *Globalists: The End of Empire and the Birth of Neoliberalism*, Cambridge: Harvard University Press, 2018; Gamble, A., *The Free Economy and the Strong State: The Politics of Thatcherism*, Duke University Press Books, 1988.

24 다음 문헌을 보라. Fine, B., "Neoliberalism as Financialisation", 2009. https://eprints.soas.ac.uk/5616/1/brooksgalip.pdf 참조. Fine, B. and Saad-Filho, A., "Thirteen Things You Need to Know About Neoliberalism", *Critical Sociology*, vol. 43, 2016; Palley, 2007.

25 Hayek, F., *The Road to Serfdom, 1944*; von Mises, L., *Human Action: A Treatise on Economics.*, 1949.

26 Tribe, K., "Liberalism and Neoliberalism in Britain, 1930~1980", in Mirowski, 2009.

27 Evans, G. and Tilley, J., *The New Politics of Class: The Political Exclusion of the British Working Class*, Oxford: Oxford University Press, 2017.

28 Gamble, 1994.

2장 약탈적 자본주의: 기업의 금융화

1 다음 문헌을 보라. Gavett, G., "Has Maximizing Shareholder Value Gone Too Far?", *Harvard Business Review*, 2013. https://hbr.org/2013/08/has-maximizing-shareholder-val.html 참조; Denning, S., "Why IBM is in Decline", *Forbes*,

30 May, 2014. https://www.forbes.com/sites/stevedenning/2014/05/30/ why-ibm-is-in-decline/#395c5ce53e48 참조; Yang, J. L., "Maximizing shareholder value: The goal that changed corporate America", *Washington Post*, 26 August, 2013. https://www.washingtonpost.com/business/economy/maximizing-shareholder-value-the-goal-that-changedcorporate-america/2013/08/26/26e-9ca8e-ed74-11e2-9008-61e94a7ea20d_story.html?utm_term=.1b54870e4505 참조.

2   Moore, H., "IBM Fires Small-Town Workers for Wall Street Numbers. That's the Good Part"., *Guardian*, 2 March, 2014. https://www.theguardian.com/commentis-free/2014/mar/02/ibm-fires-small-town-workers-for-wall-streetnumbers 참조.

3   Mourdoukoutas, P., "Do Mergers and Acquisitions Enhance or Destroy Shareholder Value?", *Forbes*, 4 October, 2011. https://www.forbes.com/sites/panosmourdoukoutas/2011/10/04/do-mergersand-acquisitions-enhance-or-destroy-shareholdervalue/#758c440ae9a9 참조.

4   Randall Wray, L., "The Rise and Fall of Money Manager Capitalism: A Minskian Approach", *Cambridge Journal of Economics*, vol. 33, 2009; Shabani, M. Tyson, J., Toporowski, J. and McKinley, T., "Studies in Financial Systems No 14: The Financial System in the UK", *FESSUD*, 2012. http://fessud.eu/ wp-content/uploads/2012/08/UK-Country-Report-revised-August-2014-final-study-14.pdf 참조.

5   Friedman, M., *Capitalism and Freedom*, Chicago: University of Chicago Press, 1962.

6   다음 예를 보라. Jensen, M.C. and Meckling, W.H., "Theory of the Firm: Managerial Behavior, Agency Costs, and Ownership Structure", *Journal of Financial Economics*, 1976; Jensen, M. and Rubak, R., "The Market for Corporate Control: The Scientific Evidence", *Journal of Financial Economics*, vol. 11., 1993.

7   다음 문헌을 보라. Kohler, K., Guschanski, A. and Stockhammer, E., "The Impact of Financialisation on the Wage Share: A Theoretical Clarification And Empirical Test", Post-Keynesian Economics Society Working Paper 1802, 2018; Lazonick, W. and O'Sullivan, M., "Maximizing Shareholder Value: A New Ideology for Corporate Governance", Economy and Society, vol. 29, 2000; Aglietta, M. and Breton, R.,

"Financial Systems, Corporate Control and Capital Accumulation", Economy and Society, vol. 30, 2010; Stockhammer, 2004; Orhangazi, O., "Financialisation and Capital Accumulation in the Nonfinancial Corporate Sector", Cambridge Journal of Economics, vol. 32, 2007; Crotty, J., "The Neoliberal Paradox: The Impact of Destructive Product Market Competition and 'Modern' Financial Markets on Nonfinancial Corporation Performance in the Neoliberal Era", in Epstein, G. (ed) Financialization and the World Economy, 2005; Dumenil, G. and Levy, D., "Costs and Benefits of Neoliberalism: A Class Analysis", in Epstein, G., 2005; Crotty, J., "How Big Is Too Big? On the Social Efficiency of the Financial Sector in the United States", Political Economy Research Institute Working Paper 313, 2013; Haldane, A., "Who Owns a Company?", speech to the Edinburgh Corporate Finance Convention, 22 May 2015; Clark, I., "Owners and Managers: Disconnecting Managerial Capitalism? Understanding the Private Equity Business Model", Work, Employment and Society, vol. 23, 2009.

8   Clark, 2009.

9   Lawrence, M., "Corporate Governance Reform: Turning Business Towards Long-Term Success", *IPPR*, 2017. http://www.ippr.org/corporategovernancereform 참조; Kay, J., "The Kay Review of UK Equity Markets and Long-Term Decision Making", 2012. http://www.ecgi.org/conferences/eu_actionplan2013/documents/kay_review_final_report.pdf 참조.

10   Mazzucato, 2018.

11   다음 문헌을 보라. Redwood, J., "Tilting at Castles", speech given by John Redwood, then an adviser in the Conservative Party, to the Policy Unit, 11 June, 1984; Martin, I., *Crash Bang Wallop: The Inside Story of London's Big Bang and a Financial Revolution that Changed the World*, London: Sceptre, 2016; Shaxson, N., *Treasure Islands: Tax Havens and the Men Who Stole the World*, London: Palgrave, 2012; Shaxson, 2018; Centre for Policy Studies, "Big Bang 20 Years On: New Challenges Facing the Financial Services Sector", 2006.

12   Shaxson, 2012.

13   Robertson, J., "How the Big Bang Changed the City of London Forever", *BBC*

News, 27 October, 2016. https://www.bbc.co.uk/news/business-37751599 참조.

14 Skinner, C., "How The City Developed, Part Thirteen: The Big Bang", Chris Skinner's blog, 2011. https://thefinanser.com/2011/12/how-the-city-developed-part-thirteen-thebig-bang.html 참조.

15 Robertson, 2016.

16 Robertson, 2016.

17 Warwick-Ching, L., "1986: British Gasprivatisation and the search for Sid", *Financial Times*, 23 November, 2007.

18 Warwick-Ching, L., "1986: British Gasprivatisation and the search for Sid", *Financial Times*, 23 November, 2007.

19 National Audit Office, *Department of Energy: Sale of Government Shareholding in British Gas plc*, NAO, 1987. https://www.nao.org.uk/pubsarchive/wp-content/uploads/sites/14/2018/11/Department-of-Energy-Sale-of-Government-Shareholding-in-British-Gas-plc.pdf 참조.

20 Institute for Economic Affairs, *A Review of Privatisation and Regulation Experience in Britain*, IEA, 2000. https://iea.org.uk/publications/research/a-review-of-privatisation-andregulation-experience-in-britain 참조.

21 Boston Consulting Group [BCG], *ivatising the UK's nationalised industries in the1980s, BCG Centre for Public Impact*, 11 April 2016. https://www.centreforpublicimpact.org/case-study/privatisation-uk-companies-1970s 참조.

22 IEA, 2016.

23 IEA, 2016.

24 BCG, 2016.

25 Boutchkova, M. and Megginson, W., "Privatization and the Rise of Global Capital Markets", *FEEM Working Paper 53*, 2000. https://papers.ssrn.com/sol3/papers.cfm?abstract_id=237408 참조.

26 Haldane, 2015; Lawrence, 2017.

27 다음 문헌을 보라. Clark, G., *Pension Fund Capitalism*, London: Wiley, 2000; Blackburn, R., *Age Shock: How Finance is Failing Us*, London: Verso, 2007; Dixon, A., "The Rise of Pension Fund Capitalism in Europe: An Unseen Revolution?", *New Political Economy*, vol. 13, 2008; Wray, L.R., "Minsky's Money Manager Capitalism and the Global Financial Crisis", *Levy Institute Working Paper 661*, 2011. http://www.levyinstitute.org/pubs/wp_661.pdf 참조; Minns, R., *The Cold War in Welfare: Stock Markets Versus Pensions*, London: verso, 2001.

28 Minns, 2001.

29 Minns, 2001.

30 다음 예를 보라. Lenin, V.I., *Imperialism, the Highest Stage of Capitalism*, 1917; Keynes, 1936; Randall-Wray, 2014.

31 Minsky, H., *Stabilising an Unstable Economy*, USA: McGraw-Hill, 1986.

32 다음 문헌을 보라. Clark, 2009; Aglietta and Breton, 'Financial Systems, Corporate Control and Capital Accumulation' *Economy and Society*, vol. 30, 2001; Haldane, 2005; Kay, 2011.

33 Lawrence, 2017; Kay, 2012.

34 Denning, S., "Making Sense Of Shareholder Value: 'The World's Dumbest Idea", Forbes, 17 July 2017. https://www.forbes.com/sites/stevedenning/2017/07/17/making-sense-of-shareholder-value-the-worlds-dumbestidea/#5df3a25f2a7e 참조.

35 다음 문헌을 보라. *Economist,* Lord of the Raiders, 4 November, 2004. https://www.economist.com/business/2004/11/04/lord-of-the-raiders 참조; *Economist,* "Lord Hanson's Ghost", 1 April 1999. https://www.economist.com/business/1999/04/01/lord-hansons-ghost 참조; Cowe, R., "Lord Hanson', *Guardian*, 3 November 2004. https://www.theguardian.com/news/2004/nov/03/guardianobituaries. obituaries 참조; Wighton, D., "Obituary: Lord Hanson of Edgerton", *Financial Times*, 2 November 2004.. https://www.ft.com/content/b7c3a2b6-

2c65-11d9-8339-00000e2511c8 참조; *BBC News*, "Lord Hanson: King of the Corporate Raiders", 5 July 2000. http://news.bbc.co.uk/1/hi/business/820220. stm 참조.

36 *Economist*, 2004.

37 Friedman, 1962.

38 이 분석은 다음에 의한 것이다. Keynes, 1936; Mann, 2016.

39 Jensen and Meckling, 1976.

40 다음 문헌을 보라. Lazonick and O'Sullivan, 2000; Kay, 2012; Orhangazi, 2007; Haldane, 2015; Mazzucato, 2018; Crotty, 2005; Dore, 2008; Hein and van Treeck, 2010.

41 Denning, 2017.

42 *Economist*, "Analyse This: The Enduring Power of the Biggest Idea in Business", *Economist*, 31 March 2016. https://www.economist.com/business/2016/03/31/analyse-this 참조.

43 Lawrence, 2017.

44 Haldane, 2015.

45 Lawrence, 2017.

46 Lawrence, 2017.

47 다음 예를 보라. Hudson, 2017; Mazzucato, 2017; Pettifor, 2017.

48 Bank for International Settlements, "Credit to the Non-Financial Sector", BIS long series on total credit, 2019. https://stats.bis.org 참조.

49 OECD, "Non-Financial Corporations Debt to Surplus Ratio", 2019. https://data.oecd.org/corporate/non-financialcorporations-debt-to-surplus-ratio.htm 참조.

50 Lawrence, 2017.

51 TUC, 2016.

52 *Armour, J., Deakin, S. and Konzlemann, S., "Shareholder Primacy and the Trajectory of UK Corporate Governance", ESRC Centre for Business Research, University of Cambridge Working Paper 266, 2003. https://www.cbr.cam.ac.uk/fileadmin/user_upload/centre-for-business-research/downloads/working-papers/wp266.pdf* 참조.

53 다음 문헌을 보라. Lapavitsas, 2013; Foster and Magdoff, *The Great Financial Crisis: Casues and Consequences*, USA: Monthll Review Press, 2012; Amin, S., *The Law of Worldwide Value*, USA: Monthly Review Press, 2011; Tepper, J. and Hearn, D., *The Myth of Capitalism: Monopolies and the Death of Competition*, London: Wiley, 2019; Mazzucato, 2018.

54 *Economist*, "Too Much of a Good Thing: Profits Are Too High. America Needs a Giant Dose of Competition", 26 March 2016. https://www.economist.com/briefing/2016/03/26/too-much-of-a-good-thing 참조.

55 Fontanella-Khan, J. and Massoudi, A., "Global Dealmaking Reaches $2.5tn as US Megadeals Lift Volumes", *Financial Times*, 28 June 2018. https://www.ft.com/content/ fc30ca5e-7a1d-11e8-8e67-1e1a0846c475 참조.

56 Gutierrez, G., Philippon, T. and Dottling, R., "Is There an Investment Gap in Advanced Economies? If So, Why?", *European Central Bank, 2017*. https://www.ecb.europa.eu/pub/conferences/shared/pdf/20170626_ecb_forum/T_Philippon_Is_there_an_investment_gap_in_advanced_economies_If_so_why_with_R_Dottling_and_G_Gutierrez.pdf 참조.

57 Foorhar, R., "Tech Companies are the New Investment Banks", *Financial Times*, 11 February 2018. https://www.ft.com/content/0ee3bef8-0d87-11e8-8eb7-42f857ea9f09 참조.

58 Eurostat, "Non-Financial Corporations—Statistics on Financial Assets and Liabilities", *Eurostat*, 2018. https://ec.europa.eu/eurostat/statistics-explained/index.php/ Non-financial_corporations_-_statistics_on_financial_assets_and_liabilities 참조.

59 Eurostat, "Non-Financial Corporations—Statistics on Financial Assets and Liabilities", *Eurostat*, 2018. https://ec.europa.eu/eurostat/statistics-explained/index.php/ Non-financial_corporations_-_statistics_on_financial_assets_and_liabilities 참조.

1   Department for Business, Energy and Industrial Strategy, *The Characteristics of Those in the Gig Economy*, Department for Business, Energy and Industrial Strategy, 2018. https://assets.publishing.service.gov.uk/government/uploads/system/uploads/attachment_data/file/687553/The_characteristics_of_those_in_the_gig_economy.pdf 참조.

2   Harari, D., "Household Debt: Statistics and Impact on the Economy", House of Commons Briefing Paper 7584, 21 December, 2018.

3   *BBC News*, "UK Household Debt Hits New Peak, Says TUC", 7 January 2019. https://www.bbc.co.uk/news/business-46780279 참조.

4   IPPR, 2018.

5   Crouch, C., "Privatised Keynesianism: An Unacknowledged Policy Regime", *The British Journal of Politics and International Relations*, vol. 11, 2009.

6   Strange, S., *Casino Capitalism*, Manchester: Manchester University Press, 1986.

7   Bank of England, "Monthly 12 month growth rate of M4, seasonally adjusted", Bank of England dataset LMVQJW, 2019.

8   Ryan-Collins, J., MacFarlane, L. and Lloyd, T., *Rethinking the Economics of Land and Housing*, London: Zed Books, 2017.

9   다음 문헌을 보라. Hein, *The Financial Crisis: Origins and Implications*, Arestis, P. (ed.), London: Palgrave, 2012; Crotty, 2008; Dumenil and Levy, 2011; Foster, 'The Financialisation of Capital and the Crisis', *Monthly Review*, vol. 59, 2009; Panitch, L and Gindin, S., "The Current Crisis: A Socialist Perspective", *The Bullet*, 2009; Stockhammer, E., "Neoliberalism, Income Distribution and the Causes of the Crisis", in Arestis, P., 2010.

10   다음 문헌을 보라. Milne, S., *The Enemy Within*, London: Verso, 2014; Gower, O. (dir.), *Still the Enemy Within*, 2014. https://the-enemy-within.org.uk 참조; Hunt, T. "The Charge of the Heavy Brigade", *Guardian*, 4 September 2006. https://www.theguardian.com/theguardian/2006/sep/04/features5 참조; Conn, D., "Miners'

Strike: How the Bloodiest Battle Became the 'Biggest Frame-Up'", *Guardian*, 22 November 2012. https://www.theguardian.com/politics/2012/nov/22/miners-strike-orgreave-bloodiest-battle 참조.

11 리들리 플랜은 다음에서 볼 수 있다. https://www.margaretthatcher.org/document/110795

12 다음에서 인용하였다. Gower, 2014.

13 Dromey, J., "Power to the People: How Stronger Unions Can Deliver Economic Justice", *IPPR, 2018.* http://www.ippr.org/research/publications/power-to-the-people 참조.

14 Harvey, 2005; Gamble, 1994.

15 다음 문헌을 보라. Pullen, J., *The Marginal Productivity Theory of Distribution: A Critical History*, London: Routledge, 2009.

16 Bryson, A and Forth, J., 'The UK's Productivity Puzzle', *National Institute of Economic and Social Research [NIESR]*, 2015; Barth, E, Bryson A and Dale-Olsen, H., 'Union Density, Productivity and Wages', IZA - Institute of Labour Economics Discussion Paper No. 11111, 2017.

17 다음 문헌을 보라. Palley, 2007; Hein, 2012; Stockhammer, 2008.

18 다음 문헌을 보라. Johnson, H. (1971) "The Keynesian Revolution and the Monetarist Counter-Revolution", *The American Economic Review*, vol. 61, 1971. https://www.jstor.org/stable/1816968?seq=1#page_scan_tab_contents 참조; Friedman, M. (1963) *A Monetary History of the United States,* USA: Princeton University Press, 1963; Epstein, G., "Financialization and Federal Reserve Policy in the Crisis: Central Bank Accountability For Financial Stability and Economic Reconstruction", Political Economy Research Institute, UMASS, 2009. https://www.peri.umass.edu/fileadmin/pdf/conference_papers/SAFER/Epstein_Federal_Reserve_Policy.pdf 참조; Gamble, 1994.

19 다음 문헌을 보라. Harvey, 2007; Epstein, G. and Jayadev, A., "The Rise of Rentier Incomes in OECD Countries: Financialisation, Central Bank Policy and

Labour Solidarity", in Epstein (ed.), 2005; Pym, H., "Margaret Thatcher: How the Economy Changed", *BBC News*, 8 April 2016. https://www.bbc.co.uk/news/business-22073527 참조; Giles, C., "Thatcher's Quest Left 'Lasting Scar' on Economy", *Financial Times,* 8 April 2013.

20 Trilling, D., "A 'Nightmare' Experience? The Tories' Economic Adviser on the Thatcher Years", *New Statesman*, 8 March 2010. https://www.newstatesman.comblogs/the-staggers/2010/03/thatcher-economic-budddispatches 참조.

21 Shabani et al, 2014.

22 다음 문헌을 보라. Stockhammer, 2010; Keynes, 1936; Lapavitsas, 2013; Hein, 2012; Lysandrou, P., 'Global inequality, wealth concentration and the subprime crisis', *Development and Change,* vol. 42, 2011.

23 The Institute of Employment Rights, "Real Wages Have Been Falling Since the 1970s and Living Standards Are Not About to Recover", 31 January 2014. http://www.ier.org.uk/news/real-wages-have-been-falling-1970s-andliving-standards-are-not-about-recover 참조.

24 TUC, 2016.

25 Shabani et al, 2014.

26 Shabani et al, 2014.

27 Lawrence, 2017.

28 World Bank, "Gross Fixed Capital Formation (% GDP)", World Bank dataset NE.GDI.FTOT.ZS, 2019. https://data.worldbank.org/indicator/NE.GDI.FTOT.ZS?locations=GB 참조.

29 Barba and Pivetti, 2008; Crotty, 2008; Dumenil and Levy, 2011; Lapavitsas, 2013; Foster, 2009; Shabani et al, 2014; Blackburn, 2006; Crouch, 2009.

30 Shabani et al, 2014.

31 다음 문헌을 보라. Dutt, 2005; Lazzarato, M., *Governing by Debt*, New York: Semiotext(e), 2015; Soderberg, 2014; Hudson, 2015.

32 Martin, R. *The Financialisation of Daily Life*, USA: Temple University Press, 2002; Shiller, R.J., *The New Financial Order. Risk in the 21st Century*, USA: Princeton University Press, 2003; Soderberg, 2014.

33 Crouch, 2009.

34 다음 문헌을 보라. *BBC News,* "Who are the Candy Brothers?", 21 December 2017. https://www.bbc.co.uk/news/business-42442195 참조; *This is Money,* 'A Property Fairytale: From £6,000 to £9bn", 5 December 2007. https://www.thisismoney.co.uk/money/mortgageshome/article-1616982/A-property-fairytale-from-6000-to-9bn.html 참조; Ghosh, S., "Katy Perry, Personalised Superyachts, and Russian Spies: Inside the Crazy Life of London Property Tycoons the Candy Brothers", *Business Insider*, 21 December 2017. https://www.businessinsider.com/biography-life-storylives-the-candy-brothers-2017-7?r=US&IR=T 참조; Callanan, N., "Credit Suisse Gives Loan to $209 Million London Home Owner", *Bloomberg*, 9 October 2018.

35 Office for National Statistics, "Wealth in Great Britain Wave 5: 2014 to 2016", Office for National Statistics, 2018. https://www.ons.gov.uk/releases/ wealthingreatbritainwave52014to2016 참조.

36 Davis, A., "Right to Buy: The Development of a Conservative Housing Policy, 1945~1980", *Contemporary British History*, vol. 27, 2013.

37 다음 문헌을 보라. Pettifor, 2017; Wray, L.R., *Why Minsky Matters: An Introduction to the Work of a Maverick Economist*, USA: Princeton University Press, 2015.

38 다음을 보라. Coppola, F., *The case For People's Quantitative Easting*, 2019.

39 .다음 문헌을 보라. Bowen, A., Hoggarth, G. and Pain, D., "The Recent Evolution of the UK Banking Industry and Some Implications for Financial Stability", Bank for International Settlements, 1999. https://www.bis.org/publ/confp07l.pdf 참조; Bank of England, "The Performance of Major British Banks, 1970-90", Bank of England, 1991. https://www.bankofengland.co.uk/-/media/boe/files/quarterly-bulletin/1991/the-performance-of-majorbritish-banks 참조.

40 다음 문헌을 보라. Cook, J., Deakin, S. and Hughes, A., "Mutuality and Corporate

Governance: The Evolution of UK Building Societies Following Deregulation", *ESRC Centre for Business Research Cambridge, Working Paper 205, 2001*. https://www.cbr.cam.ac.uk/fileadmin/user_upload/centre-for-business-research/downloads/working-papers/wp205.pdf 참조; Marshall J.N., Wills, R. and Richardson, R., "Demutualisation, Strategic Choice, and Social Responsibility", *Environment and Planning*, vol. 21, 2003.

41   World Bank, "Broad Money (%GDP)', World Bank, 2019. https://data.worldbank.org/topic/financialsector? locations=GB&view=chart 참조.

42   다음 문헌을 보라. Ryan-Collins et al., 2017; Pettifor, 2017.

43   Blakeley, G., "On Borrowed Time: Finance and the UK's Current Account Deficit", 2018a.

44   다음 문헌을 보라. Aalbers, M., "The Financialisation of the Home and the Mortgage Market Crisis", *Competition and Change*, vol. 12, 2008; Martin, 2002; Soderberg, 2014.

45   Shiller, 2003; Soderberg, 2014; Lazzarato, 2015.

46   다음 문헌을 보라. Martin, 2002; Shabani et al, 2014; Shiller, 2003; Lazzarato, 2015; Soderberg, 2014; Davies, W., Montgomerie, J. and Wallen, S., "Financial Melancholia: Mental Health and Indebtedness", Public interest report, Goldsmiths, 2015; Montgomerie, Johnna, et al., "The Politics of Indebtedness in the UK", Public interest report, Goldsmiths, 2014; Graeber, D., *Debt: The First 5000 Years*, New York: Melville House, 2011.

47   Shabani et al, 2014.

4장 대처 총리의 가장 위대한 업적: 국가의 금융화

1   Brown, G. (2006) "Gordon Brown's Mansion House Speech", *Guardian*, 22 June 2006. https://www.theguardian.com/business/2006/jun/22/politics.economicpolicy 참조.

2 Financial Services Authority, *The Failure of the Royal Bank of Scotland: Financial Services Authority Board Report*, 2011. https://www.fca.org.uk/publication/corporate/fsa-rbs.pdf 참조.

3 Monbiot, G., "The Medieval, Unaccountable Corporation of London is Ripe for Protest", *Guardian*, 31 Oc tober 2011. https : //www. theguardi an.com/commen-tisfree/2011/oct/31/corporation-london-citymedieval 참조.

4 Shaxson, 2012; 2017.

5 Bureau of Investigative Journalism, "Revealed: The £93m City lobby machine", *The Bureau of Investigative Journalism, 2012*. https://www.thebureauinvestigates.com/stories/2012-07-09/revealed-the-93m-city-lobby-machine 참조.

6 Lavery, S., Quaglia, L. and Dannreuther, C. (eds.), "The Political Economy of Brexit and the UK's National Business Model", *SPERI Working Paper 41, 2016*. http://speri.dept.shef.ac.uk/wp-content/uploads/2018/11/SPERI-Paper-41-The-Political-Economy-of-Brexit-and-the-UK-s-National-Business-Model.pdf 참조.

7 FSA, 2011.

8 다음 문헌을 보라. Lavery, S., *British Capitalism After the Crisis*, London: Palgrave, 2019; Cerny, P. and Evans, M., "New Labour, Globalisation and The Competition State", *Centre for European Studies Working Paper 70*, 2000. https://ces.fas.harvard.edu/uploads/files/Working-Papers-Archives/CES_WP70.pdf 참조; Katwala, S., "Ideology in Politics: Reflections on Lady Thatcher's Legacy", *IPPR Progressive Review*, 2013. https://www.ippr.org/juncture/ideologyin-politics-reflections-on-lady-thatchers-legacy 참조.

9 Epstein, 2005.

10 다음 문헌을 보라. Hay, C., *Political Economy of New Labour: Labouring Under False Pretences?*, Manchester: Manchester University Press, 1999; Hall, S., "New Labour Has Picked Up Where Thatcherism Left Off", *Guardian*, 6 August 2003.

11 Hills, J., *A More Equal Society? New Labour, Poverty, Inequality and Exclusion*, Bristol: Policy Press, 2009.

12   다음 예를 보라. Hay, 1999; Hall, 2003.

13   다음 문헌을 보라. Heffernan R., *New Labour and Thatcherism: Political Change in Britain*, London: Palgrave, 2000; Jessop, B., "From Thatcherism to New Labour: Neo-Liberalism, Workfarism, and Labour Market Regulation", in Overbeek, H. (ed.) *The Political Economy of European Employment: European Integration and the Transnationalization of the (Un)Employment Question*, London: Routledge, 2002; Watson, M., "New Labour's 'Paradox of Responsibility' and the Unravelling of Its Macroeconomic Policy", *The British Journal of Politics and International Relations*, vol. 15, 2012.

14   다음 문헌을 보라. Harvey, 2005; Newman, J., "Beyond the New Public Management? Modernizing Public Services", in Clarke, J. Gewirtz, E. and McLaughlin. S. (eds.) *New Managerialism, New Welfare?*, London: Sage, 2000; Hall S., "The Neoliberal Revolution", *Cultural Studies*, vol. 25, 2008.

15   Hall, 2003.

16   다음 예를 보라. Dunleavy, P., Margetts, H., Bastow, S. and Tinker, J., "New Public Management Is Dead—Long Live Digital-Era Governance", *Journal of Public Administration Research and Theory*, vol. 16, 2006; Hesmondhalgh, D., Nisbett, M., Oakley, K. and Lee, D., "Were New Labour's Cultural Policies Neo-Liberal?", *International Journal of Cultural Policy*, vol. 21, 2014.

17   다음 문헌을 보라. Pratley, N. and Pons, F., "Deep in Debt", *Guardian*, 7 April 2004. https://www.theguardian. com/politics/2004/apr/07/business.france 참조; Whiteside, T., *The Tunnel Under the Channel*, London: Hart-Davis, 1962; Dickinson, D., "12 Billion Pounds Under the Sea", *Independent*, 18 January 1998. https://www.independent.co.uk/arts-entertainment/12-billion-pounds-under-the-sea-1139355.html 참조; Smith, O., "The Channel Tunnel: 20 Fascinating Facts", *Telegraph*, 1 December 2015. https://www.telegraph.co.uk/travel/destinations/europe/france/articles/The-Channel-Tunnel-20-fascinatingfact 참조.

18   Woodman, P., "Channel Tunnel Rail Link Leaves £4.8bn Debt", *Independent*, 6 July 2012. https://www.independent.co.uk/news/uk/home-news/channel-tunnelrail-link-leaves-48bn-debt-7918269.html 참조.

19   Trades Union Congress, "UK Near Bottom of OECD Rankings for National Investment", 9 September, 2018. https://www.tuc.org.uk/news/uk-near-bottom-oecd-rankingsnational-investment 참조.

20   National Audit Office, "PFI and PFI 2", Report by the Comptroller General and Auditor General HC718, Session 2017~2018, 2018. https://www.nao.org.uk/wp-content/uploads/2018/01/PFI-and-PF2.pdf 참조.

21   National Audit Office, "PFI and PFI 2", Report by the Comptroller General and Auditor General HC718, Session 2017~2018, 2018. https://www.nao.org.uk/wp-content/uploads/2018/01/PFI-and-PF2.pdf 참조.

22   다음 문헌을 보라. MacFarlane, L., "From PFI to Privatisation, Our National Accounting Rules Encourage Daft Decisions. It's Time to Change Them", *OpenDemocracy*, 18 January 2018. https://www.opendemocracy.net/neweconomics/pfi-privatisation-national-accountingrules-encourage-destructive-decisions-time-change 참조.

23   다음 문헌을 보라. Crouch, 2009; Davis, A. and Walsh, C., "The Role of the State in the Financialization of the UK Economy", *Political Studies*, vol. 64, 2016.

24   다음 문헌을 보라. Blakeley, G., "Carillion'sMissing Millions", *Red Pepper*, 19 January. 2018b. https://www.redpepper.org.uk/carillions-missing-millions 참조; Blakeley, G., "The Problem with Outsourcing Is Not Carillion but the Market Itself", *New Statesman*, 1 February 2018c. https://www. newstatesman.com/politics/economy/2018/02/problemoutsourcing-not-carillion-market-itself 참조.

25   다음 예를 보라. Blakeley, 2018c; Blakeley, G., "Interserve's Collapse Shows the UK's Outsourcing Model Is Broken", *New Statesman*, 20 March 2019. https://www.newstatesman.com/politics/uk/2019/03/interserve-s-collapse-shows-uks-outsourcing-model-broken 참조.

26   Booth, R. and Hopkins, N., "London 2012 Olympics: G4S Failures Prompt Further Military Deployment", *Guardian*, 24 July 2012. https://www.theguardian.com/uk/2012/jul/24/london-2012-olympics-g4s-military 참조.

27   Rawlinson, K., "Private Firms 'Are Using Detained Immigrants as Cheap Labour'",

Guardian, 22 August 2014. https://www.theguardian.com/uk-news/2014/aug/22/immigrants-cheap-labour-detention-centres-g4s-serco 참조.

28 Benjamin, J., "Capita Don't Just Provide a Few Services, They Seem Practically to Run Entire Councils", *Independent*, 31 January, 2018. https://www.independent.co.uk/voices/capita-carillion-outsourcing-local-authoritiescouncils-barnet-northamtonpshire-a8188006.html 참조.

29 United Nations, "World Altered by 'Neoliberal' Outsourcing of Public Services to Private Sector, Third Committee Experts Stress, amid Calls for Better Rights Protection", Minutes of Seventy Third Session, 25 & 26 September 2018, GA/SHC/4239. https://www.un.org/press/en/2018/gashc4239.doc.htm 참조.

30 다음 예를 보라. Burnham, P., "New Labour and the Politics of Depoliticization", *British Journal of Politics and International Relations*, vol. 3, 2002. https://onlinelibrary.wiley.com/doi/abs/10.1111/1467-856X.00054 참조.

31 다음 문헌을 보라. Tooze, A. (2015) "Notes on the Global Condition: Of Bond Vigilantes, Central Bankers and the Crisis, 2008-2017", 2015. https://adamtooze.com/2017/11/07/notes-global-conditionbond-vigilantescentral-bankers-crisis-2008-2017 참조; Panitch and Gindin, 2013; Streeck, W., "The Politics of Public Debt: Neoliberalism, Capitalist Development, and the Restructuring of the State", *Max Planck Institute for the Study of Societies Discussion Paper 13/7*, 2013; Streek, W., "The Rise of the European Consolidation State", *Max Planck Institute for the Study of Societies Discussion Paper 15/1*, 2015; Hager, S., *Public Debt, Power, and Inequality: The Making of a Modern Debt State*, USA: University of California Press, 2016.

32 다음 문헌을 보라. Tooze and Birch, J., "The Many Lives of Francois Mitterrand", *Jacobin*, 19 August 2015. https://www.jacobinmag.com/2015/08/francoismitterrand-socialist-party-common-program-communistpcf-1981-elections-austerity 참조

33 다음 문헌을 보라. Panitch and Gindin, 2013; Davis and Walsh, 2016; Burnham, 2002; Mair, P., *Ruling the Void: The Hollowing of Western Democracy*, London: Verso, 2013; Streeck, 2014; Rodrik, D. "The Double Threat to Liberal Democracy",

Project Syndicate, 2018. https://www.project-syndicate.org/commentary/doubleth-reat-to-liberaldemocracy-by-dani-rodrik-2018-02?barrier=accesspaylog 참조; Slobodian, 2017; Kiely, R., "From Authoritarian Liberalism to Economic Technocracy: Neoliberalism, Politics and 'De-democratization'", *Critical Sociology*, vol. 43, 2016; Cerny and Walsh, 2000.

34   다음 문헌을 보라. Mann, 2016; Skidelsky, R., *Keynes: The Return of the Master*, London: Penguin, 2008.

35   다음 문헌을 보라. Burnham, 2002; Mair, 2013; Epstein and Jayadev, 2005; Epstein, G., "Financialization and Federal Reserve Policy in the Crisis: Central Bank Accountability For Financial Stability and Economic Reconstruction", Political Economy Research Institute, UMASS, 2009. https://www.peri.umass.edu/fileadmin/pdf/conference_papers/SAFER/Epstein_Federal_Reserve_Policy.pdf 참조; Palley, T., "The Institutionalization of Deflationary Monetary Policy", in Cohen, A.J., Hagemann, H. and Smithin, J. (eds.) *Money, Financial Institutions and Macroeconomics*, USA: Springer, 1997.

36   다음 예를 보라. Inham, G., *Capitalism Divided: The City and Industry in British Social Development*, London: Macmillan, 1984.

37   다음 문헌을 보라. Lapavitsas, 2013; Hilferding, R., *Finance Capital: A Study of the Latest Phase of Capitalist Development*, 1919; Panitch and Gindin, 2012; Pettifor, 2017.

38   다음 문헌을 보라. Epstein and Jayadev, 2005; Epstein, 2009; Miller, M., Weller, P. and Zhang, L., "Moral Hazard and the US Stock Market: Analysing the 'Greenspan Put'", *Centre for the Study of Globalisation and Regionalisation Working Paper 83/01*, 2001. https://warwick.ac.uk/fac/soc/pais/research/researchcentres/csgr/papers/workingpapers/2001/wp8301.pdf 참조.

39   이 분석은 다음에 의한 것이다. Englen, E., Erturk, I., Froud, J., Johal, S., Leaver, A., Moran, M. and Williams, K., "Misrule of Experts? The Financial Crisis as Elite Debacle", *Economy and Society*, vol. 41, 2012; Davis and Walsh, 2016; Shaw, E., "New Labour's Faustian Pact?", *British Politics*, vol. 7, 2012.

5장 경제 붕괴

1 다음 문헌을 보라. Tooze, A., *Crashed: How a Decade of Financial Crises Changed the World*, London: Allen Lane, 2018; Pym, 2014; Fraser, I., *Shredded: Inside RBS, the Bank That Broke Britain*, Edinburgh: Birlinn, 2014; Sorkin, A.R., *Too Big to Fail: The Inside Story of How Wall Street and Washington Fought to Save the Financial System—and Themselves*, London: Penguin, 2010; Blinder, A.S., *After the Music Stopped: The Financial Crisis, the Response, and the Work Ahead*, London: Penguin, 2013.

2 다음 문헌을 보라. Palley, T., "The Limits of Minsky's Financial Instability Hypothesis as an Explanation of the Crisis", *Macroeconomic Policy Institute Working Paper 11*, 2009; Foster, 2009; Panitch and Gindin, 2009; Gowan, 2009; Arestis, 2011; Crotty, 2008; Dumenil and Levy, 2011; Lysandrou, 2011; Stockhammer, 2010.

3 Barwell, R. and Burrows, O., "Growing Fragilities? Balance Sheets in the Great Moderation", Bank of England Financial Stability Paper 10, 2010.

4 다음 문헌을 보라. Minsky, 1986; Keynes, 1936; Minsky, H., "The Financial Instability Hypothesis", in Arestis, P. and Sawyer, M. (eds.) *The Elgar Companion to Political Economy*, London: Edward Elgar Publishing, 1993; Shiller, R., *Irrational Exuberance*, USA: Princeton University Press, 2000; Wray 2011&2015; Jayadev, A., "Minsky's Many Moments", *Institute for New Economic Thinking*, 5 August 2016. https://www.ineteconomics.org/perspectives/blog/minskys-many-moments 참조; Munoz, J., "Orthodox versus Heterodox (Minskyan) Perspectives of Financial Crises: Explosion in the 1990s versus Implosion in the 2000s", *Levy Economics Institute Working Paper 695*, 2011. http://www.levyinstitute.org/pubs/wp_695.pdf 참조; Whalen, C., "Understanding Financialization: Standing on the Shoulders of Minsky", *Levy Economics Institute Working Paper 892*, 2017. http://www.levyinstitute.org/pubs/wp_892.pdf 참조; Knight, F., *Risk, Uncertainty and Profit*, 1921; Fisher, I., *The Debt-Deflation Theory of Great Depressions*, 1933; Wray, L.R. and Tymoigne, E., "Macroeconomics Meets Hyman P. Minsky: The Financial Theory of Investment", *Levy Economics Institute Working Paper 543*, 2008. http://www.levyinstitute.org/publications/macroeconomics-meets-hyman-p-minsky 참조; Bhattacharya, S., Goodhart, C., Tsomocos, D.P. and Vardoulakis, A.P., "A Reconsideration of Minsky's Financial Instability Hypothesis", *Journal of Money, Credit and Banking*, vol. 45,

2014. http://eprints.lse.ac.uk/64218 참조.

5   OECD, "International Capital Flows: Structural Reforms and Experience with the
     OECD Code of Liberalisation of Capital Movements", Report from the OECD to
     the G20 Sub-Group on Capital Flow Management, 2011. https://www.oecd.org/
     economy/48972216.pdf 참조.

6   Lane, P., "Financial Globalisation and the Crisis", *BIS Working Paper 397*, 2012.
     https://ssrn.com/abstract=2248065 참조.

7   다음 문헌을 보라. Blakeley, 2018a; Lane, 2012; Favilukis, J., Kohn, D., Ludvigson,
     S.C. and Van Nieuwerburgh, S., "International Capital Flows and House Prices:
     Theory and Evidence", in *Housing and the Financial Crisis*, Chicago: University
     of Chicago Press, 2012. https://static1.squarespace.com/static/54397369e4b-
     0446f66937a73/t/56590b88e4b0702d37f626e1/1448676232727/nbh.pdf 참
     조; Ferrero, A., "House Price Booms, Current Account Deficits, and Low Interest
     Rates", *Staff Report Number 541, Federal Reserve Bank of New York*, 2012. https://
     www.newyorkfed.org/medialibrary/media/research/staff_reports/sr541.pdf 참
     조; Felix, D., "Why International Capital Mobility Should Be Curbed and How
     It Could Be Done", in Epstein, 2005; Geet, P., "Housing Demand, Savings Gluts
     and Current Account Dynamics", *Globalization and Monetary Policy Institute Work-
     ing Paper 221*, 2015. https://www.dallasfed.org/~/media/documents/institute/
     wpapers/2015/0221.pdf 참조; Guschanski, A. and Stockhammer, E., "Are Current
     Accounts Driven by Competitiveness or Asset Prices? A Synthetic Model and an
     Empirical Test", *Greenwich Papers in Political Economy number GPERC55*, 2017.
     http://gala.gre.ac.uk/17946/1/CA%20imb%20draft%201_00%20gppe%20
     %282%29.pdf 참조; Laibson, D. and Mollerstrom, J., "Capital Flows, Consump-
     tion Booms and Asset Bubbles: A Behavioural Alternative to the Savings Glut
     Hypothesis", *The Economic Journal*, vol. 120, 2010. https://onlinelibrary.wiley.com/
     doi/abs/10.1111/j.1468-0297.2010.02363 참조.

8   다음 문헌을 보라. Tooze, 2018; Aalbers, 2008; Acharya, V. and Richardson, M.,
     "Causes of the Financial Crisis", *Critical Review*, vol. 21, 2009; Lysandrou, 2011;
     Dymski, G., "Why the Subprime Crisis Is Different: A Minskyian Approach", *Cam-
     bridge Journal of Economics* vol. 34, 2009; Segoviano, M., Jones, B., Lindner, P. and

Blankenheim, J., "Securitization: Lessons Learned and the Road Ahead", *IMF Working Paper 13/255*, 2013. https://www.imf.org/external/pubs/ft/wp/2013/wp13255. pdf 참조; Ashcraft, A. and Schuermann, T., "Understanding the Securitisation of Subprime Mortgage Credit", *Federal Reserve Bank of New York Staff Reports No 318*, 2008; Lewis, M., *The Big Short: Inside the Doomsday Machine*, London: Penguin, 2011; National Audit Office, "Introduction to Asset-Backed Securities", Briefing Paper November 2016. https://www.nao.org.uk/wp-content/uploads/2016/07/Introductionto-asset-backed-securities.pdf 참조; Bank of England, *Financial Stability Report No. 23*, April 2008. https://www.bankofengland.co.uk/-/media/boe/files/financial-stabilityreport/2008/may-2008 참조; Bank of England, *Financial Stability Report No.22*, October 2007.

9   다음 문헌을 보라. Tooze, 2018; Fligstein, N. and Goldstein, A., "A Long Strang Trip The State and Mortgage Securitisation, 1968~2010", in Preda, A. and Knorr-Cetina, K. (eds.) *The Oxford Handbook of the Sociology of Finance*, Oxford: Oxford University Press, 2012; Thompson, H., "The Political Origins of the Financial Crisis: The Domestic and International Politics of Fannie Mae and Freddie Mac", *Political Quarterly*, vol. 80, 2009.

10   다음 문헌을 보라. Keynes, 1936; Minsky, 1986; Shiller, 2000; Knight, 1921; Haldane, A. and May, R.M., "Systemic Risk in Banking Ecosystems", *Nature*, vol. 469, 2011.

11   다음 문헌을 보라. Jablecki, J. and Machaj, M., "The Regulated Meltdown Of 2008", *Critical Review*, vol. 21, 2009; Lockwood, E., "Predicting the Unpredictable: Value-At-Risk, Performativity, and the Politics of Financial Uncertainty", *Review of International Political Economy*, vol. 22, 2014; Colander, D. and Haas, A., "The Financial Crisis and the Systemic Failure of the Economics Profession", *Critical Review*, vol. 21, 2009; Haldane and May, 2011; Lysandrou, P. and Nesvetailova, A., "The Role Of Shadow Banking Entities in the Financial Crisis: A Disaggregated View", *Review of International Political Economy*, vol. 22, 2015; Michell, J. (2016) "Do Shadow Banks Create Money? 'Financialisation' and the Monetary Circuit", *University of the West of England Economics Working Paper 1602*, 2016. http://eprints. uwe.ac.uk/28552/1/1602.pdf 참조; Moosa, I., "Basel II as a Casualty of the Global

Financial Crisis", *Journal of Banking Regulation*, vol. 11, 2010; Tobias, A. and Hyun Song, S., "The Shadow Banking System: Implications for Financial Regulation", *Federal Reserve Bank of New York Staff Paper 382*, 2009; Adrias, T. and Ashcraft, A., "Shadow Banking Regulation", *Federal Reserve Bank of New York Staff Report 559*, 2012.

12 이 부분은 제임스 미드웨이와 프랜시스 코폴라 덕분에 수정할 수 있었다. 다음을 보라. Coppola, F., *The Case For People's Quantitative Easting*, 2019.

13 다음 문헌을 보라. Tooze, 2018; Wray, 2015; McCabe, P., "The Cross Section of Money Market Fund Risks and Financial Crises", Finance and Economics Discussion Series Divisions of Research & Statistics and Monetary Affairs Federal Reserve Board, Washington, D.C., 2010.

14 다음 문헌을 보라. Tooze, 2018; Michell, 2016; Lysandrou and Shabani, "The Explosive Growth of the ABCP Market Between 2004 And 2007: A 'Search for Yield' Story", *Journal of Post-Keynesian Economics*, vol. 41, 2018; Adrian, T., "Repo and Securities Lending", *Federal Reserve Bank Of New York Staff Reports 529*, 2013; Acharya, V. and Schnabl, P., "Do Global Banks Spread Global Imbalances? The Case of Asset-Backed Commercial Paper During the Financial Crisis of 2007-09", *NBER Working Paper 16079*, 2010; Covitz, D., Liang, N., Suarez, G., "The Evolution of a Financial Crisis: Panic in the Asset-Backed Commercial Paper Market", Finance and Economics Discussion Series Divisions of Research & Statistics and Monetary Affairs Federal Reserve Board, Washington, D.C., 2009; Gorton, G. and Metrick, A., "Securitized Banking and the Run On Repo", *Journal of Financial Economics*, vol. 104, 2012.

15 Scanlon, K. and Whitehead, C., "The UK Mortgage Market: Responding to Volatility", *Journal of Housing and the Built Environment*, vol. 26, 2011; Milne, A. and Wood, J.A., "An Old Fashioned Banking Crisis: Credit Growth and Loan Losses in the UK 1997~2012", Paper prepared for conference: The Causes and Consequences of the Long UK Expansion: 1992 to 2007, 19~20 September 2013, Clare College Cambridge, 2013.

16 Financial Conduct Authority, "Statistics on Mortgage Lending: March 2019

Edition: MLAR Detailed Tables", FCA, 2019. https://www.fca.org.uk/data/mortgage-lending-statistics 참조; Office for National Statistics, "Gross Domestic Product: Chained Volume Measures: Seasonally Adjusted £m", 2019. https://www.ons.gov.uk/economy/grossdomesticproductgdp/timeseries/abmi/pn2 참조.

17   Bank of England, 2017 & 2018

18   다음 문헌을 보라. Bank of England, 2018 & 2017; Scanlon and Whitehead, 2011; Milne and Wood, 2013; Boyer, 2013.

19   Ellis, L., "The Housing Meltdown: Why Did It Happen in the United States?", Bank for International Settlements Working Papers No 2590, 2008. https://www.bis.org/publ/work259.pdf 참조.

20   다음 문헌을 보라. Tooze, 2017; Pym, 2016; Fraser, 2016.

21   Congressional Budget Office, "Estimated Impact of the American Recovery and Reinvestment Act on Employment and Economic Output from October 2011 Through December 2011", 2012. http://www.cbo.gov/sites/default/files/cbofiles/attachments/02-22-ARRA.pdf 참조.

22   Tooze, 2018

23   Blakeley, 2019

24   Federal Reserve, "Recent Balance Sheet Trends", 2019. https://www.federalreserve.gov/monetarypolicy/bst_recenttrends.htm 참조

25   Takeo, Y., "Bank of Japan's Hoard of Assets Is Now Bigger Than the Economy", *Bloomberg*, 13 November 2018. https://www.bloomberg.com/news/articles/2018-11-13/bank-of-japan-s-hoard-of-assets-is-now-bigger-than-the-economy 참조.

26   Howell, M., "Why Markets Should Get Set for 'QE4'", *Financial Times*, 18 February 2019. https://www.ft.com/content/71801c80-3353-11e9-bb0c-42459962a812 참조.

27   Matthews-King, M., "Landmark Study Links Tory Austerity to 120,000 Deaths",

Independent, 16 November, 2017. https://www.independent.co.uk/news/health/tory-austerity-deaths-study-report-people-die-social-caregovernment-policy-a8057306.html 참조.

28 *BBC News,* "RBS: Government Sells £2.1bn of Shares in Bank at a Loss", *BBC News*, 4 August 2015. https://www.bbc.co.uk/news/business-33769906 참조.

29 다음 예를 보라. Lewis, 2011; Sorkin, 2010; Foorhar, R., *Makers and Takers: How Wall Street Destroyed Main Street*, USA: Crown Business, 2017.

6장 경제 붕괴 이후의 세계

1 다음 문헌을 보라. Rawlinson, K., Sherwood, H. and Dodd, V. "Grenfell Tower Final Death Toll: Police Say 71 Lives Lost as Result of Fire", *Guardian*, 16 November 2017. https://www.theguardian.com/uk-news/2017/nov/16/grenfell-tower-final-death-toll-police-say-71-people-diedin-fire 참조; *BBC News* (2018) "Grenfell Tower: Inquiry Opens with Tribute to Stillborn Baby", 21 May 2018. https://www.bbc.co.uk/news/uk-44190742 참조; *BBC News,* "GrenfellTower: What Happened", 18 June 2018. https://www.bbc.co.uk/news/uk-40301289 참조; Booth, R. and Wahlquist, C., "Grenfell Tower Residents Say Managers 'Brushed Away' Fire Safety Concerns", *Guardian*, 14 June, 2017; Syal, R. and Jones, H., "Kensington and Chelsea Council has £274m in Reserves", *Guardian*, 19 June 2017; Booth, R., "Grenfell Tower Inquiry: What We've Learned So Far", *Guardian*, 13 December 2018.

2 Butler, P. and Booth, R., "Key Points from UN Envoy's Report on Poverty in Britain", *Guardian*, 16 November, 2018.

3 Bulman, M., "Food Bank Use in UK Reaches Highest Rate on Record as Benefits Fail to Cover Basic Costs", *Independent*, 24 April, 20118.

4 The Trussell Trust, "Universal Credit and Food Banks", 2019. https://www.trusselltrust.org/what-we-do/research-advocacy/universal-credit-and-food-bank-use 참조.

5   Fitzpatrick, S., Pawson, H., Bramley, G., Wilcox, S., Watts, B. and Wood, J., "The Homelessness Monitor: England 2018', Crisis, 2018.

6   Butler, P., "New Study Finds 4.5 Million UK Children Living in Poverty", *Guardian*, 16 September, 2018; Bulman M., "Child Homelessness in England Rises to Highest Level in 12 Years, New Figures Show", *Independent*, 13 December 2018.

7   NHS, "Homeless Die 30 Years Younger than Average", NHS, 21 December 2011.

8   다음 문헌을 보라. IPPR, 2018; Blakeley, 2018a.

9   Garside, J., "Recession Rich: Britain's Wealthiest Double Net Worth Since Crisis", *Guardian*, 26 April 2015.

10   Partington, R., "UK Income Inequality Increasing as Benefits Cuts Hit Poorest", *Guardian*, 2019. https://www.theguardian.com/inequality/2019/feb/26/uk-incomeinequality-benefits-income-ons 참조.

11   Schmuecker, K., 'Tuesday's Spring Statement is an opportunity to right the wrong of in-work poverty', Joseph Rowntree Foundation, 12th March 2018. https://www.jrf.org.uk/blog/tuesday%E2%80%99s-spring-statementopportunity-right-wrong-work-poverty 참조.

12   TUC, 2018.

13   Harari, 2018.

14   Bank for International Settlements, "Credit to the Non-Financial Sector", BIS long series on total credit, 2019. https://stats.bis.org 참조.

15   OECD, "Non-Financial Corporations Debt to Surplus Ratio", 2019. https://data.oecd.org/corporate/non-financialcorporations-debt-to-surplus-ratio.htm 참조.

16   Blakeley, 2019.

17   CEIC, "United States Investment: % of GDP", CEIC, 2019. https://www.ceicdata.com/en/indicator/united-states/investment—nominal-gdp 참조.

18   BIS, 2019.

19   Summers, L., "Secular Stagnation", Speech at the 14th Annual IMF Research Conference. Washington DC, November 14, 2013.

20   Rogoff, 2015.

21   Gordon, B., "The Turtle's Progress: Secular Stagnation Meets the Headwinds", in Baldwin and Teulings, 2015.

22   Baldwin and Teulings, 2015.

23   Milanovic, B., "Bob Solow on Rents and Decoupling of Productivity and Wages", *globalinequality*, 2 May 2015. https://glineq.blogspot.com/2015/05/bob-solow-on-rents-anddecoupling-of.html 참조.

24   다음 문헌을 보라. Marx, 1867; Mandel, 1976; Harvey, 2018.

25   다음 문헌을 보라. Dumenil and Levy 2004 & 2005; Palley, 2007; Hein, 2012.

26   다음 문헌을 보라. Lapavitsas, 2013; Stockhammer, 2004; Aglietta and Breton, 2001; Clark, 2009; Foster, 2010; Hein, 2012; Dutt, 2005; Palley, 2007.

27   다음 문헌을 보라. Lapavitsas, 2013; Panitch and Gindin, 2012; Blakeley, 2018a; Norfield, T., *The City: London and the Power of Global Finance*, London: Verso, 2016; Amin, S., *Modern Imperialism, Monopoly Finance Capital, and Marx's Law of Value: Monopoly Capital and Marx's Law of Value*, USA: Monthly Review Press, 2018.

28   United Nations Conference on Trade and Development, Trade and Development Report 2008: Commodity Prices, Capital Flows and the Financing of Investment, 2008.

29   Shaxson, 2012; Garcia-Barnardo, J., Fichtner, J., Takes, F. and Heemskerk, E., "Uncovering Offshore Financial Centers: Conduits and Sinks in the Global Corporate Ownership Network", Scientific Reports, vol. 7, 2017.

30   United Nations Economic Commission for Africa (Uneca), "Illicit Financial Flows REPORT OF THE HIGH LEVEL PANEL ON ILLICIT FINANCIAL FLOWS FROM AFRICA", *Uneca*, 2012.

31   다음 예를 보라. Krugman, P., "The Case for Cuts Was a Lie. Why Does Brit-

ain Still Believe It?", *Guardian*, 29 April 2015. https://www.theguardian.com/business/ng-interactive/2015/apr/29/the-austerity-delusion 참조; Portes, J. and Holland, D., "Self-Defeating Austerity?", *National Institute Economic Review No. 222*, October 2012.

32 Ostry, J., Loungani, P. and Furceri, D., "Neoliberalism: Oversold?", *Finance and Development*, vol. 53, 2016.

33 Giles, C., "UK Public Finances Near the Bottom of IMF League Table", *Financial Times,* 10 October, 2018.

34 Callinicos, A., "Contradictions of Austerity", *Cambridge Journal of Economics*, vol. 36, 2012.

35 다음 예를 보라. Corlett ,A., Finch, D. and Whittaker, M., "Living Standards 2016: The Experiences of Low to Middle Income Households in Downturn And Recovery", Resolution Foundation, 2016; Portes, J., "Austerity Really Has Hit Poor People Hardest — The Figures Prove It", *Guardian*, 14 March, 2018.

36 Child Poverty Action Group, "The Austerity Generation: The Impact of a Decade of Cuts on Family Incomes and Child Poverty", 2017.

37 Resolution Foundation, "Poorest Third of Households Will Be Worse Off from Tax and Benefit Changes Starting This Week, Despite a £1bn Giveaway", Press release, 2 April 2017.

38 Office for National Statistics, "Family Spending in the UK: April 2017 to March 2018", 2019.

39 Jacobs, M., Hatfield, I., King, L., Raikes, L. and Stirling, A., "Industrial strategy Steering Structural Change in the UK Economy", IPPR, 2017.

40 Press Association, "Commutes of More Than 30 Minutes Linked To Poor Productivity, Stress And Depression", 22 April 2017.

41 Department for Education, "Permanent and Fixed Period Exclusions in England: 2016 to 2017", 19 July 2018.

42 Barnardo's, "Children Excluded from School 'Are at Risk of Knife Crime'", Press release, 30 October 2018.

43 *BBC News,* "Deficit for NHS Trusts in England Double the Amount Planned", 31 May 2018.

44 YouGov, "How Britain Voted at the 2017 General Election", 2017. https://yougov. co.uk/topics/politics/articlesreports/2017/06/13/how-britain-voted-2017-generalelection 참조.

45 Harari, 2018.

46 Joyce, M. & Liu, Z. and Tonks, I., "Institutional Investor Portfolio Allocation, Quantitative Easing and the Global Financial Crisis," *Bank of England Working Paper 510*, 2014.

47 Evans, J., "Home Ownership to England Falls to 30-Year Low", *Financial Times*, 2 March 2017.

48 Cribb, J., Hood, A. and Hoyle, J., "Just 1 in 4 Middle-Income Young Adults Own Their Own Home—Down from 2 in 3 Twenty Years Ago", IFS press release, 2018.

49 Office for National Statistics, "Making Ends Meet: Are Households Living Beyond Their Means?", 2018.

50 Williams, A., "London House Prices Fall for the First Time Since 2009", *Financial Times*, 29 September 2017.

51 Office for National Statistics, "UK House Price Index Summary: November 2018", 2019.

52 Office for National Statistics, "Business Investment in the UK: July to September 2018 Revised Results", 2018.

53 Office for National Statistics, "Insolvency Statistics—October to December 2018 (Q4 2018)", 2019.

54 Blakeley, 2019.

55   World Bank, "Gross fixed capital formation (annual % growth)", 2018.

56   IMF, "Fiscal Monitor 2018: Capitalising on Good Times", 2018.

57   Oguh, C. and Tanzi, A., "Global Debt of $244 Trillion Nears Record Despite Faster Growth", *Bloomberg*, 15 January 2019.

58   Partington, R., "Wall Street Sets Record for Longest Bull Run in History", *Guardian*, 22 August 2018.

59   Seeking Alpha, 'Stocks In 2019: Volatility Is Back', 2019. https://seekingalpha.com/article/4234365-stocks-2019-volatility-back 참조.

60   Barrett E. and Greifeld K., 'Treasuries Buying Wave Triggers First Curve Inversion Since 2007', 2019. https://www.bloomberg.com/news/articles/2019-03-22/u-s-treasuryyield-curve-inverts-for-first-time-since-2007 참조.

61   Federal Reserve Bank of St Louis, 'Stock Market Capitalization to GDP for United States', 2018. https://fred.stlouisfed.org/series/DDDM01USA156NWDB 참조.

62   Curran, E., "China's Debt Bomb", *Bloomberg*, 17 September 2018.

63   Moody's, "Moody's: China Shadow Banking Activity Increasingly Reveals Challenging Trade-Off Between Growth and Deleveraging", *Moody's Investors Service*, 3 December, 2018.

64   BIS, 2019.

65   Banerjee, R. and Hofmann, B., "The Rise of Zombie Firms: Causes and Consequences", *Bank for International Settlements Quarterly Review*, September 2018.

66   Colombo, J., "The US Is Experiencing A Dangerous Corporate Debt Bubble", *Forbes*, 29 August 2018. https://www.forbes.com/sites/jessecolombo/2018/08/29/the-u-s-is-experiencing-a-dangerous-corporate-debtbubble/#547ffa2f600e 참조.

67   Heath, M., "These May Be the World's 10 Riskiest Housing Markets", *Bloomberg*, 13 September 2018.

68 Byres, W., "Basel III: Necessary, but Not Sufficient", speech to the Financial Stability Institute's 6th Biennial Conference on Risk Management and Supervision, Basel, 6 November 2012.

69 다음 문헌을 보라. Laybourn-Langton, L., Rankin, L. and Baxter, D., "This is a Crisis: Facing up to the Age of Environmental Breakdown", *IPPR*, 2019. http://www.ippr.org/research/publications/age-of-environmental-breakdown 참조; Intergovernmental Panel on Climate Change, "Global warming of 1.5°C. An IPCC Special Report on the impacts of global warming of 1.5°C above pre-industrial levels and related global greenhouse gas emission pathways, in the context of strengthening the global response to the threat of climate change sustainable development, and efforts to eradicate poverty", 2018.

7장 미래를 어떻게 바꿀 것인가

1 다음 문헌을 보라. Piketty, 2013; Hudson, P. and Tribe, K., *The Contradictions of Capital in the Twenty-First Century*, London: Agenda, 2017; Harvey, D., "Afterthoughts on Piketty's Capital", 2014. http://davidharvey.org/2014/05/after-thoughts-pikettys-capital 참조; Mandel, 1976 & 1981; Harvey, 2018.

2 다음 문헌을 보라. Mazzucato, M., *The Entrepreneurial State: Debunking Public vs Private Sector Myths*, London: Anthem, 2011; Mazzucato, M., "The Market Creating State", *RSA Journal*, vol. 2, 2015.

3 Srnicek N. and Williams A., *Inventing the Future: Postcapitalism and a World Without Work*, London: Verso, 2016.

4 Eagleton, O., "Criminalising Anti-Austerity in Ireland", *Jacobin*, 21 April, 2017.

5 다음 문헌을 보라. Baker, A., "The New Political Economy of the Macroprudential Ideational Shift", *New Political Economy*, vol. 18, 2013. https://www.tandfonline.com/doi/abs/10.1080/13563467.2012.662952 참조; Galati, G. and Moessner, R., "Macroprudential Policy —A Literature Review", *BIS Working Paper 337*, 2011; Blanchard, O., Rajan, R., Rogoff and Summers; Bank of England, "The Role of Macroprudential Policy: A Discussion Paper", 2009. http://www.bankofengland.

co.uk/publications/other/financialstability/roleofmacroprudentialpolicy091121.
pdf 참조; Kregel, J., "Minsky and Dynamic Macroprudential Regulation", *Levy Economics Institute Public Policy Brief No. 131*, 2014.

6   다음 문헌을 보라. Blakeley, 2018a.

7   Haldane, A., "The Dog and the Frisbee", speech given at the Federal Reserve Bank of Kansas City's 36th economic policy symposium, 31 August 20012.

8   IPPR, 2018.

9   다음 예를 보라. Stirling, A., "Just About Managing Demand: Reforming the UK's Macroeconomic Policy Framework", IPPR, 2018.

10 다음 예를 보라. Roberts, C. and Lawrence, M., "Our Common Wealth: A Citizens' Wealth Fund for the UK", IPPR, 2018.

11 다음 예를 보라. Murphy, R., *Dirty Secrets: How Tax Havens Destroy the Economy*, London: Verso, 2017.

금융 도둑

99%는 왜 1%에게 빼앗기고 빚을 지는가

초판 1쇄 발행 2021년 5월 28일

지은이 그레이스 블레이클리
옮긴이 안세민

펴낸이 김현태
펴낸곳 책세상
등록 1975년 5월 21일 제1-517호
주소 서울시 마포구 잔다리로 62-1, 3층(04031)
전화 02-704-1250(영업), 02-3273-1334(편집)
팩스 02-719-1258
이메일 editor@chaeksesang.com
광고·제휴 문의 creator@chaeksesang.com
홈페이지 chaeksesang.com
페이스북 /chaeksesang   트위터 @chaeksesang
인스타그램 @chaeksesang   네이버포스트 bkworldpub

ISBN 979-11-5931-626-5 03320